清代满汉合璧国学丛书

礼记

1

吴元丰 主编

辽宁民族出版社

民族文字出版专项资金资助项目

图书在版编目（CIP）数据

礼记 / 吴元丰主编. -- 沈阳：辽宁民族出版社，2024. 11. --（清代满汉合璧国学丛书）. -- ISBN 978-7-5497-3123-7

Ⅰ. K892.9

中国国家版本馆CIP数据核字第2024VY1882号

礼记

LI JI

出版发行者：辽宁民族出版社有限公司
地　　址：沈阳市和平区十一纬路25号　邮编：110003
印　刷　者：辽宁新华印务有限公司
幅面尺寸：165mm×260mm
印　　张：112.75
字　　数：500千字
出版时间：2024年11月第1版
印刷时间：2024年11月第1次印刷
责任编辑：杜璐珊
封面设计：杜　江
责任校对：刘　泉

标准书号：ISBN 978-7-5497-3123-7
定　　价：338.00元

邮购热线：024-23284335
淘宝网店：http://lnmz2013.taobao.com
如有印装质量问题，请与出版社联系调换，联系电话：024-23284340

《清代满汉合璧国学丛书》编委会

前 言

国学，顾名思义，是指“中国之学”“中华之学”，又称“汉学”。国学泛指传统的中华文化与学术，包括中国历史上的哲学、史学、文学、农学、中医、术数、地理、书画、音乐、建筑等诸多方面。其中最为核心的是先秦诸子学说及其阐释，对中国传统文化具有深远的影响，受到中国历代历朝统治者的尊崇和宣扬，成为治国安邦和教育民众的理念根基。

从国学概念来看，不仅涉及的学科众多，而且承载国学思想的典籍也非常之多。从四书五经到诸子百家各类不同时期的典籍著述，为国学的发展和传承提供了必要的载体。有些典籍在古代作为启蒙教材传承了千余年，如《三字经》《百家姓》等。有的在具有千余年历史的科举制度中成为必考的内容，如四书五经等。国学典籍在不同时代都有不同程度的继承和发展，发挥了极其重要的作用，中华五千年的文明因而得以连绵不断地传承和发扬。

清代是我国封建社会的最后一个王朝，历时260余年。建立清王朝的满族发源于我国东北的“白山黑水”，是中华民族大家庭中的一员。在顺治元年（1644）入主中原建立全国性政权前，就已经历了清太祖努尔哈赤和清太宗皇太极两个朝代，历时28年，先后建都在辽宁省新宾满族自治县赫图阿拉和沈阳两地。

清太祖努尔哈赤和清太宗皇太极作为治国之君，十分注意学习汉文化和历史典籍，汲取历朝历代的文化思想和统治经验。天聪五年（1631）大凌河之役，皇太极看到明朝官兵在粮尽援绝的情况下“犹以死守”，认为是“读书明道理”所致，敕令诸贝勒、大臣曰：“凡弟子十五岁以下，八岁以上者，俱令读书”，使之“习于学文，讲明义理，忠君亲上”[①]。以儒家的道德规范作为教育子弟的准则。经汉官王文奎等人奏准，挑选汉文四书和《孝经》章句，用满语日日进讲。同时，下令将汉文典籍翻译成满文。据《清实录》记载：“巴克什达海卒，时年三十八。达海九岁读汉书，通晓满汉文义。……其平日所译汉书有《刑部会典》《素书》《三略》《万宝全书》俱成帙，时方译《通鉴》《六韬》《孟子》《三国志》及《大乘经》，未竣而卒。”[②]由此可见，清入关前就已经用满文翻译了一定数量的汉文典籍，主要以经部和史部典籍为主。

清入关不久，顺治皇帝决定“兴文教，崇经术，以开太平”。谕礼部曰：“尔部即传谕直省学臣，训督士子，凡经学、道德、经济、典故诸书，务须研求淹贯，博古通今，明体则真儒，达用则为良吏。果有此等实学，朕当不次简拔，重加任用。又念先贤之训，仕优则学，仍传谕内外大小各官，政事之暇，亦须留心学问，俾德业日修，识见益广，佐朕右文之治。”[③]清朝皇帝深知尊孔崇儒的深远意义，使

①《大清太宗文皇帝实录》第10卷，第19页。
②《大清太宗文皇帝实录》第12卷，第9页。
③《大清世祖章皇帝实录》第90卷，第16页。

之作为治理国家的重要措施之一。经筵是汉唐以来帝王为讲经论史而特设的御前讲席，至宋代制度化。清代沿用经筵制度，使之更加完善，内容更加丰富，而且持之以恒，在中国历代王朝中持续时间最长，从顺治十四年（1657）首开经筵，至咸丰十年（1860）最后一次举行经筵，持续200余年时间。顺治朝除首开经筵外，还编纂和翻译了一批儒家经典，大批量雕版刊印，如《诗经》《御制人臣儆心录》《御制资政要览》《御制劝善要言》《御制孝经》等。

康熙年间，统治者出于长治久安的目的，积极倡导教育，规范民众的思想和行为。康熙皇帝认为“维至治之世，不以法令为亟，而以教化为先。其时人心醇良，风俗朴厚，刑措不用，比屋可封，长治久安，茂登上理。盖法令禁于一时，而教化维于可久。若徒恃法令，而教化不先，是舍本而务末也。”[①]康熙九年（1670）特颁“圣谕”十六条，以期“尚德缓刑，化民成俗”[②]。同时，招贤纳士，弘扬儒家思想，修史传承文化。康熙十二年（1673）荐举山林隐逸，康熙十六年（1677）开设明史馆，康熙十七年（1678）开博学鸿词科。除请儒臣进行经筵日讲外，还将儒家经典陆续翻译成满文，以经筵讲义方式刊印，如《御制四书解义》《日讲书经解义》《日讲易经解义》等，并撰写御制序言。此外，还翻译刊刻了其他汉文典籍，如《黄石公素书》《菜根谭》《孝经》等。以经筵讲义方式编撰刊印的书籍，辑录了儒臣向皇帝讲解的儒家经典，以及皇帝和大臣共同探讨的儒家经义，成为当时官僚和士子们的必读之书。

---

①《大清圣祖仁皇帝实录》第34卷，第10页。

②《大清圣祖仁皇帝实录》第34卷，第21页。

乾隆年间，经过百年的发展，统治基础日益巩固，生产力发展和社会经济繁荣都到了一个新水平，为文化发展提供了丰厚的物质基础。在乾隆皇帝的大力推动下，钦定新清语，解决满语词汇相对不规范和匮乏的问题，编撰多种辞书，加以推广使用。同时，将以往已经译成满文的儒家典籍重新进行翻译。乾隆皇帝对译文十分重视，让儒臣进呈译稿亲自批阅，凡过去用满语音译的汉语名词术语，以及认为不准确和不规范的词句，都进行了逐一修改，使满文翻译作品的语句更加通顺流畅。在乾隆二十年至四十八年（1755—1783）间，重新翻译《四书》《书经》《易经》《诗经》《礼记》《春秋》等多部汉文典籍，交武英殿修书处雕版印刷。通过重新翻译刊印的典籍，无论是在满文翻译的质量方面，还是在印刷装帧的美观方面，都达到了一定的水准。

从清朝中叶开始，国力逐渐走向衰微，随之满语文的应用也每况愈下，朝廷组织翻译刊刻典籍的能力有所下降，大不如康熙朝和乾隆朝，但是翻译刊刻典籍的工作从未间断，只是在其规模和次数上有所减少。由于八旗官学和科举考试的存在，对满文译本儒家典籍仍有一定的需求，所以满文译本儒家典籍的刊印一直在持续，直至清朝灭亡才停止。清朝中后期刊刻的典籍，多数以满汉文合璧形式刊印，如咸丰朝《御制翻译孝经》和《大学衍义》都是满汉文合璧刻本。

有清一代用满文翻译的汉文典籍，除各级官府刊印发行外，还由民间书坊刊印出售，据不完全统计，刊印过满文图书的书坊多达60余家。从其刊印的满文图书来看，绝大多数是满文翻译的汉文经部和史部类图书。乾隆朝满汉文合璧本《御制翻译四书》问世后，到光绪朝的150余年间，三槐堂、二酉堂、聚珍堂、宝名堂、名贵堂、文光堂、圣经博古堂等书坊都曾不断刊印。满文翻译《易经》《书经》《诗经》《礼记》《春秋》等五经，也由民间书坊刊印。在满文翻译儒家典籍的坊刻本内，最早的是顺治十一年（1654）听松楼刊印的《诗经》，最晚的是宣统二年（1910）荆州驻防广化善堂刊印的《翻译朱子家训》。由此可见，清代民间书坊坚持刊印满文译本汉文经典的工作，长达250余年。

另外，清朝官府和民间都十分重视汉文《三字经》《百家姓》《弟子规》等启蒙读物的翻译和刊印。如雍正二年（1724）用满文译成《三字经》后，从乾隆朝到道光朝近百年间一再刊印，直至清末，满汉文合璧的启蒙读物一直在民间广泛传播。

从现存的满文图书来看，绝大部分是汉文典籍的翻译作品，包括经、史、子、集四部内的重要经典著作，甚至将卷帙浩繁的《明朝实录》译成满文。满文译本《明朝实录》没有雕版印刷，所以只留存翻译稿本，现今分别保存在中国第一历史档案馆和中国国家图书馆。这些翻译的汉文典籍大多数都由皇帝下令翻译，亲自审阅定稿后交内府雕版印刷，而后颁给中央到地方的高级别满蒙官员，以及国子监和各地八旗官学使用，所以此类皇帝下令翻译刊印的书籍一般在书名前均冠以“御制”二字。如此大规模用满文翻译刊刻汉文典籍，在我国民族文字翻译史上，可谓史无前例，空前绝后。清统治者如此重视汉文典籍的翻译刊刻，最根本的目的是从几千年传承下来的中华传统文化中汲取营养，更好地统治和治理国家，实现国泰民安的目标。在客观上，翻译刊刻如此众多的汉文典籍，特别是自乾隆朝开始内府版的满文图书多采用满汉文合璧形式雕版印刷，不仅促进了满汉文化的相互交流，而且扩大了中华传统文化的传播区域，加深了传播深度，有利于中华传统文化的传承和发展。

当今中华民族步入伟大复兴的新时代，“迫切需要深入挖掘中华优秀传统文化价值内涵，进一步激发中华优秀传统文化的生机与活力”，“对于传承中华文脉、全面提升人民群众文化素养、维护国家文化安全、增强国家文化软实力、推进国家治理体系和治理能力现代化，具有重要意义”[①]。辽宁民族出版社与辽宁省图书馆合作，从辽宁省图书馆所藏满文典籍中精选国学方面的图书，汇集成《清代满汉合璧国学丛书》一套，就是期望有助于发掘中华优秀传统文化价值内涵，传承和弘扬中华优秀传统文化，增强文化自觉和文化自信，促进中华文化的繁荣发展。

《清代满汉合璧国学丛书》辑录图书的选目，主要从其内容的典型性、篇幅的适中性、版本的代表性方面考量，首批选定《书经》《诗经》《御制翻译四书》《翻译朱子家训》《小学》《满汉合璧三字经注解》《弟子规》《孙子兵法》8种，装订成10册，于2019年9月正式出版发行，受到广大读者和藏书者的喜欢和青睐。现又挑选乾隆朝翻译刊刻的武英殿本满汉合璧《礼记》和《春秋》两种，分别装订成册，采用仿真制版方式影印出版，以期满足广大读书人和藏书人的需求。为了便于了解所选图书的版本特征及其基本内容，将所选两部书分别简要介绍如下：

1.《礼记》，30卷，乾隆四十八年（1783）武英殿刻本，满汉文合璧，清高宗弘历敕译。卷前有乾隆四十八年五月初七日《御制翻译

---

① 中共中央办公厅、国务院办公厅《关于实施中华优秀传统文化传承发展工程的意见》，2017年1月。

礼记序》和《卷目》。此译本由内廷组织人员重新翻译，经乾隆皇帝亲自审阅定稿，形成满汉文合璧本。该本四周双边，白口，半叶14行。版心依次有汉文书名、单鱼尾、汉文卷次、篇名、页码。《礼记》，亦称《小戴记》，或《小戴礼记》，与《书经》《诗经》《周易》《春秋》合称为“五经”，是儒家经典之一。《礼记》是秦汉以前各种礼仪论著的选编，其原本有46篇，始于《曲礼》，终于《丧服四制》，包括《曲礼》《檀弓》《王制》《月令》《曾子问》《文王世子》《礼运》《礼器》《郊特牲》《内则》等篇，然因《曲礼》《檀弓》《杂记》三篇内容过长分上下两篇，故有49篇之说。

2.《春秋》，64卷，乾隆四十九年（1784）武英殿刻本，满汉文合璧，清高宗弘历敕译。卷前有乾隆四十九年七月《御制翻译春秋序》《卷目》《卷首》。由内廷组织人员翻译，经乾隆皇帝亲自审阅定稿，形成满汉文合璧本。该本四周双边，白口，半叶14行。版心依次有汉文书名、单鱼尾、汉文卷次、篇名、页码。《春秋》是一部编年体史书，与《书经》《诗经》《周易》《礼记》合称为“五经”，属儒家经典之一，相传为孔子根据鲁国史官所编《春秋》加以修改编写而成。其所载的历史，始于鲁隐公元年（前722），止于鲁哀公十四年（前481），长达242年时间。《春秋》以鲁国诸公为序分卷编写，包括隐公、桓公、庄公、闵公、僖公、文公、宣公、成公、襄公、昭公、定公、哀公等12公当政时期的历史。

《清代满汉合璧国学丛书》的影印出版，均照原书扫描仿真制版，在内容上无任何改动，最大限度地保持原书的基本特征。同时，根据出版开本的需求，适当压缩原书版面尺寸；在版框方面，为了规范统一起见，未保留原书的版框，而进行了重新设计，在书眉处用汉文分别标明丛书和原书名称及页码；在尽量保持每种书单独成册的前提下，根据分册装订的需要，《礼记》编成4册，《春秋》编成12册，每部书都编有呈现书名和篇目名称的目录，以便于读者检索阅览。

《清代满汉合璧国学丛书》的编辑出版，是满文古籍整理出版工作的一种新尝试。从语言上体现了满汉文化的交流和交融，从内容上继承了中国传统文化的优秀部分，可以窥见有清一代对传统中华文化典籍的重视程度，以及经世致用的基本状况。同时，也是对满文古籍妥善保管和合理利用途径的一种新探索。满文典籍多形成于清代，存世数量十分有限，民间收藏的数量微乎其微，绝大部分保存在各大图书馆、档案馆、博物馆等单位，作为善本古籍采取特殊的措施加以保护，读者前去阅览比较困难。此次出版《清代满汉合璧国学丛书》，将会给广大读者创造方便的阅读条件，不仅有助于国学经典的学习，而且为满语文的学习和研究提供丰富的资料。

吴元丰

2024年11月1日

目 录

御製繙譯禮記序

易書詩三經先後繙譯成書亦既序而須行之矣茲禮記繙譯告成司事者以序請夫禮之體以敬爲本禮之用以和爲貴百世不易也

所以綱紀羣倫

穆穆焉皇皇焉

見之大清會典皇朝禮器圖式者

列聖作述

粲然明備

皇綱肇建

我國家

而節文損益則從宜

我國家所憲章損益者也

精神心術之所寓

皆二帝三王以來

粵稽周代禮儀三百威儀三千

其不得不從宜者時也

大禮之不變者敬也和也

經緯萬事

如日月之明矣

代之典則 聖賢之精粹 大而經

唯就本文維誦 而於前

義因本義 不疏不注

國書繙譯 則文因本文

究 講誦者經年累月莫能殫

顧注疏家篇帙浩繁

蘊

則神聖之所以彌綸

而進而求夫精

初學者讀之卽可了然其義

莫不釐然煥然章解句釋

細而視聽言動日用飲食之節

邦體國化民正俗之方

初勅館臣

其會通以行其典禮者歟

所謂有以見天下之動　而觀

賾　而擬諸其形容象其物宜者歟

則是書也　所謂有以見天下之

以溯源　因端以竟委

百王之所由因革　皆可沿流

而於禮之以敬爲體

我國家則古考文之盛

以昭

庶以闡揚前聖垂世立教之心

歲月既積 成書始就

諄復

依次進呈 朕乙夜披覽 不憚

分篇詳譯 悉心探討

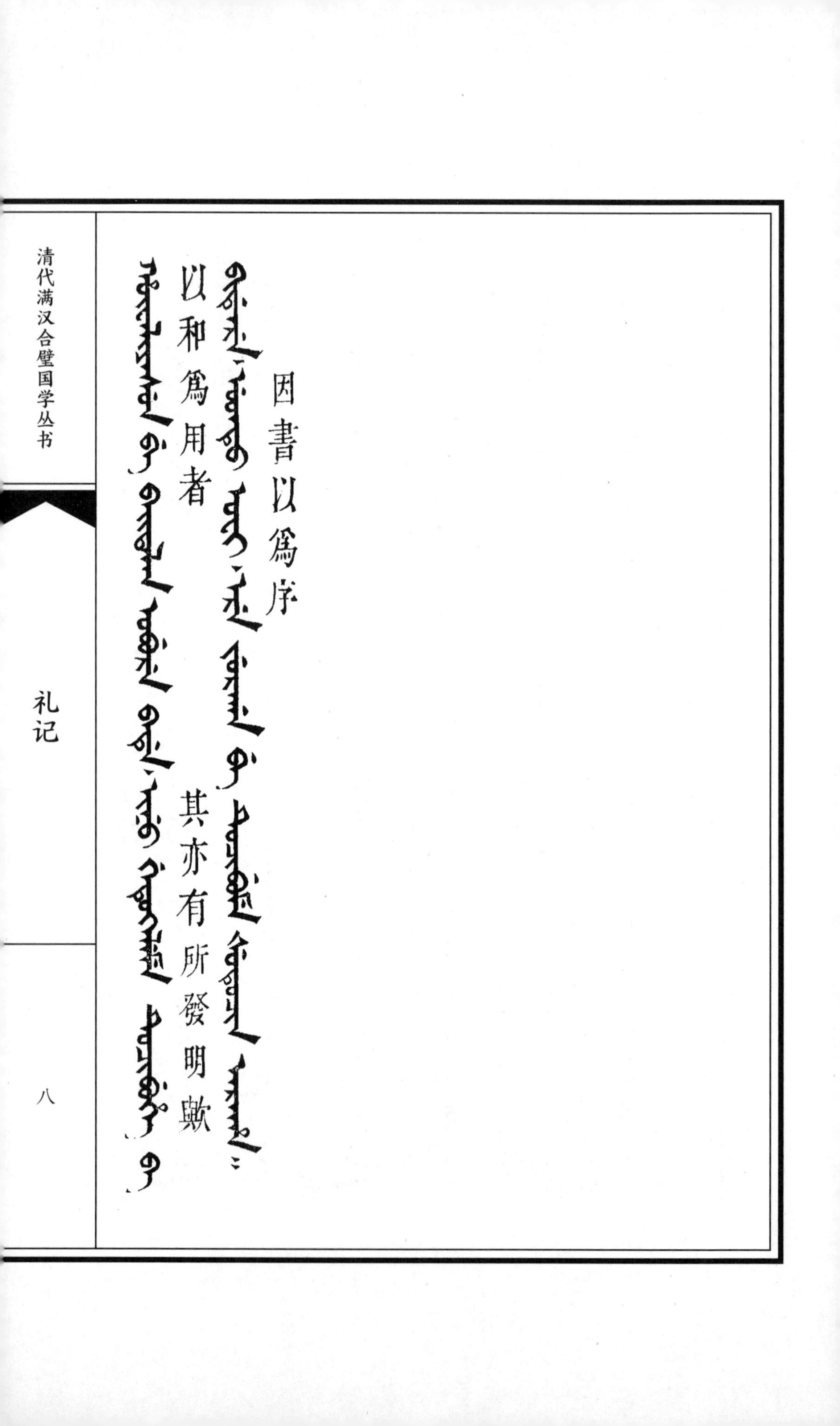

因書以爲序

以和爲用者　其亦有所發明歟

乾隆四十八年五月初七日

ᠠᠪᡴᠠᡳ ᠸᡝᡥᡳᠶᡝᡥᡝ ᡩᡝᡥᡳ ᠵᠠᡴᡡᠴᡳ ᠠᠨᡳᠶᠠ ᠰᡠᠨᠵᠠ ᠪᡳᠶᠠᡳ ᡳᠴᡝ ᠨᠠᡩᠠᠨ ᠉

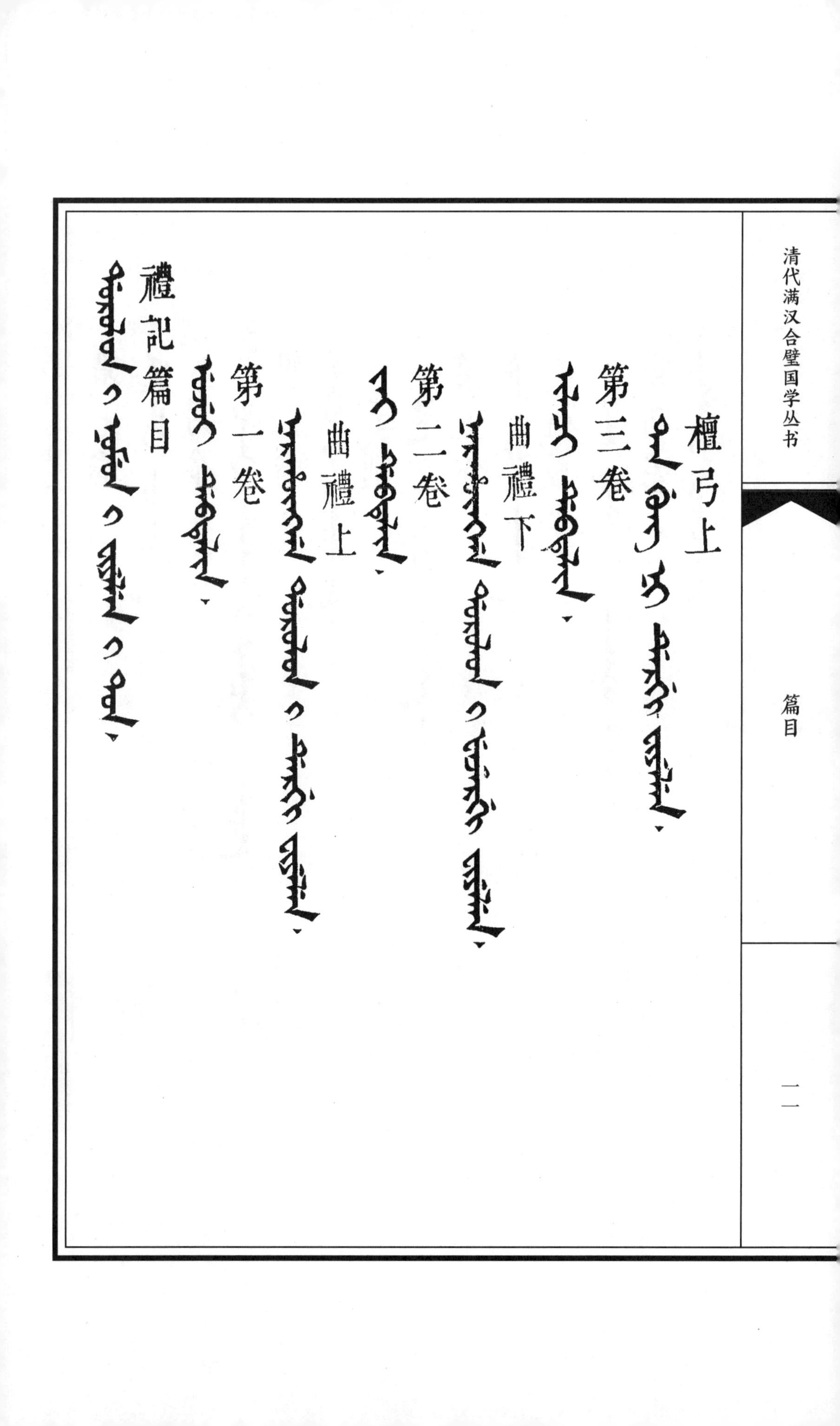

禮記篇目

第一卷

曲禮上

第二卷

曲禮下

第三卷

檀弓上

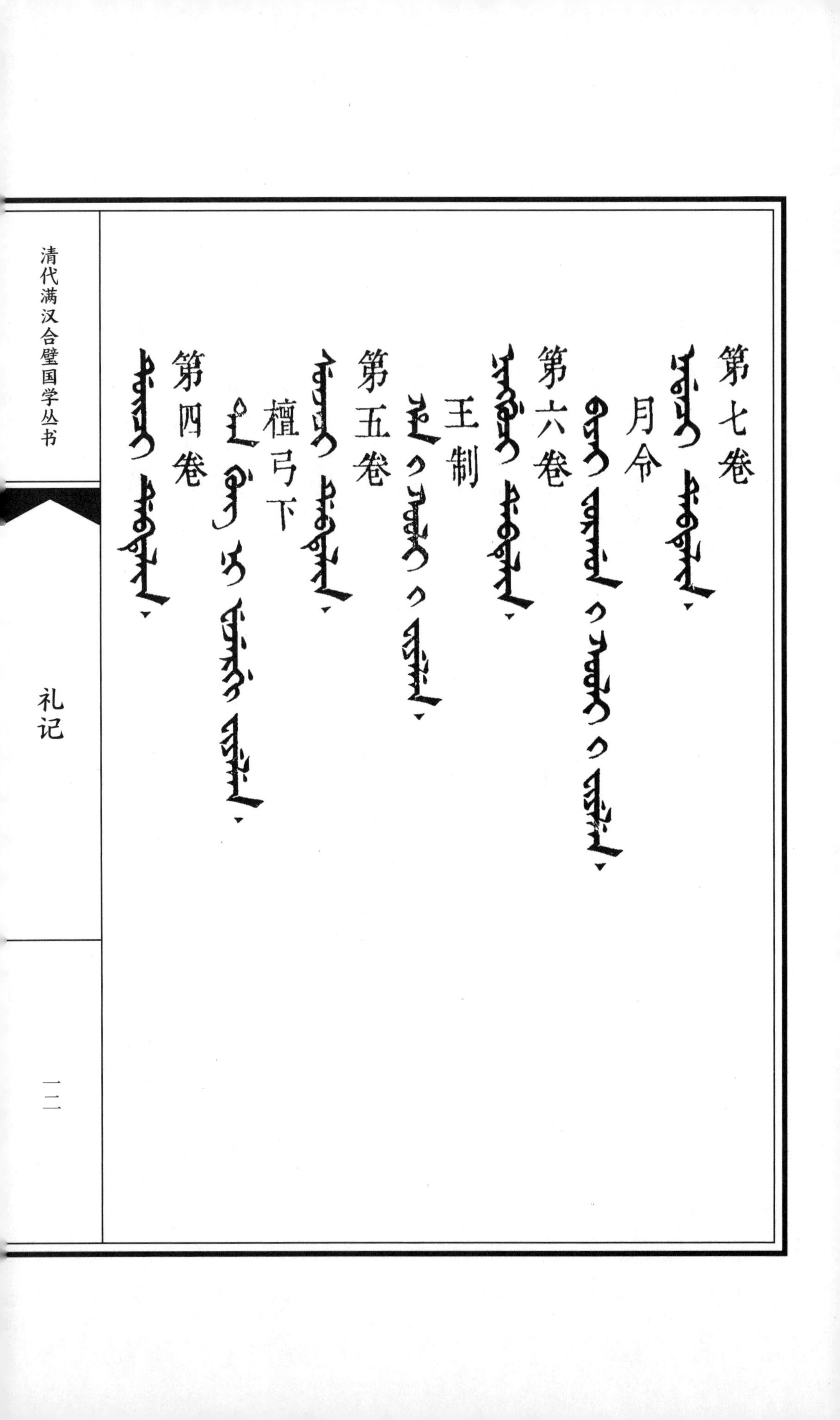

第七卷

月令

第六卷

王制

第五卷

檀弓下

第四卷

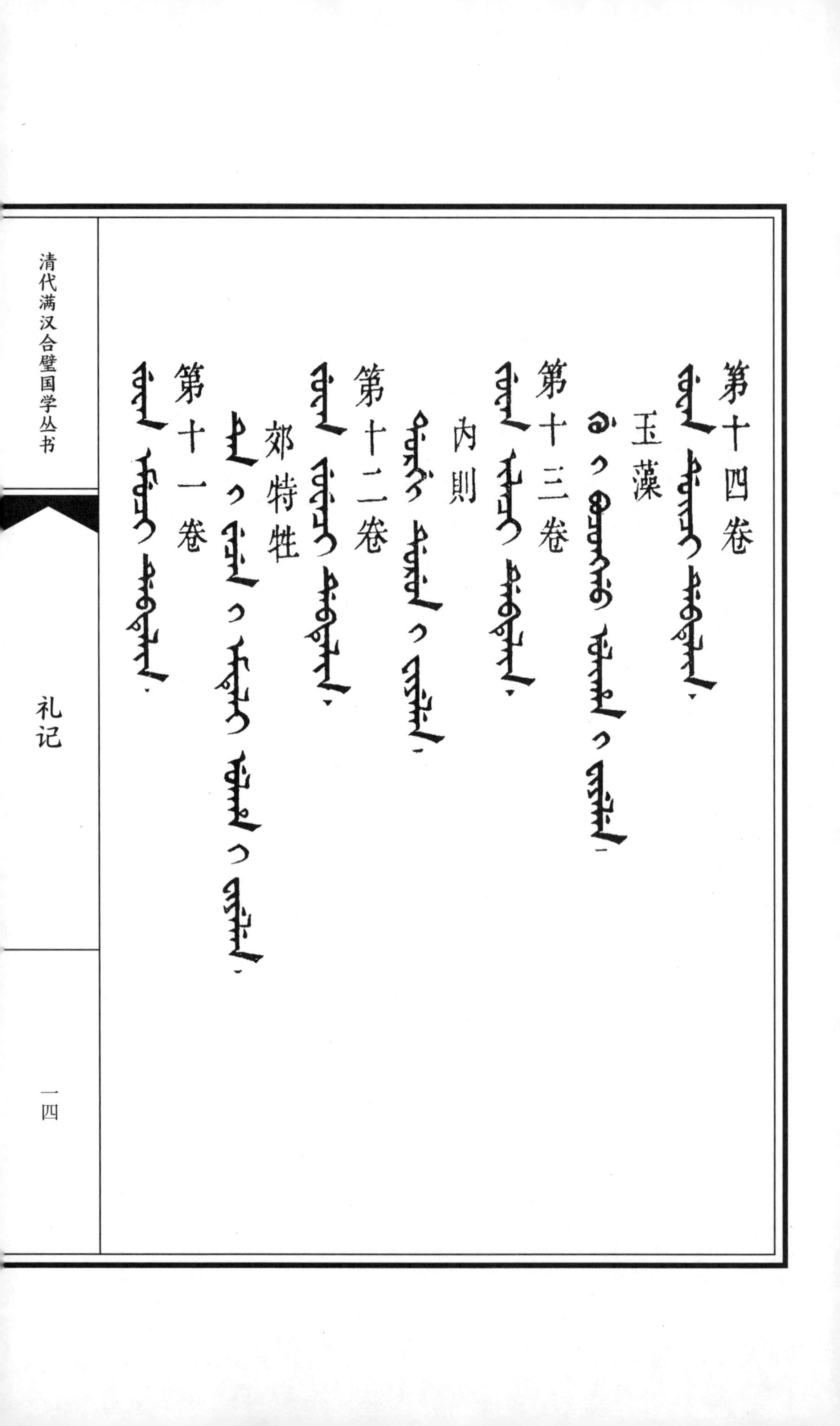

第十四卷

玉藻

第十三卷

内則

第十二卷

郊特牲

第十一卷

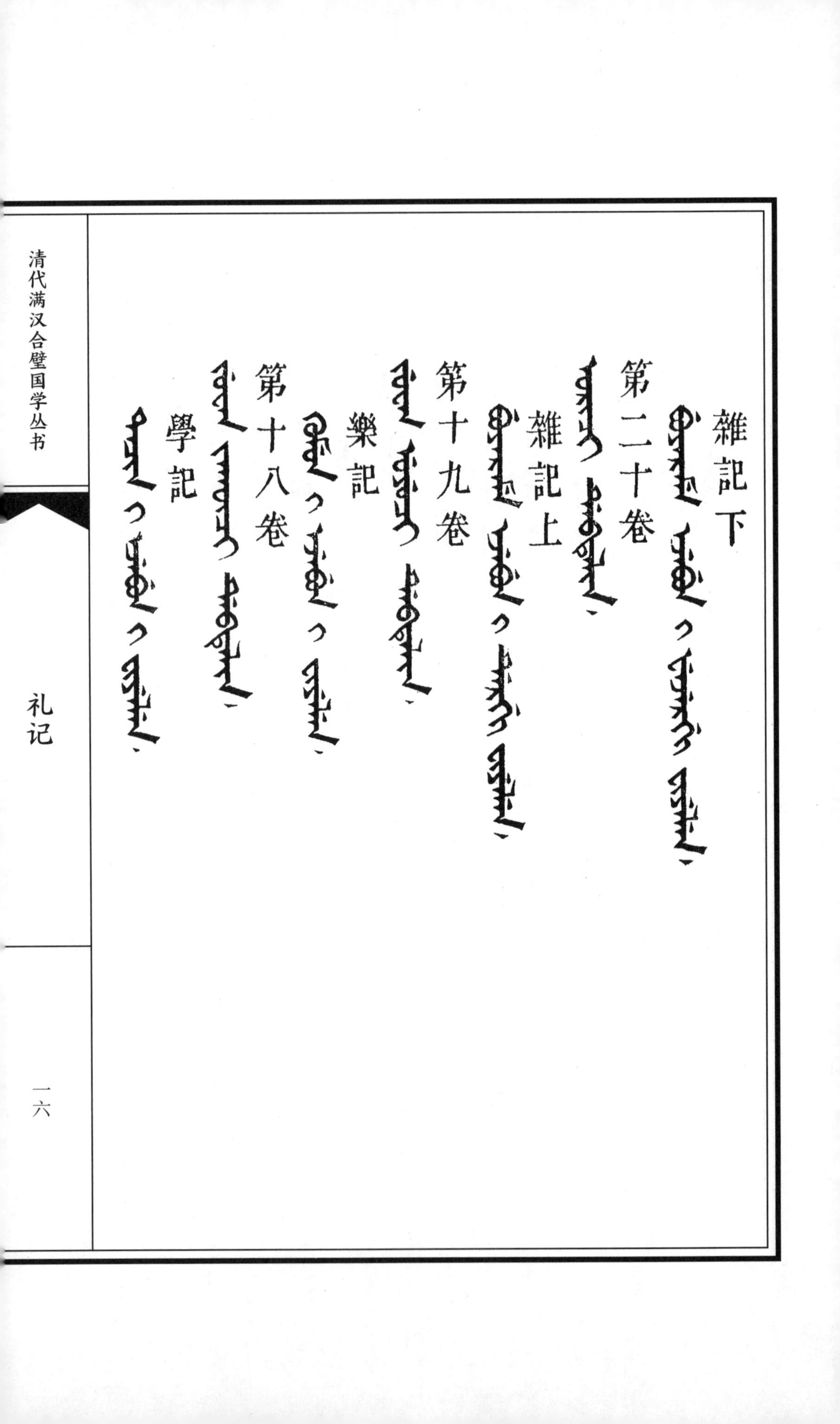

雜記下

第二十卷

雜記上

第十九卷

樂記

第十八卷

學記

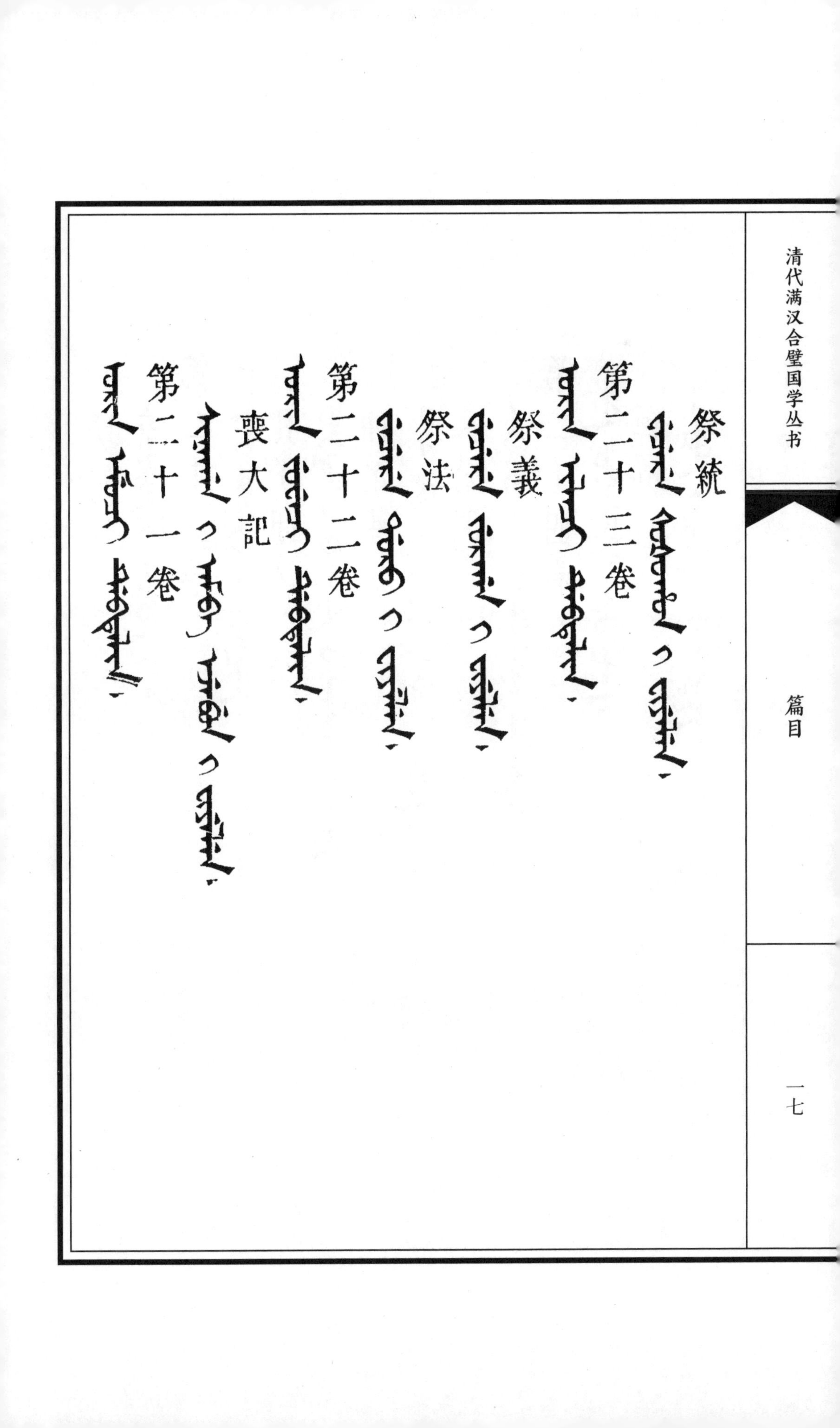

祭統

第二十三卷

祭義

祭法

第二十二卷

喪大記

第二十一卷

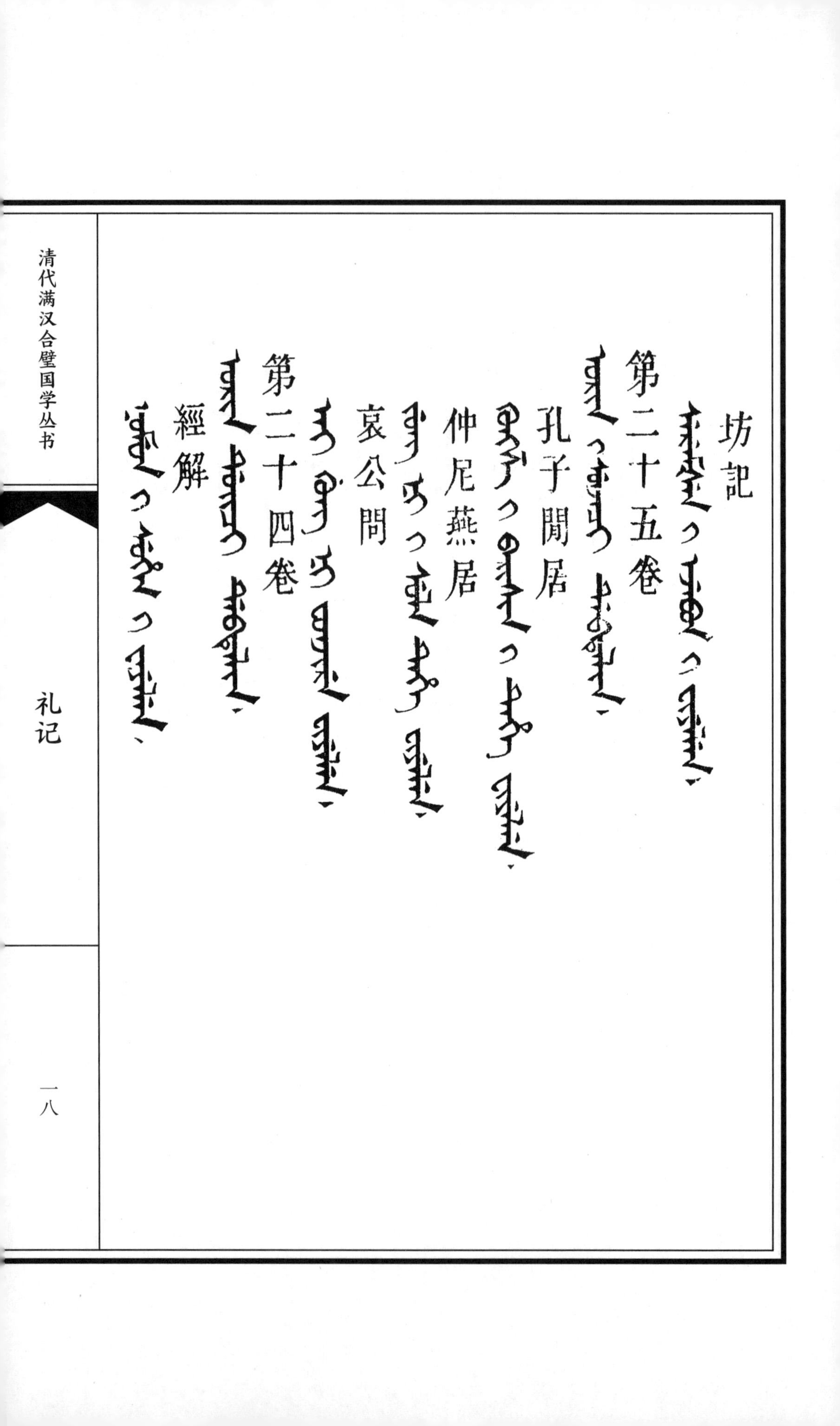

坊記

第二十五卷

孔子閒居

仲尼燕居

哀公問

第二十四卷

經解

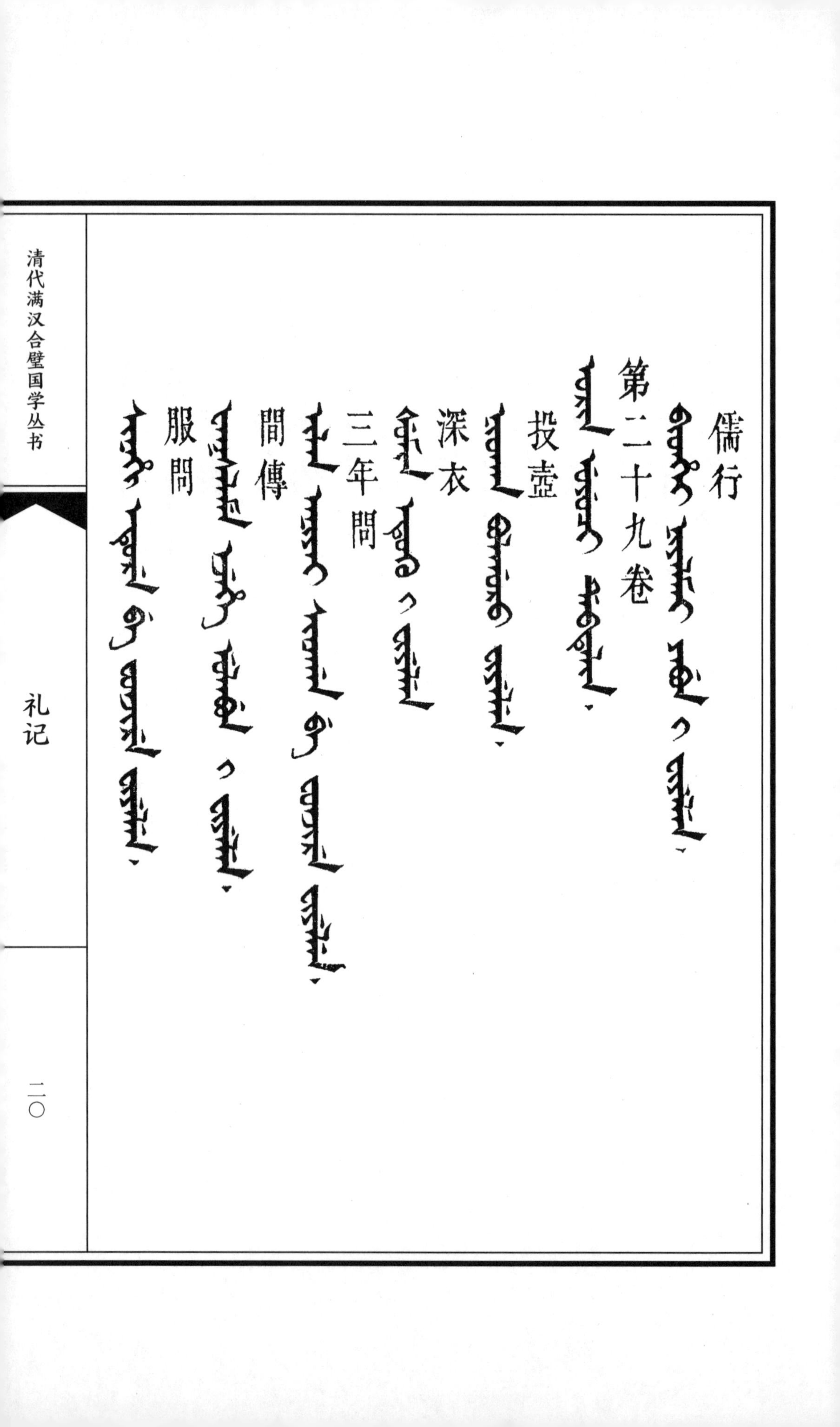

儒行

第二十九卷

投壺

深衣

三年問

間傳

服問

第三十卷

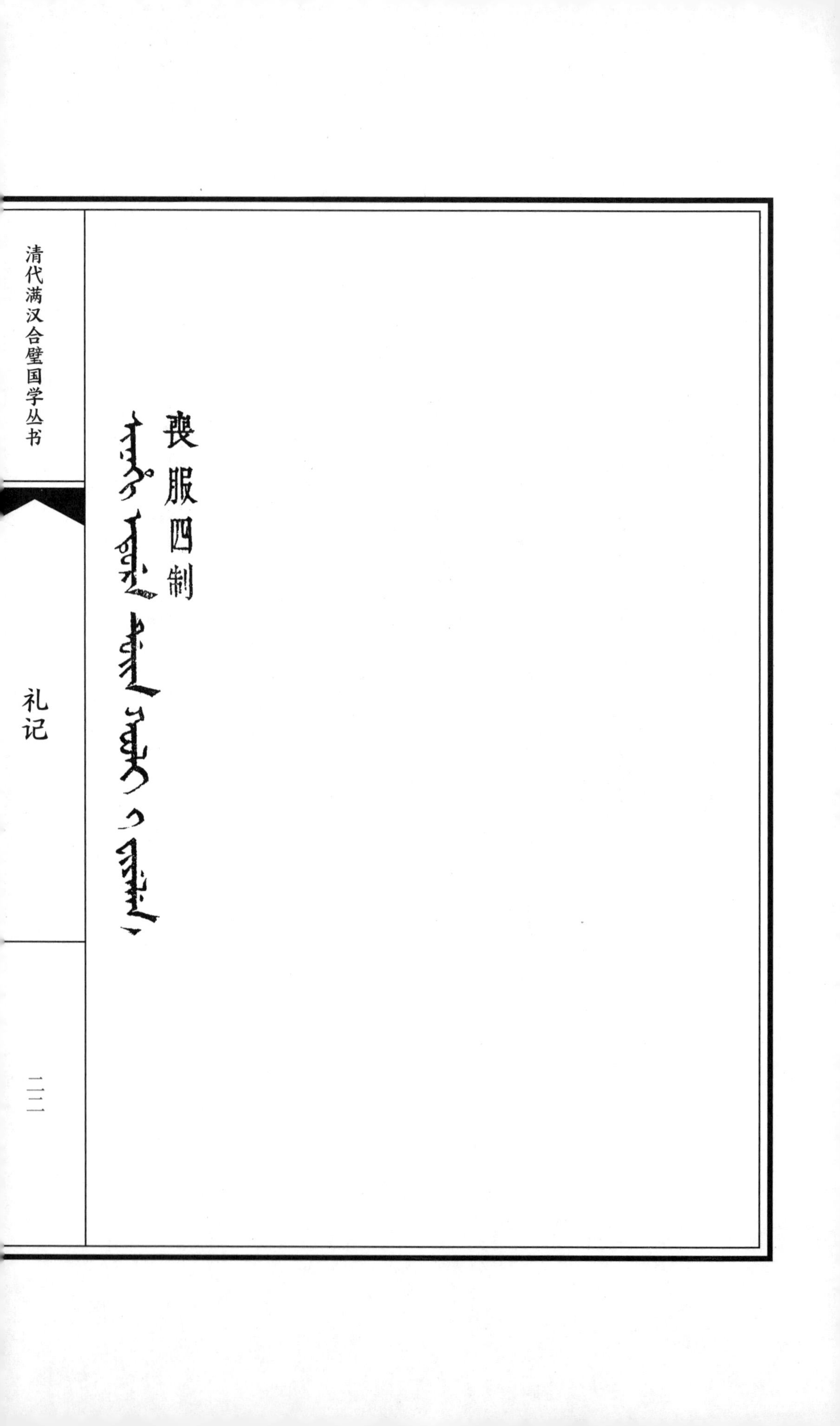

喪服四制

禮記卷之一

禮者　所以經天地　理人倫

皆人性所固有　而非

僞貌飾情之具也　原其所起

則高卑定位而禮立焉

萬物散殊而禮行焉

聖人循天秩之自然

粤自唐虞以至三代

凡所爲修身齊家治國平天下之道

未有外於此者

以行君臣父子兄弟

夫婦朋友之義

而制爲冠婚喪祭朝聘燕饗

鄉射之禮

故孔子
曰
郁郁乎文
吾從周
以制爲禮
蓋周
公輔成王致太平
監夏商之尚
述文武之德
而於周爲盛
遞有損益

以為之記　繼遭秦火
或錄變禮所由
子之徒　或錄舊禮之義
浸失　於是孔門七十二
末文晻　正禮
蓋其遺也　迨周
今所傳周禮儀禮

高堂生以授蕭奮

蕭奮授孟卿

孟卿授后蒼

后蒼授戴德戴聖

惟儀禮則傳於漢初

未有傳習之者

周禮雖得自河間獻王

至漢武帝時

禮益散亡

以曲禮檀弓雜記分上下

氏又增損爲四十三

刪存八十五　小戴

百餘篇

大戴氏以所得先儒所記禮書

二戴因習儀禮而錄禮記

後馬融傳小戴之學

增以月令

明堂位樂記

總四十九篇

則今之禮記是也

昔人嘗論禮記

雜出於諸儒

不能悉得聖人之旨

亦有至理
王制禮運禮器
檀弓表記坊記之類
之類
無可議者
及格言甚多
如樂記學記大學
則謂其傳聖門之緒餘
然河南程子
文義頗多牴牾

謂周官一書　固爲禮之綱

不可不信　新安朱子

至如禮文

故辭命不能無害

門二三子之傳　惟講解各異

橫渠張子　謂出於聖

多傳古意

也久矣　今考本文

相爲表裏　輔翼而行

與周禮儀禮

乃其義疏　然則禮記之

等篇

乃其本經　而禮記郊特牲冠義

頌　至其儀法度數　則儀禮

之固有　因天秩之自然

先王之遺制　則無一而不本於人性

而其爲聖賢之格言

宜於精擇者

十七篇　雖容有漢儒附會

列於四書　其四

白大學中庸　旣經程朱表章

曲禮曰 毋不敬

曲禮上

可以其爲形器之粗而畧之哉

身以及天下 胥受治焉

自學者以至聖人 自一

返而求之

賢者狎而敬之　畏而愛之　愛而知其惡　憎而知其善

敖不可長　欲不可從　志不可滿　樂不可極

儼若思　安定辭　安民哉

積而能散，安安而能遷。

臨財毋苟得，臨難毋苟免。

很毋求勝，分毋求多。

疑事毋質，直而勿有。

不好狎

禮不踰節 不侵侮

禮不妄說人 不辭費

夫禮者 所以定親疏 決嫌疑 別同異 明是非也

禮從宜 使從俗

若夫坐如尸立如齊

道德仁義

非禮不成

不聞往教

禮聞來學

禮聞取於人

不聞取人

也

行修言道

禮之質

修身踐言

謂之善行

教訓正俗

非禮不備

分爭辨訟

非禮不決

君臣上下父子兄弟

非禮不定

宦學

事師

非禮不親

班朝治軍

涖官行法

非禮威嚴不行

今人而無禮 雖能言

猩猩能言 不離禽獸

鸚鵡能言 不離飛鳥

是以君子恭敬撙節退讓以明禮

非禮不誠不莊

禱祠祭祀供給鬼神

禮尚往來

大上貴德　其次務施報

使人以有禮　知自别於禽獸

聖人作為禮以教人

故父子聚麀　是故

不亦禽獸之心乎　夫惟禽獸無禮

往而不來非禮也
來而不往亦非禮也
人有禮則安
無禮則危
故曰禮者不可不學也
夫禮者
自卑而尊人
雖負販者必有尊也
而況富貴乎

而仕 五十曰艾 服官政

有室 四十曰强

曰弱 冠 三十曰壯

人生十年曰幼 學 二十

則志不懾

驕不盈 貧賤而知好禮

富貴而知好禮 則不

大夫七十而致事

若不得謝

頤

不加刑焉

百年曰期

悼與耄

雖有罪

八十九十曰耄

七年曰悼

七十曰老

而傳

六十曰耆

指使

長者問 不辭讓而對

謀於長者 必操几杖以從之

以其制

稱名 越國而問焉 必告之

自稱曰老夫 於其國則

適四方乘安車

則必賜之几杖 行役以婦人

兄弟親戚稱其慈也

故州閭鄉黨稱其孝也

夫爲人子者三賜不及車馬

凡爲人子之禮

冬温而夏凊

昏定而晨省

在醜夷不爭

非禮也

不問不敢對

此孝子之行也

不謂之退不敢退

見父之執

不謂之進不敢進

也

交遊稱其信也

僚友稱其弟也

執友稱其仁

隨之

羣居五人　則長者必異席

則兄事之　五年以長　則肩

年長以倍　則父事之　十年以長

恒言不稱老

所遊必有常　所習必有業

夫爲人子者　出必告　反必面

不登危　懼辱親也

苟訾　不苟笑　孝子不服闇

不登高　不臨深　不

聽於無聲　視於無形

食饗不爲槩　祭祀不爲尸

行不中道　立不中門

爲人子者　居不主奥　坐不中席

不衣裘裳

立必正方

幼子常視毋誑

童子

不純采

孤子當室

冠衣

為人子者

父母存

冠衣不純素

不有私財

父母存

不許友以死

先生與之言則對　不與

遭先生於道　趨而進　正立拱手

從於先生　不越路而與人言

而對

負劒辟咡詔之　則掩口

則兩手奉長者之手

不傾聽　長者與之提攜

言聞則入　言不聞則不入

聲必揚　戶外有二屨

將適舍　求毋固　將上堂

呼

登城不指　城上不

則必鄉長者所視

之言　則趨而退　從長者而上丘陵

將入戶 視必下

入戶奉扃

視瞻毋回 戶開亦開

戶闔亦闔

有後入者 闔而勿遂 毋踐

屨 毋踖席 摳衣趨隅

必慎唯諾

凡與客入者 每門讓於客

客至於寢門 則主

人請入爲席 然後出迎客

客固辭 主人肅客而入

大夫士出入君門 由闑

右 不踐閾

主人與客讓登

然後客復就西階

則就主人之階

主人固辭

客若降等

主人就東階

客就西階

客入門而左

主人入門而右

堂下布武　室中不翔

執玉不趨　堂上接武

帷薄之外不趨　堂上不趨

左足

足　上於西階則先

連步以上　上於東階則先右

主人先登　客從之　拾級聚足

凡爲長者糞之禮 必加帚

於箕上 以袂拘而退

其塵不及長者 以箕自鄉而扱

之

並坐不橫肱 授立不跪

授坐不立

席間函丈

若非飲食之客

則布席

東鄉西鄉

以南方爲上

以西方爲上

席南鄉北鄉

何鄉

請衽何趾

奉席如橋衡

請席

主人跪正席
客跪
撫席而辭
客徹重席
主人固辭
客踐
席乃坐
主人不問
客不先舉
將即席
容毋怍
兩手摳衣
去齊尺

毋勦説　毋雷同　必則古

正爾容　聽必恭

長者不及　毋儳言

坐必安　執爾顏

虛坐盡後　食坐盡前

瑟在前　坐而遷之　戒勿越

衣毋撥　足毋蹶　先生書策琴

燭至起　食至起　上客起

無餘席　見同等不起

起　侍坐於所尊敬

父召無諾　先生召無諾　唯而

請業則起　請益則起

侍坐於先生　先生問焉　終則對

昔　稱先王

侍坐於君子

君子問更端

侍坐者請出矣

撰杖屨

視日蚤莫

侍坐於君子

君子欠伸

讓食不唾

燭不見跋

尊客之前不叱狗

寢毋伏　斂髮毋髢

立毋跛　坐毋箕

毋怠荒　遊毋倨

毋側聽　毋噭應　毋淫視

則左右屏而待

若有告者曰　少閒願有復也

則起而對　侍坐於君子

納屨

跪而遷屨

俯而

跪而舉之

屏於側

鄉長者而屨

解屨不敢當階

就屨

侍坐於長者

屨不上於堂

暑毋褰裳

冠毋免

勞毋袒

內言不出於梱

女子許嫁

外言不入於梱

嫂叔不通問

諸母不漱裳

不同巾櫛

不親授

男女不雜坐

不同椸枷

離立者不出中間

離坐離立

毋往參焉

纓

非有大故

不入其門

姑姊妹女子子

已嫁而反

兄弟弗與同席而坐

弗與

同器而食

父子不同席

男女非有行媒

不相知名

則卜之 寡婦之子

故買妾不知其姓

其別也 取妻不取同姓

鄉黨僚友 以厚

齊戒以告鬼神 爲酒食以召

故日月以告君

非受幣 不交不親

名子者 不以國 不以日月

筋力爲禮

貧者不以貨財爲禮 老者不以

聞子有客

使某羞

某子使某

非有見焉 弗與爲友 賀取妻者曰

凡進食之禮　左殽右胾

女子許嫁　笄而字

父前子名　君前臣名

男子二十冠而字

男女異長

不以隱疾　不以山川

左朐右末

以脯脩置者

葱渫處末

酒漿處右

膾炙處外

醯醬處內

羹居人之右

食居人之左

然後辯殽

主人延客食胾

主人未辯

殽之序徧祭之

祭食祭所先進

三飯

然後客坐

主人延客祭

主人興辭於客

客若降等

執食興辭

毋流歠　毋咤食　毋齧骨

毋摶飯　毋放飯

共食不飽　共飯不澤手

食

則拜而食　主人不親饋　則不拜而

侍食於長者　主人親饋

客不虛口

毋反魚肉　毋投與狗骨

毋固獲　毋揚飯

飯黍毋以箸

毋嚃羹　毋絮羹　毋刺

齒　毋歠醢　客絮

羹　主人辭不能亨

客歠醢　主人辭以窶

拜受於尊所

長者辭

侍飲於長者

酒進則起

然後客坐

者

主人興辭於客

客自前跪

徹飯齊以授相

毋嘬炙

卒食

濡肉齒決

乾肉不齒決

器之溉者不寫　其餘皆

御食於君　君賜餘

賜果於君前　其有核者懷其核

長者賜　少者賤者不敢辭

舉未釂　少者不敢飲

少者反席而飲　長者

爲天子削瓜者副之
巾以

萊者用梜
其無萊者不用梜

不辭
偶坐不辭
羹之有

祭妻
御同於長者
雖貳

餕餘不祭
父不祭子
夫不

寫

不至變貌　笑不至矧

食肉不至變味　飲酒

言不惰　琴瑟不御

父母有疾　冠者不櫛　行不翔

庶人齕之

爲大夫累之　士疐之

絺　爲國君者華之　巾以綌

獻車馬者執策綏

獻鳥者佛其首

畜鳥者則勿佛也

水潦降

不獻魚鼈

有憂者側席而坐

有喪者專席而坐

疾止復故

怒不至詈

獻甲者執冑

獻杖者執末

獻民虜者操右袂

獻粟者執右契

獻米者操量鼓

獻熟食者操醬齊

獻田宅者操書致

主人自受

拜 則客還辟 辟拜

帨 若主人

左手承弣 尊卑垂

弛弓尙角 右手執簫

凡遺人弓者 張弓尙筋

進几杖者拂之

進矛戟者前其鐓

進戈者前其鐏後其刃

進劍者左首

鄉與客並然後受

由客之左接下承弣

效馬效羊者右牽之

效犬者左牽之

執禽者左首

飾羔鴈者以繢

受珠玉者以掬

受弓劍者以袂

飲玉爵者弗揮

凡以

使者歸

則必拜送于門外

則主人出拜君言之辱

君言不宿於家

君言至

凡爲君使者

已受命

操以受命

如使之容

弓劍苞苴簞笥問人者

若使人於君所

則必朝服而命之　使者反

則必下堂而受命

博聞強識而讓　敦善行而不

怠　謂之君子

君子不盡人之歡　不竭人之忠

式 乘必以几

之 君知所以爲尸者則自下之 尸必

爲君尸者 大夫士見之則下

子不可以爲父尸

此言孫可以爲王父尸

禮曰 君子抱孫不抱子

以全交也

身有瘍則浴

有疾則飲酒食肉

居喪之禮

頭有創則沐

出入不當門隧

不衰

升降不由阼階

居喪之禮

毀瘠不形

視聽

齊者不樂不弔

疾止復初
不勝喪
乃比於不慈不孝
五十
不致毁
六十不毁
七十唯衰麻在身
飲酒食肉
處於內
生與來日
死與往日

知生者弔　知死者傷

知生而不知死

弔而不傷

知死而不知生

傷而不弔

弔喪弗能賻

不問其所費

問疾弗能遺

不問其所欲

揖人必違其位

臨喪不笑

適墓不登壟

助葬必執紼

不問其所欲

賜人者

不曰來取

與人者

其所舍

見人弗能館

不問

望柩不歌

入臨不翔

當食不歎

鄰有喪

春不相

里有殯

不巷歌

適墓不歌

哭日不歌

送喪不由徑

送葬不辟塗潦

臨喪則必有哀色

刑不上大夫

刑人不

士下之

禮不下庶人

國君撫式

大夫下之

大夫撫式

不失色於人

故君子戒慎

介胄則有不可犯之色

執紼不笑

臨樂不歎

則載鳴鳶

前有車騎

則載青旌

前有塵埃

史載筆

士載言

前有水

旌

德車結旌

兵車不式

武車綏

在君側

招搖在上

急繕其

虎

左青龍而右白

行

前朱鳥而後玄武

前有摯獸

則載貔貅

前有士師

則載虎皮

則載飛鴻

怒

進退有度

左右有局

各司其局

父之讎

弗與共戴天

兄弟之讎

不反兵

交遊之讎

不同國

四郊多壘

此卿大夫之辱也

卒哭乃諱

禮不諱嫌名

之

凡祭於公者

必自徹其俎

埋之

龜筴敝則埋之

牲死則埋

臨祭不惰

祭服敝則焚之

祭器敝則

此亦士之辱也

地廣大荒而不治

雖質君之前　臣不諱也　婦諱不

廟中不諱　夫人之諱

詩書不諱　臨文不諱

無私諱　大夫之所有公諱

則不諱王父母　君所

則諱王父母　不逮事父母

二名不偏諱　逮事父母

旬之外曰遠某日

凡卜筮日

外事以剛日

內事以柔日

入竟而問禁

入國而問俗

入門而問諱

大功小功不諱

出門

旬之内日近某日

喪事先遠日

吉事先近日

日爲日

假爾泰龜有常

假爾泰筮有常

卜筮不過三

卜筮不

之　則弗非也　日而行事

故曰　疑而筮

民決嫌疑　定猶與也

神　畏法令也　所以使

以使民信時日　敬鬼

筴爲筮　卜筮者　先聖王之所

相襲　龜爲卜

則必踐之

君車將駕　則僕執策立於馬前

已駕　僕展軨效駕

奮衣由右上

取貳綏跪乘　執策分轡

驅之五步而立

君出就車　則僕并轡授綏

若僕者降等則受

凡僕人之禮必授人綏

門閭溝渠必步

君撫僕之手而顧命車右就車

車驅而騶至于大門

左右攘辟

不然則否

若僕者降等

則撫僕之手

不然

則自

下拘之

客車不入大門

婦人不立乘

犬馬不上於堂

故君子式黃髮

下卿位

入國不馳

不敢曠左

祥車曠左

乘君之乘車

介者不拜

爲其拜而蓌拜

大夫士必自御之

君命召

雖賤人

入里必式

式視馬尾

顧不過轂

不妄指

立視五巂

不乘奇車

車上不廣欬

右手後左手而俯

國君

御國君

則進

則進左手後右手

左必式

僕御婦人

國中以策彗卹
勿驅　塵不出軌
國君下齊牛　式宗廟
大夫士下公門　式路
馬　乘路馬
必朝服　載鞭策　不敢
授綏　左必式

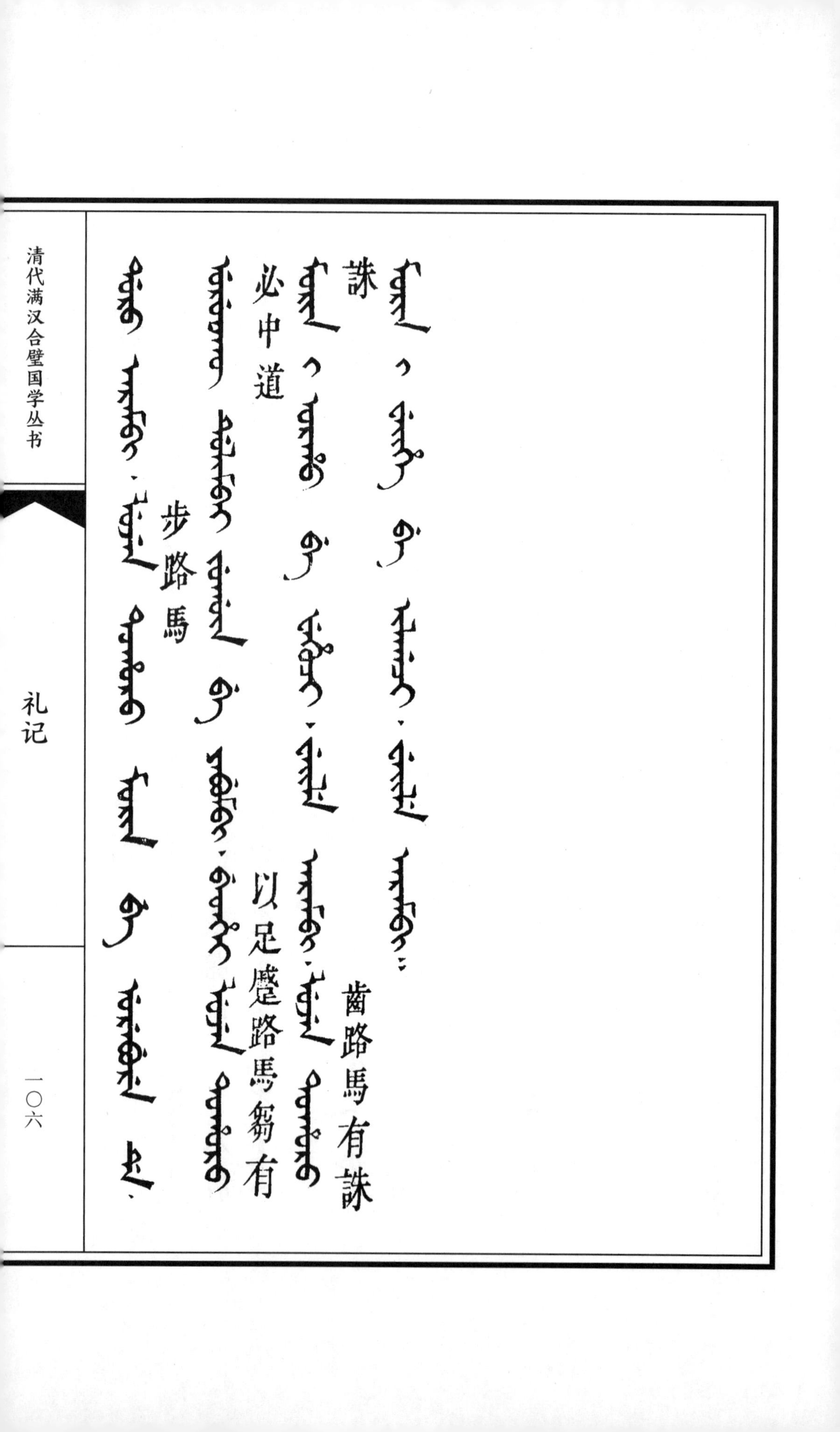

誅

齒路馬有誅

步路馬

必中道

以足蹙路馬芻有

執主器　執輕如不克

凡執主器　士則提之

大夫則綏之

國君則平衡

執天子之器則上衡

提者當帶　凡奉者當心

曲禮下

禮記卷之二

執玉　其有藉者則裼　無藉者則襲

主佩垂則臣佩委

主佩倚則臣佩垂

曳踵　立則磬折垂佩

則倘左手　行不舉足　車輪

操幣圭璧

不敢與世子同名

士之子　不敢自稱曰嗣子某

不敢自稱曰余小子　大夫

長妾　君大夫之子

不名世臣姪娣　士不名家相

國君不名卿老世婦　大夫

皆如其國之故　謹修其法而審行之

祭祀之禮　居喪之服　哭泣之位

君子行禮　不求變俗

非禮也

侍於君子　不顧望而對

言曰某有負薪之憂

君使士射　不能則辭以疾

從新國之法　唯興之日

出入無詔於國

爵祿無列於朝

去國三世

告於宗後

若兄弟宗族猶存　則反

有列於朝　出入有詔於國

去國三世　爵祿

公庭不言婦女

居喪不言樂
祭祀不言凶

常
讀樂章

既葬
讀祭禮
喪復

居喪未葬
讀喪禮

不爲父作謚

君子已孤不更名
已孤暴貴

衰　凶器　不以告　不入公門

厭冠　不入公門　書方

不入公門　苞屨　扱衽

龜筴　几杖　席蓋　重素　袗絺綌

倒筴側龜於君前　有誅

振書端書於君前　有誅

君子雖貧

不粥祭器

有田祿者先爲祭服

養器爲後

無田祿者不設祭器

祭器爲先

犧賦爲次

廄庫爲次

居室爲後

凡家造

君子將營宮室

宗廟爲先

公事不私議

素裳　素冠　徹緣　鞮屨

爲壇位　鄉國而哭　素衣

大夫士去國　踰竟

大夫寓祭器於大夫　士寓祭器於士

大夫士去國　祭器不踰竟

於丘木

雖寒　不衣祭服　爲宮室　不斬

則還辟不敢答拜　大夫士相見

則還辟再拜稽首　君若迎拜

大夫士見於國君　君若勞之

婦人不當御　三月而復服

不祭食　不說人以無罪

素簚　乘髦馬　不蚤鬋

雖貴賤不敵 主人

敬客 則先拜客 客敬主人

則先拜主人 凡非弔喪

非見國君 無不答拜者

大夫見於國君 國君拜其辱

士見於大夫 大夫拜其辱 同國

始相見 主人拜其辱

馬不食穀　馳道不除　祭祀不縣

歲凶　年穀不登　君膳不祭肺

士不取麛卵

國君春田不圍澤　大夫不掩羣

男女相答拜也

大夫於其臣　雖賤必答拜之

君於士　不答拜也　非其臣則答拜之

大夫不食粱 士飲酒不樂

君無故玉不去身 大夫

無故不徹縣 士無

故不徹琴瑟

士有獻於國君 他日君問之曰

安取彼 再拜稽首而后對

大夫私行出疆必請反必有獻

士私行出疆必請反必告

君勞之則拜問其行拜而后對

國君去其國止之曰奈何去社稷也

大夫曰奈何去宗廟也

士曰奈何去墳墓也

外事曰嗣王某　臨諸侯

內事曰孝王某

曰予一人　踐阼臨祭祀

分職　授政　任功

君天下曰天子　朝諸侯

死衆　士死制

國君死社稷　大夫

眕於鬼神

曰有天王某甫

崩

曰天王崩

復

曰天子

復矣

告喪曰天王登假

措之廟

立之主

曰帝

天子未除喪曰予小子

生名之

大卜　典司六典

大祝　大士

曰大宰　大宗　大史

天子建天官　先六大

嬪　有妻　有妾

天子有后　有夫人　有世婦　有

死亦名之

天子之六工，曰土工、司器、司貨，典司六職。

司水、司草

天子之六府，曰司土、司木

司寇，典司五衆。

司空、司士

天子之五官，曰司徒、司馬

天子同姓謂之伯父

其擯於天子也曰天子之吏

五官之長曰伯　是職方

五官致貢曰享

典制六材

木工　獸工　草工

金工　石工

於外曰侯

於其國曰君

異姓謂之叔舅

天子同姓謂之叔父

九州之長

入天子之國曰牧

於外曰公

於其國曰君

於諸侯曰天子之老

異姓謂之伯舅

自稱

其在東夷北狄西戎南蠻
雖大曰子
於內自
稱曰不穀
於外自稱曰王老
庶方小侯
入天子之國曰某人
於外曰子
自稱曰孤

天子當依而立諸侯北面而見天子曰覲天子當宁而立諸公東面諸侯西面曰朝諸侯未及期相見曰遇相見於郤地曰會諸侯使大夫問於諸侯曰聘約信

外事曰曾孫某侯某

祀 內事曰孝子某侯某

其在凶服 曰適子孤 臨祭

其與民言 自稱曰寡人

諸侯見天子曰臣某侯某

曰誓 涖牲曰盟

天子穆穆

諸侯皇皇

諸侯使人使於諸侯

使者自稱曰寡君之老

既葬見天子曰類見

言謚曰類

死曰薨

復曰某甫復矣

於天子曰老婦 自稱

有世婦 有妻 有妾 夫人自稱

庶人曰妻 公侯有夫人

大夫曰孺人 士曰婦人

天子之妃曰后 諸侯曰夫人

僬僬

大夫濟濟 士蹌蹌 庶人

自稱曰陪臣某

於外曰子

入天子之國曰某士

子於父母則自名也

列國之大夫

婦以下

自稱曰婢子

自稱於其君曰小童

自世

於諸侯曰寡小君

爲人臣之禮不顯諫　三諫而不聽

滅同姓名

君子不親惡　諸侯失地名

天子不言出　諸侯不生名

使者自稱曰某

於其國曰寡君之老

則逃之子之事親也 三諫

而不聽 則號泣而隨之

君有疾 飲藥 臣先嘗之 親有

疾 飲藥 子先嘗之 醫不三世

不服其藥

儗人必於其倫

問天子之年 對曰聞之始服衣若干尺

問士之子

幼曰未能御也

長曰能御矣

問大夫之子

幼曰未能從宗廟社

稷之事也

長曰能從宗廟社稷之事矣

矣

問國君之年

長曰能典謁矣

幼曰未能典謁也

問庶人之子

長曰能負薪矣

幼曰未能負薪也

問國君之富

數地以對山澤之所出

問大夫之富

曰有宰食力 祭器衣服不假

問士之富 以車數對

問庶人之富 數畜以對

天子祭天地 祭四方 祭山川 祭五祀 歲徧

諸侯方祀 祭山川

祭五祀　歲徧　大夫祭五

祀　歲徧　士祭其先

凡祭　有其廢之　莫敢舉也　有其舉之

莫敢廢也　非其所祭而祭之

名曰淫祀　淫祀無福

天子以犧牛　諸侯以肥牛

大夫以索牛 士以羊豕

支子不祭 祭必告于宗子

凡祭宗庙之礼 牛曰一元大武

豕曰刚鬣

豚曰腯肥 羊曰柔毛

雞曰翰音

犬曰羹獻

雉曰疏趾

兎曰明視

脯曰尹祭

槀魚曰商祭

鮮魚曰脡祭

水曰淸滌

酒曰淸酌

黍曰薌合

粱曰薌萁

稷曰明粢

稻曰嘉蔬

韭曰豐本

鹽曰鹹鹺

玉曰嘉玉

幣曰量幣

天子死曰崩

諸侯曰薨

大夫曰卒

士曰不祿

妣

夫曰皇辟

父曰皇考

母曰皇

王母曰皇祖妣

死寇曰兵

祭王父曰皇祖考

降

四足曰漬

尸

在棺曰柩

羽鳥曰

庶人曰死

在牀曰

天子視

不上於袷

不下於帶

國君綏視

大夫衡視

死曰考曰妣曰嬪

壽考曰卒

短折曰不祿

生曰父曰母曰妻

在庫言庫
在朝言朝
在官言官
在府言府
君命大夫與士肄
下於帶則憂
傾則姦
上於面則傲
士視五步
凡視

大饗不問卜　不饒富

問禮　對以禮

君子謂之固　在朝言禮

故輟朝而顧

不有異事　必有異慮

朝言不及犬馬　輟朝而顧

凡摯 天子鬯

諸侯圭 卿羔

大夫鴈

士雉 庶人之摯匹

童子委摯而退

野外軍中無摯

以纓拾矢可也 婦人之摯

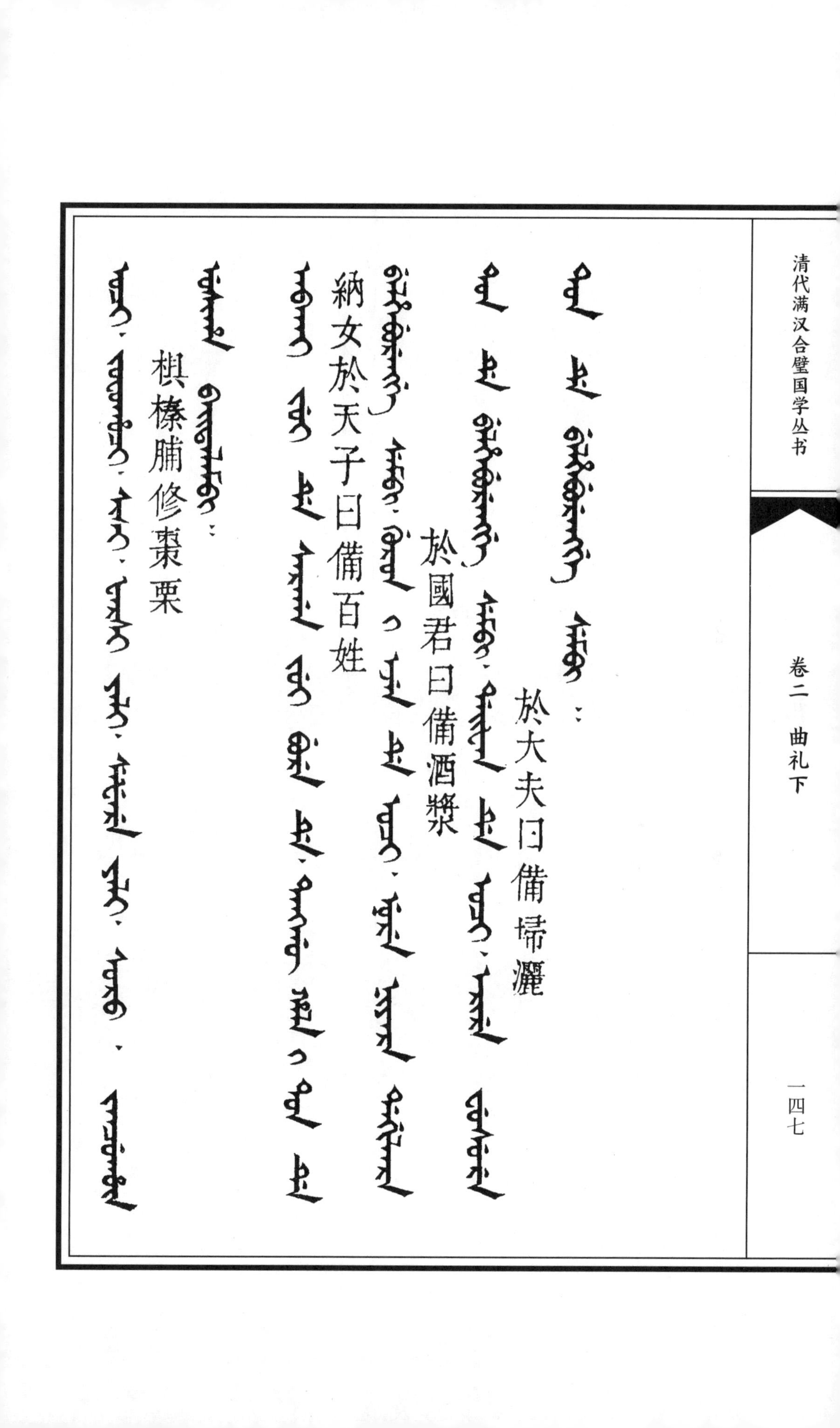

於大夫曰備埽灑

於國君曰備酒漿

納女於天子曰備百姓

椇榛脯修棗栗

禮記卷之三

檀弓上

公儀仲子之喪 檀弓免焉

仲子舍其孫而立其子

檀弓曰 何居 我未之前

聞也 趨而就子服伯子

於門右曰 仲子舍

事親有隱而無犯

問諸孔子　孔子曰　否　立孫

夫仲子亦猶行古之道也　子游

微子舍其孫腯而立衍也

昔者文王舍伯邑考而立武王

伯子曰　仲子亦猶行古之道也

其孫而立其子何也

左右就養無方

服勤至死

致喪三年

事君

有犯而無隱

左右就養

有方

服勤至死

方喪三年

事師無犯無隱

左右就養無方

服勤至死

心喪三年

季武子成寢　杜氏之葬在西階之下　請合葬焉

許之入宮而不敢哭　武子曰　合葬　非古也　自周公以來未之有改也　吾許其大而不許其細何居

命之哭

安能　爲伋也妻者　是爲白也母

道汙則從而汙　伋則

無所失道　道隆則從而隆

白也喪之何也　子思曰　昔者吾先君子

曰然　子之不使

問諸子思曰　昔者子之先君子喪出母乎

子上之母死而不喪　門人

孔子旣得合葬於防

喪　吾從其至者

稽顙而后拜　頎乎其至也　三年之

孔子曰　拜而后稽顙　頹乎其順也

自子思始也

白也母　故孔氏之不喪出母

不爲伋也妻者　是不爲

曰吾聞之　古也墓而不墳

今丘也東西南北之人也

不可以弗識也　於是封之

崇四尺　孔子先反　門人

後　雨甚　至　孔子

問焉曰爾來何遲也　曰　防墓崩

孔子不應　三　孔子泫

然流涕曰 吾聞之古不修墓

孔子哭子路於中庭 有人

弔者而夫子拜之 既哭 進使

者而問故 使者曰

醢之矣 遂命覆醢

曾子曰 朋友之墓 有宿草而不哭焉

子思曰　喪三日而殯　凡附於身者　必誠必信　勿之有悔焉耳矣　三月而葬　凡附於棺者　必誠必信　勿之有悔焉耳矣　喪三年以爲極　亡則弗之忘矣　故君子有終身之憂

防

問於郰曼父之母　然後得合葬於

皆以爲葬也　其慎也蓋殯也

於五父之衢　人之見之者

孔子少孤　不知其墓　殯

日不樂

而無一朝之患　故忌

之棺椁葬長殤

周人以殷人

人牆置翣

殷人棺椁

周

有虞氏瓦棺

夏后氏堲周

不綏

里有殯

不巷歌

喪冠

鄰有喪

舂不相

夏后氏尚黑，大事斂用昏，戎事乘驪，牲用玄。殷人尚白

以有虞氏之瓦棺葬無服之殤，以夏后氏之堲周葬中殤下殤

大事斂用日中

戎事乘翰

牲用白

周人尚赤

大事斂用日出

戎事乘騵

牲用騂

穆公之母卒　使人問於曾子曰

公子重耳謂之曰　子蓋言子

晉獻公　將殺其世子申生

衞也　繆幕　魯也

天子達　布幕

饘粥之食　自

哭泣之哀　齊斬之情

如之何　對曰申也聞諸申之父曰

之志於公乎　世子曰　不可

君安驪姬　是我傷公之心也

曰　然則蓋行乎　世子曰　不可

君謂我欲弒君也　天下豈有無父之國

哉　吾何行如之使人辭於狐突曰

申生有罪不念伯氏之言也

以至於死　申生不

子路笑之　夫子曰　由爾責

魯人有朝祥而莫歌者

稽首乃卒　是以爲恭世子也

申生受賜而死　再拜

而圖吾君　伯氏苟出而圖吾君

矣　子少　國家多難　伯氏不出

敢愛其死　雖然　吾君老

右

馬驚敗績　公隊

縣賁父御　卜國爲

魯莊公及宋人戰於乘丘

哉

踰月則其善也

已久矣夫　子路出　夫子曰　又多乎

於人　終無已夫　三年之喪　亦

佐車授綏 公曰 末之卜

也 縣賁父曰 他日不敗績而今敗績

是無勇也 遂死之

圉人浴馬 有流矢在白肉

公曰 非其罪也

遂誄之

士之有誄

自此始也

曾子寢疾病　樂正子春坐於牀下

曾元曾申坐於足

童子隅坐而執燭　童子曰

華而睆　大夫之簀與　子

春曰　止　曾子聞之瞿然曰呼　曰

華而睆　大夫之簀與　曾子

曰　然　斯季孫之賜也　我未之能易也

舉扶而易之　反席未安而沒

吾得正而斃焉斯已矣

之愛人也以姑息　吾何求哉

君子之愛人也以德　細人

請敬易之　曾子曰　爾之愛我也不如彼

之病革矣　不可以變　幸而至於旦

元起易簀　曾元曰　夫子

邾婁復之以矢　蓋自

廓然

練而慨然　祥而

既葬　皇皇如有望而弗至

既殯　瞿瞿如有求而弗得

始死　充充如有窮

戰於升陘始也

魯婦人之髽而弔也

自敗於臺鮐始也

南宮縚之妻之姑之喪

夫子誨之髽曰

爾毋從從爾

爾毋扈扈爾

蓋榛以爲笄

長尺而總八寸

屨組纓

有子蓋既祥而絲

十日而成笙歌

孔子既祥

五日彈琴而不成聲

人一等矣

比御而不入

夫子曰

獻子加於

孟獻子禫

縣而不樂

禮 行道之人 皆弗忍也

寡兄弟而弗忍也 孔子曰 先王制

孔子曰 何弗除也 子路曰 吾

子路有姊之喪 可以除之矣而弗除也

畏 厭 溺

死而不弔者三

伯魚之母死 期而猶哭

死正丘首 仁也

本 古之人有言曰 狐

樂樂其所自生 禮不忘其

反葬於周 君子曰

大公封於營丘 比及五世 皆

子路聞之 遂除之

曾子之喪　浴於爨室

蓋祔

妃未之從也　季武子曰　周公

舜葬於蒼梧之野　蓋三

之遂除之

曰　鯉也　夫子曰　嘻其甚也　伯魚聞

夫子聞之曰　誰與哭者　門人

也與

曾子曰 始死之奠 其餘閣

吾今日其庶幾乎

君子曰終 小人曰死

子張病 召申祥而語之曰

大功誦可也

大功廢業 或曰

曾子曰小功不爲位也者

是委巷之禮也子思之哭嫂也爲位

婦人倡踊申祥之哭

言思也亦然

古者冠縮縫今也衡縫

故喪冠之反吉

非古也

曾子謂子思曰伋吾執親之喪也水漿不入於口者七日子思曰先王之制禮也過之者俯而就之不至焉者跂而及之故君子之執親之喪也水漿不入於口者三日杖而后能起

曾子曰小功不稅

孔子曰 吾惡乎哭諸 兄弟吾哭諸

伯高死於衛 赴於孔子

異哉 徒使我不誠於伯高

冉子攝束帛乘馬而將之 孔子曰

伯高之喪 孔氏之使者未至

而可乎

則是遠兄弟終無服也

曰爲爾哭也來者拜之　知伯高而

吾哭諸賜氏　遂命子貢爲之主

於寢則已重　夫由賜也見我

哭諸野　於野則已疏

朋友吾哭諸寢門之外　所知吾

外　師吾哭諸寢

廟　父之友吾哭諸廟門之

曾子哭　子夏亦

弔之　曰吾聞之也　朋友喪明則哭之

子夏喪其子而喪其明　曾子

以爲薑桂之謂也

必有草木之滋焉

曾子曰　喪有疾　食肉飲酒

來者勿拜也

哭　曰天乎　予之無罪也
曾子怒　曰商　女何無罪也
吾與女事夫子於洙泗之間
退而老於西河之上　使西河
之民疑女於夫子　爾
罪一也　喪爾親　使民未
有聞焉　爾罪二也　喪爾子

外　弔之可也　是故君子非有

夫晝居於內　問其疾可也　夜居於

亦已久矣

吾過矣　吾離羣而索居

子夏投其杖而拜　曰吾過矣

而曰女何無罪與

喪爾明　爾罪三也

大功不以服勤

齊衰不以邊坐

衰　與其不當物也　寧無衰

未嘗見齒　君子以爲難

高子皋之執親之喪也　泣血三年

齊也非疾也　不晝夜居於內

大故　不宿於外　非致

孔子之衛　遇舊館人之喪

入而哭之哀　出使

子貢說驂而賻之

子貢曰於門人之喪　未有所說驂

說驂於舊館　無乃

巳重乎　夫子曰予鄉者入而哭之

遇於一哀而出涕　子惡夫

涕之無從也 小子行之

孔子在衛 有送葬者而夫

子觀之 曰善哉爲喪乎 足以爲法

矣 小子識之子貢曰夫子何善爾也

曰其往也如慕 其反

也如疑 子貢曰豈若速反而虞乎

子曰小子識之

孔子曰二三子之嗜學也

二三子亦皆尚右

孔子與門人立　拱而尚右

孔子出受之　入彈琴而后食之

顔淵之喪　饋祥肉

我未之能行也

既歌而入　當戶而坐　子貢聞之

梁木其壞乎　哲人其萎乎

門

歌曰泰山其頹乎

孔子蚤作　負手曳杖　消搖於

二三子皆尚左

我則有姊之喪故也

曰 泰山其頹
則吾將安仰 梁木
其壞
哲人其萎
則吾將安放
夫子殆將病也
遂趨而入 夫子曰
賜爾來何遲也
夏后氏殯於東階之上
則猶在阼也
殷人殯於兩楹之間
則與賓主夾之也

周人殯於西階之上

則猶賓之也　而丘也

殷人也　予疇昔之夜夢坐奠於兩楹之間

夫明王不興　而天下其孰

能宗予　予殆將死也　蓋

寢疾七日而沒

孔子之喪　門人疑所服

設披 周也 設崇

飾棺牆置翣

孔子之喪 公西赤爲志焉

父而無服

子路亦然 請喪夫子若喪

若喪子而無服 喪

子貢曰 昔者夫子之喪顏淵

夫子曰寢苫 枕干 不仕

子夏問於孔子曰 居父母之仇 如之何

殷士也

褚幕丹質 蟻結于四隅

子張之喪 公明儀爲志焉

夏也

殷也 綢練設旐

如之何曰不爲魁　主人能

曰請問居從父昆弟之仇

命而使　雖遇之不鬭

如之何曰仕弗與共國　銜君

曰請問居昆弟之仇

市朝　不反兵而鬭

弗與共天下也　遇諸

哀有餘也 祭禮 與其敬不足而

與其哀不足而禮有餘也 不若禮不足而

子路曰吾聞諸夫子 喪禮

易墓 非古也

羣 居則經 出則否

孔子之喪 二三子皆經而出

則執兵而陪其後

胡爲其不可以反宿也　從者又

曰　夫祖者且也　且

從者曰　禮與　曾子

推柩而反之　降婦人而后行禮

主人既祖　塡池

曾子弔於負夏

禮有餘也　不若禮不足而敬有餘也

問諸子游曰禮與子游曰

飯於牖下小斂於戶內

大斂於阼殯於客位

祖於庭葬於墓

所以卽遠也故喪事有進而無退

曾子聞之曰多矣乎予出祖

者

曾子襲裘而弔 子
游裼裘而弔 曾子指子游而
示人曰 夫夫也 爲習於禮
者 如之何其裼裘而弔也 主人
既小斂 袒括髮
子游趨而出 襲裘帶絰而入
曾子曰 我過矣 我過矣 夫

而成聲 作而曰 先王制禮

而見 予之琴 和之而和 彈之

而弗敢過也 于張既除喪

作而曰 哀未忘也 先王制禮

和之而不和 彈之而不成聲

子夏既除喪而見 予之琴

夫是也

不敢不至焉

司寇惠子之喪 子游

爲之麻衰牡麻絰 文子辭曰

子辱與彌牟之弟游

又辱爲之服

敢辭 子游曰 禮也 文

子退 反哭 子游趨而就諸臣之位

之弟游　又辱爲之服

適子南面而立　曰　子辱與彌牟

曰　固以請　文子退　扶

敢辭　子游

之服　又辱臨其喪

辱與彌牟之弟游　又辱爲

文子又辭曰　子

又辱臨其喪

虎也敢不復位

子游趨而就客位

將軍文子之喪

既除喪而后越人來弔

主人深衣練冠

待于廟

垂涕洟

經也者實也　掘中霤而

周道也

五十以伯仲　死謚

幼名　冠字

其庶幾乎亡於禮者之禮也　其動也中

子游觀之曰　將軍文氏之子

哉　子碩曰　請粥庶弟之母

子柳曰　何以

子柳之母死　子碩請具

之

于大門　殷道也　學者行

及葬　毀宗躐行　出

浴　毀竈以綴足

君子曰 謀人之軍師

請班諸兄弟之貧者

君子不家於喪

子柳曰 不可 吾聞之也

子碩欲以賻布之餘具祭器

不可 既葬

子柳曰 如之何其粥人之母以葬其母也

弁人有其母死而孺子泣者曰

吾子樂之

則瑗請前

死則我欲葬焉

蘧伯玉

蘧伯玉從

文子曰

樂哉斯丘也

公叔文子升於瑕丘

危則亡之

敗則死之

謀人之邦邑

孔子曰　哀則哀矣

而難爲繼也　夫禮　爲可傳也

爲可繼也　故哭踴有節

叔孫武叔之母死　既小

斂　舉者出戶　出戶

袒　且投其冠

括髮

子游曰

知禮

扶君

卜人師扶右卜當爲僕

君

射人師扶左

薨以是舉

從母之夫

舅之妻

二夫人相

爲服

君子未之

故騷騷爾則野　鼎鼎

吉事雖止不怠

遽不陵節

其折折爾　故喪事雖

喪事欲其縱縱爾　吉事欲

言也　或曰　同爨緦

蓋引而進之也
嫂叔之無
喪服
兄弟之子猶子也
君子弗爲也
一日二日而可爲也者
喪具
君子恥具
爾則小人
君子蓋猶猶爾

將何之　曰　吾父死　將出

趨而出　曾子曰　爾

曾子與客立於門側　其徒

食於有喪者之側　未嘗飽也

也

姊妹之薄也　蓋有受我而厚之者

服也　蓋推而遠之也　姑

是故竹不成用

不知而不可爲也

之死而致生之

不仁而不可爲也

孔子曰 之死而致死之

曾子北面而弔焉

哭於巷 曰 反哭於爾次

瓦不成味 木不成

斲

琴瑟張而不平

竽笙備而不和

有鐘磬而無簨虡

其曰明器 神明

之也

有子問於曾子曰 問喪於夫子乎

有子曰 然 然則夫子有爲言之也

曾子曰 參也與子游聞之

有子又曰 是非君子之言也

曾子曰 參也聞諸夫子也

有子曰 是非君子之言也

貧 死欲速朽

曰 聞之矣喪欲速

也　死之欲速朽

若是其靡也　死不如速朽之愈

三年而不成　夫子曰

馬自爲石椁

昔者夫子居於宋　見桓司

子游曰　甚哉有子之言似夫子也

曾子以斯言告於子游

有子曰　然　吾固曰非夫子之言也

曾子以子游之言告於有子

速貧　爲敬叔言之也

貧之愈也　喪之欲

夫子曰　若是其貨也　喪不如速

叔反　必載寶而朝

爲桓司馬言之也　南宮敬

以子夏 又申之以冉有

將之荆 蓋先之

司寇

欲速朽也 昔者夫子失魯

五寸之椁 以斯知不

制於中都 四寸之棺

曾子曰 子何以知之 有子曰 夫子

之問不出竟　雖

縣子曰　古之大夫　束修

繆公名縣子而問焉

魯人欲勿哭

陳莊子死　赴於魯

以斯知不欲速貧也

可　縣子曰　請哭諸異姓之廟

之　公曰　然　然則如之何而

道　有愛而哭之　有畏而哭

且臣聞之　哭有二

雖欲勿哭　焉得而勿哭

夫　交政於中國

欲哭之　安得而哭之　今之大

於是與哭諸縣氏

仲憲言於曾子曰

夏后氏用明器

示民無知也

殷人用祭器

示民有知也

周人兼用之

示民疑也

子游曰 其大功乎

公叔木有同母異父之昆弟死 問於子游

夫古之人胡爲而死其親乎

器 鬼器也 祭器 人器

曾子曰 其不然乎 其不然乎 夫明

狄儀有同母異父之昆弟死
問於子夏
子夏曰
我未之前聞也
魯人則爲之齊衰
狄儀行齊衰
今之齊衰
狄儀之問也

有其禮 有其財 無其時

無其財 君子弗行也

吾何慎哉 吾聞之 有其禮

子蓋慎諸 子思曰

聖人之後也 四方於子乎觀禮

柳若謂子思曰 子

子思之母死於衛

孟皮齊衰

其叔父也

其叔父也

爲

滕伯文爲孟虎齊衰

上下各以其親

縣子瑣曰

吾聞之

古者不降

君子弗行也

吾何慎哉

仲梁子曰　夫婦方

故帷堂　小斂而徹帷

曾子曰　尸未設飾

我死則亦然

買棺外內易

夫喪　不可不深長思也

后木曰　喪　吾聞諸縣子曰

魯禮之末失也

小斂之奠在西方

曾子曰於西方斂斯席矣

子游曰於東方

小斂而徹帷

小斂之奠

亂

故帷堂

縣子曰綌衰繐裳

非古也

子蒲卒哭者呼滅

子臯曰若是野哉

哭者改之

杜橋之母之喪宮中無相

以爲沽也

毋過禮 苟亡矣 斂

惡乎齊 夫子曰 有

稱家之有亡 子游曰 有無

子游問喪具 夫子曰

夫子不以弔

者 易之而已 羔裘玄冠

夫子曰 始死 羔裘玄冠

宋襄公葬其夫人

專以禮許人

縣子聞之曰　汏哉叔氏

子游曰諾

司士賁告於子游曰請襲於牀

人豈有非之者哉

首足形　還葬　縣棺而封

是再告也

讀賵

曾子曰非古也

夫子曰可也

孟獻子之喪

司徒旅歸四布

曾子曰既曰明器矣而又實之

醯醢百甕

死

則擇不食之地而葬我焉

吾可以死害於人乎哉　我

吾縱生無益於人

益於人　死不害於人

則如之何子高曰　吾聞之也　生有

子之病革矣　如至乎大病

成子高寢疾　慶遺入請曰

子夏問諸夫子曰（問當作聞）居君之母與妻之喪

居處言語飲食衎爾

賓客至 無所館 夫子曰 生於我

乎館 死於我乎殯

國子高曰 葬也者 藏也

藏也者 欲人之弗得見也 是故

衣足以飾身

棺周於衣

椁周於棺

土周於椁

反壤樹之哉

孔子之喪

有自燕來觀者

舍於子夏氏

子夏曰　聖人

之葬人與

人之葬聖人也

子何觀焉

昔者夫子

言之曰 吾見封之若堂者矣

見若坊者矣 見若覆夏屋

者矣 見若斧者矣

從若斧者焉 馬

鬣封之謂也

今一日而三斬板而已封

尚行夫子之志乎哉

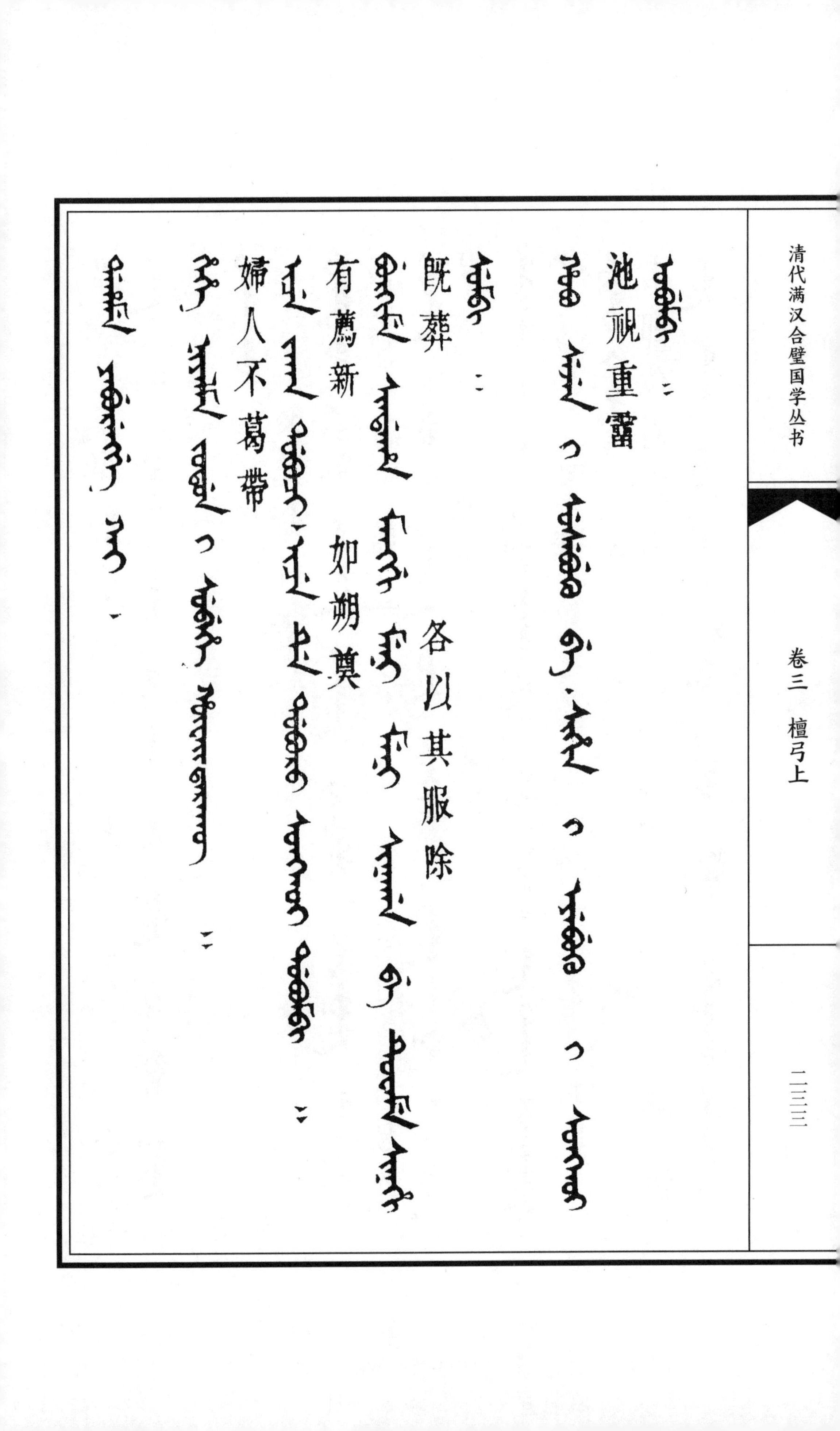

池视重霤

既葬各以其服除

有薦新如朔奠

婦人不葛帶

君復於小寢大寢小祖

父兄命赴者

設飾帷堂竝作

復楔齒綴足飯

之藏焉

君卽位而爲椑歲一漆

朝奠日出 夕奠逮日

既殯 旬而布材與明器

也與

喪不剝 奠也與 祭肉

大祖 庫門 四郊

父母之喪
哭無時
使必知其反也
練
練衣
黃裏
縓緣
葛要絰
繩屨無絇
角瑱
鹿裘衡長袪
袪裼之可也

其厚三寸

天子之棺四重

水兕革棺被之

所識

其兄弟不同居者皆弔

非兄弟

雖鄰不往

雖緦必往

有殯

聞遠兄弟之喪

衣

或曰使有司哭之

天子之哭諸侯也

爵弁絰紂

長六尺

每束一

柏椁以端

縮二衡三

衽

者皆周

棺束

杝棺一

梓棺二

四

爲之不以樂食

天子之殯也

菆塗龍輴以椁

加斧於椁

上

畢塗

屋

天子之禮也

唯天子之喪

有別姓而哭

於后土

君不舉　或曰君舉而哭

厭冠

哭於大廟三日

國亡大縣邑　公卿大夫士皆

嗚乎哀哉尼父

天不遺耆老　莫相予位焉

魯哀公誄孔丘曰

君於士　有賜帟

徙月樂

祥而縞　是月禫

士備入而后朝夕踊

如稅人　則以父兄之命

未仕者　不敢稅人

孔子惡野哭者

禮記卷之四

檀弓下

君之適長殤 車三乘 公之庶長殤 車一乘 大夫之適長殤 車一乘

公之喪 諸達官之長杖

君於大夫 將葬 弔於宮

斯道也將亡矣　士唯公門說

季武子寢疾　蟜固不說齊衰而入見曰

五十無車者　不越疆而弔人

朝亦如之　哀次亦如之

如是者三　君退

及出　命引之　三步則止

人不越疆而弔人　行弔之

弔於人　是日不樂　婦

大夫弔　當事而至則辭焉

及其喪也　曾點倚其門而歌

不亦善乎　君子表微

齊衰　武子曰

君遇柩於路　必使人弔

君承事　主人曰臨

州里舍人可也　弔曰寡

喪　公弔之　必有拜者　雖朋友

皆執紼

執引　若從柩及壙

日　不飲酒食肉焉　弔於葬者必

之

大夫之喪 庶子不受弔

妻之昆弟爲父後者死

哭之適室 子爲主 袒

免哭踊 夫入門右

使人立于門外 告

而往哭之 或曰 齊衰不以弔

子張死 曾子有母之喪 齊衰

而往哭之 或曰 齊衰不以弔

子張死 曾子有母之喪 齊衰

內之右 同國則往哭之

哭于側室 無側室 哭于門

室 有殯 聞遠兄弟之喪

於妻之室非爲父後者 哭諸異

來者 狎則入哭 父在 哭

曾子曰：我弔也與哉

有若之喪，悼公弔焉，子游擯由左

齊穀王姬之喪（穀當作告），魯莊公爲之大功。或曰由魯嫁，故爲之服姊妹之服。或曰

外祖母也　故爲之服

晉獻公之喪　秦穆公使人弔公子重耳　且曰　寡人聞之　亡國恆於斯　得國恆於斯　雖吾子儼然在憂服之中　喪亦不可久也　時亦不可失也　孺子其圖之　以告舅

身喪父死 不得與於哭泣之哀

君惠弔亡臣重耳

焉

公子重耳對客曰

利 而天下其孰能說之 孺子其辭

父死之謂何 又因以爲

喪人無寶 仁親以爲寶

犯 舅犯曰 孺子其辭焉

哭而起 則愛父也 起而不私

稽顙而不拜 則未爲後也 故不成拜

公 穆公曰 仁夫公子重耳 夫

起而不私 子顯以致命於穆

稽顙而不拜 哭而起

或敢有他志以辱君義

以爲君憂 父死之謂何

復

盡愛之道也

有禱

順變也

君子念始之者也

喪禮

哀戚之至也

節哀

姜之哭穆伯始也

帷殯

非古也

自敬

則遠利也

不以食道　用美焉爾

飯用米貝　弗忍虛也

隱之甚也

拜稽顙　哀戚之至隱也　稽顙

也

鬼神之道也　北面　求諸幽之義

祠之心焉　望反諸幽　求諸

銘　明旌也　以死者爲不可別已

故以其旗識之　愛之　斯錄之矣

敬之　斯盡其道焉耳

重主道也　殷主綴重

焉

周主重徹焉

慍哀之變也　去飾

節文也　袒括髮　變也

辟踊　哀之至也　有算　爲之

人有齊敬之心也

爾　豈知神之所饗　亦以主

也　唯祭祀之禮　主人自盡焉

奠以素器　以生者有哀素之心

殷人冔而葬

之道也 有敬心焉

周人弁而葬

弁絰葛而葬

與神交

哀之節也

去飾之甚也

有所袒

有所襲

去美也

袒括髮

殷既封而弔　周反哭

亡焉　失之矣　於是爲甚

反哭之弔也　哀之至也　反而

主婦入于室　反諸其所養也

反哭升堂　反諸其所作也

也　君命食之也

歠主人主婦室老　爲其病

既反哭　主人與有司視虞牲

既封　主人贈而祝宿虞尸

代之達禮也　之幽之故也

葬於北方北首　三

吾從周

而弔　孔子曰　殷已慤

以吉祭易喪祭　明日祔于祖父

卒哭曰成事　是日也

是日也　以虞易奠

葬日虞　弗忍一日離也

日中而虞

墓左　反

有司以几筵舍奠於

君臨臣喪　以巫祝桃茢執戈

而祔　孔子善殷

殷練而祔　周卒哭

恐一日未有所歸也

於祔　必於是日也接　不

其變而之吉祭也　比至

周朝而遂

考之廟而后行

殷朝而殯於祖

其哀離其室也

故至於祖

喪之朝也

順死者之孝心也

之所難言也

異於生也喪有死之道焉

先王

惡之也所以

葬

孔子謂爲明器者知喪道矣　備物而不可用也　哀哉死者而用生者之器也　不殆於用殉乎哉　其曰明器　神明之也　塗車芻靈　自古有之　明器之道也　孔子謂爲芻靈者善

謂爲俑者不仁　不殆於用人乎哉

穆公問於子思曰　爲舊君反服

古與　子思曰　古之君子　進人以禮

退人以禮　故有舊君反

服之禮也　今之君子

進人若將加諸膝　退人若將

不能居公室也 四方

天下之達禮也 吾三臣者之

為君何食 敬子曰 食粥

悼公之喪 季昭子問於孟敬子曰

不亦善乎 又何反服之禮之有

墜諸淵 毋為戎首

子游出　絰　反哭

絰而往　子游弔焉　主人既小歛

子夏弔焉　主人未小歛

衛司徒敬子死

我則食食

毋乃使人疑夫不以情居瘠者乎哉

莫不聞矣　勉而爲瘠則吾能

遣車七乘　大夫五个　遣車五

墓而反　國君七个

遣車一乘　及

之有焉　有若曰　晏子一狐裘三十年

曾子曰　晏子可謂知禮也已　恭敬

主人未改服　則不經

子夏曰　聞之也與曰聞諸夫子

子張曰　司徒敬子之喪

葬及墓　男子婦人安位

國昭子之母死　問於子張曰

示之以禮

國奢則示之以儉　國儉則

國無道　君子恥盈禮焉

乘　晏子焉知禮　曾子曰

之喪 晝夜哭 孔子曰 知禮矣

穆伯之喪 敬姜晝哭 文伯

皆西鄉

主爲主焉 婦人從男子

爾專之 賓爲賓焉

東鄉 曰噫 毋我喪也斯沾

夫子相 男子西鄉 婦人

文伯之喪敬姜據其牀而不哭曰昔者吾有斯子也吾以將爲賢人也吾未嘗以就公室今及其死也朋友諸臣未有出涕者而內人皆行哭失聲斯子也必多曠於禮矣夫

有子謂子游曰

有子與子游立　見孺子慕者

命徹之

褻衣何爲陳於斯

見舅姑　將有四方之賓來

敬姜曰　婦人不飾　不敢

季康子之母死　陳褻衣

猶斯舞　舞斯愠　愠斯

陶　陶斯咏　咏斯猶

道也　禮道則不然　人喜則斯

故與物者有直情而徑行者　戎狄之

子游曰　禮有微情者　有以

矣　情在於斯　其是也夫

壹不知夫喪之踊也　予欲去之久

既葬而食之　未有見其饗之者

脯醢之奠　將行　遣而行之

蔞翣　爲使人勿惡也　始死

斯倍之矣　是故制絞衾　設

人死　斯惡之矣　無能也

踊矣　品節斯　斯之謂禮

戚　戚斯歎　歎斯辟　辟斯

夫差謂行人儀曰　是夫也

陳大宰嚭使於師

師還出竟

吳侵陳　斬祀殺厲

亦非禮之訾也

爲使人勿倍也　故子之所刺於禮者

也　自上世以來　未之有舍也

反爾地　歸爾子　則

其不謂之殺厲之師與　曰

今斯師也殺厲與

祀　不殺厲　不獲二毛

大宰嚭曰　古之侵伐者　不斬

人之稱斯師也者　則謂之何

多言　盍嘗問焉　師必有名

子張問曰　書云高宗三年不言

而弗及既葬　慨焉如不及其反而息

有求而弗得及殯　望望焉如有從

顔丁善居喪　始死　皇皇焉如

矜而赦之　師與　有無名乎

謂之何曰　君王討敝邑之罪　又

曰安在　曰在寢　杜蕢入

杜蕢自外來　聞鐘聲

酒　師曠李調侍　鼓鐘

知悼子卒　未葬　平公飲

王世子聽於冢宰三年

胡爲其不然也　古者天子崩

言乃讙　有諸　仲尼曰

知悼子在堂
斯其爲子

曠何也
曰子卯不樂

開于
是以不與爾言
爾飲

出
平公呼而進之曰
蕢曩者爾心或

堂上北面坐飲之
降
趨而

又酌
曰調飲斯
又酌

寢
歷階而升
酌曰曠飲斯

又敢與知防

曰蕢也宰夫也非刀匕是共

是以飲之也爾飲何也

爲一飲一食忘君之疾

飲調何也曰調也君之褻臣也

不以詔是以飲之也爾

卯也大矣曠也大師也

斯揚觶　謂之杜舉

無廢斯爵也　至于今既畢獻

曰　如我死　則必

杜蕢洗而揚觶　公謂侍者

過焉　酌而飲寡人

是以飲之也乎公曰　寡人亦有

寡人 不亦貞乎 夫子聽衞

昔者衞國有難 夫子以其死衞

與國之餓者 是不亦惠乎

曰 昔者衞國凶饑 夫子爲粥

將葬矣 請所以易其名者 君

日月有時

公叔文子卒 其子戍請諡於君曰

浴佩玉則兆　五人者皆沐浴佩玉

六人　卜所以爲後者　曰沐

石駘仲卒　無適子　有庶子

貞惠文子

不亦文乎　故謂夫子

衞國之社稷不辱

國之政　修其班制以與四鄰交

定而后陳子亢至

家大夫謀以殉葬

陳子車死於衛 其妻與其

石祁子兆 衛人以龜爲有知也

佩玉者乎 不沐浴佩玉

石祁子曰 孰有執親之喪而沐浴

也
於是弗果用
不得已
則吾欲以二子者之爲之
幸
得已
則吾欲已
雖然則彼疾當養者
孰若妻與
以殉葬
非禮也
殉葬
子亢曰
以告曰夫子疾莫養於下
請以

子路曰 傷哉貧也 生無以爲養

死無以爲禮也 孔子曰

啜菽飲水 盡其歡

斯之謂孝 斂首足形

還葬而無椁 稱其財

斯之謂禮

衛獻公出奔 反於衛

及郊 將班邑於從者而

后入 柳莊曰 如皆守社

稷 則孰執羈靮而從

如皆從 則孰守社稷 君

反其國而有私也 毋乃不可乎

弗果班

衛有大史曰柳莊 寢疾

公曰　若疾革　雖當祭必告

公再拜稽首　請於尸

曰　有臣柳莊也者　非寡人之臣

社稷之臣也　聞之死

請往　不釋服而往　遂以襚

之　與之邑裘氏與縣潘氏　書

而納諸棺　曰世世萬子孫毋變也

陳乾昔寢疾 屬其兄弟而命其

子尊已曰 如我死

則必大爲我棺 使吾二

婢子夾我 陳乾昔死

其子曰 以殉葬

非禮也 況又同棺乎

弗果殺

仲遂卒于垂　壬午

猶繹　萬入去籥

仲尼曰　非禮也　卿卒不

繹

季康子之母死　公輸若方小

斂　般請以機封

戰於郎　公叔禺人遇負杖入保者

者乎　噫弗果從

豈不得以共母以嘗巧者乎　則病

爾以人之母嘗巧　則

三家視桓楹　般

魯有初　公室視豐碑

將從之公肩假曰　不可夫

息 曰 使之

雖病也 任之雖重也 君子不能為謀也

士弗能死也 不可 我則既言

矣 與其鄰重汪踦往（重當作童） 皆

死焉 魯人欲勿殤重汪踦（重當作童）

問於仲尼 仲尼曰

能執干戈以衛社稷 雖欲

勿殤也　不亦可乎

子路去魯　謂顏淵曰　何以贈我　曰　吾聞之也去國則哭于墓而后行　反其國不哭　展墓而入　謂子路曰　何以處我　子路曰　吾聞之也過墓則式過祀則下

工尹商陽與陳棄疾追吳師

及之　陳棄疾謂

工尹商陽曰　王事也

子手弓而可　手弓　子射諸

射之斃一人　韔弓　又

及　謂之　又斃二人

每斃一人　揜其目　止其

御曰朝不坐燕不與

殺三人亦足以反命矣

孔子曰殺人之中又

有禮焉

諸侯伐秦曹桓公卒于

會（桓當作宣）諸侯請含

使之襲

襄公朝于荆

康王卒
荆人曰
必請襲
魯人曰
非禮也
荆人强之
巫先拂
柩
荆人悔之
滕成公之喪
使子叔敬叔
弔進書
子服惠伯

爲介 及郊 爲懿伯之忌 不入 惠伯曰 政也 不可以叔父之私 不將公事 遂入

哀公使人弔蕢尚 遇諸道 辟於路 畫宮而受弔焉

曾子曰 蕢尚不如杞梁之妻之知禮也

先人之敝廬在　君無所辱命

君之臣免於罪　則有

則將肆諸市朝而妻妾執

人弔之　對曰君之臣不免於罪

其柩於路而哭之哀　莊公使

于奪（奪讀爲兌）　杞梁死焉　其妻迎

齊莊公襲莒

孺子䵱之喪　哀公欲設撥

問於有若　有若曰　其可也君

之三臣猶設之　顏柳曰　天子龍

輤而椁幬　諸侯輤而設

幬　爲榆沈

故設撥　三臣者廢輤而設撥

竊禮之不中者也

而君何學焉

悼公之母死　哀公爲之齊衰

有若曰　爲妾齊衰

禮與　公曰　吾得已乎哉魯

人以妻我

季子皋葬其妻　犯人之禾

使焉曰寡君　違而君薨

仕而未有祿者　君有饋焉曰獻

買道而葬　後難繼也

以是棄予　以吾爲邑長於斯也

孟氏不以是罪予　朋友不

申詳以告曰請庚之　子皋曰

而諱新　自寢門至于庫門

夫執木鐸以命于宮曰　舍故

已　既卒哭　宰

哭而諱　生事畢而鬼事始

虞而立尸　有几筵　卒

弗爲服也

故曰新宮火亦三日哭

有焚其先人之室則三日哭

赴車不載櫜韔

軍有憂則素服哭於庫門之外

稱在

在言在不稱徵言徵不

二名不偏諱夫子之母名徵

孔子過泰山側　有婦人

哭於墓者而哀　夫子式而聽之

使子路問之　曰　子

之哭也壹似重有憂者　而曰然

昔者吾舅死於虎　吾夫又死焉

今吾子又死焉　夫子曰何

夏后氏未施敬於民而民敬

有虞氏未施信於民而民信之

公曰 我其已夫 使人問焉 曰

見之 而曰不可

魯人有周豐也者 哀公執摯請

苛政猛於虎也

爲不去也曰無苛政 夫子曰 小子識之

苟無禮義忠信誠慤之心以涖之

周人作會而民始疑

殷人作誓而民始畔

未施敬於民而民敬

而民哀

社稷宗廟之中

對曰墟墓之間

未施哀於民

之

何施而得斯於民也

延陵季子適齊　於其反也

無後也

毁不危身　爲

喪不慮居　爲無廟也

喪不慮居　毁不危身

其不解乎

雖固結之　民

其長子死　葬於嬴博之間

孔子曰　延陵季子　吳之習於禮者也　往而觀其葬焉

其坎深不至於泉

其斂以時服　既葬而封

廣輪揜坎　其高可隱也

既封　左袒　右還其

封　且號者三曰　骨肉

歸復於土　命也　若魂氣則

無不之也　無不之也

而遂行　孔子曰　延陵季子之於禮也

其合矣乎

邾婁考公之喪　徐君使容居來弔含

曰　寡君使容

居坐含　進侯玉　其使容

居以含　有司曰　諸侯之來辱敝

邑者　易則易　于則于

易于雜者未之有也　容居

對曰容居聞之　事君不敢忘其君

亦不敢遺其祖

昔我先君駒王西討濟於河

無所不用斯言也

容居魯人也　不敢忘其祖

子思之母死於衛　赴於子思

子思哭於廟　門人

至曰　庶氏之母死　何為哭於孔

氏之廟乎　子思曰　吾過矣　吾

過矣　遂哭於他室

天子崩三日 祝先服

五日 官長服

七日 國中男女服

三月 天下服

虞人致百祀之木可以爲棺椁者斬之

刎其人 不至者 廢其祀

齊大饑　黔敖爲食於路

以待餓者而食之　有餓者蒙袂輯

屨　貿貿然來　黔敖左奉

食　右執飲

曰嗟來食　揚其目而視之曰

予唯不食嗟來之食　以

至於斯也　從而謝焉

獄矣　臣弒君凡

是寡人之罪也　曰寡人嘗學斷斯

有司以告　公瞿然失席曰

邾婁定公之時　有弒其父者

其嗟也可去　其謝也可食

終不食而死　曾子聞之曰　微與

發焉　張老曰　美哉輪

晉獻文子成室　晉大夫

蓋君踰月而后舉爵

其人　壞其室　洿其宮而豬焉

凡在宮者殺無赦　殺

在官者殺無赦　子弒父

焉　美哉奐焉　歌於斯　哭於

斯　聚國族於斯

文子曰　武也得歌於斯　哭於

斯　聚國族於斯

是全要領以從先大夫於九京也（京當作原）

北面再拜稽首

君子謂之善頌善禱

仲尼之畜狗死，使子貢埋之，曰：吾聞之也，敝帷不棄，爲埋馬也；敝蓋不棄，爲埋狗也。丘也貧無蓋，於其封也，亦予之席，毋使其首陷焉。路馬死，埋之以帷。

季孫之母死　哀公弔焉　曾子與子
貢弔焉　閽人爲君在
弗内也　曾子與子貢入於其廄
而修容焉　子貢先入　閽人曰鄉者
已告矣　曾子後入　閽人辟之　涉
内霤　卿大夫皆辟位
公降一等而揖之　君子言之曰

盡飾之道 斯其行者遠矣

陽門之介夫死 司城子罕

入而哭之哀 晉人之覘宋者

反報於晉侯曰

陽門之介夫死 而子

罕哭之哀而民說 殆不可伐也

孔子聞之曰 善哉覘國乎 詩云

孔子之故人曰原壤　其母死

麻不入

庫門　士大夫既卒哭

魯莊公之喪　既葬而絰不入

之

雖微晉而已　天下其孰能當

凡民有喪　扶服救之

其爲親也　故者毋失其爲故也

未可以已乎夫子曰　丘聞之　親者毋失

夫子爲弗聞也者而過之從者曰　子

貍首之斑然　執女手之卷然

久矣予之不託於音也　歌曰

夫子助之沐椁　原壤登木曰

仁不足稱也　我則隨武子乎

文子曰　見利不顧其君　其

其知不足稱也　其舅犯乎

於晉國　不沒其身

其陽處父乎　文子曰　行并植

曰　死者如可作也　吾誰與歸　叔譽曰

趙文子與叔譽觀乎九原　文子

利其君
不忘其身
謀其身
不遺其友
晉人謂文子知人
文子其中退然如不勝衣
其言吶吶然如不出諸其口
所舉於晉國管庫之士七十有餘家
生不交利
死不屬其子焉

叔仲皮學子柳　叔仲皮死
其妻魯人也　衣衰而
繆絰叔仲衍以告請繐衰而環絰
曰　昔者
吾喪姑姊妹亦如斯　末吾
禁也　退使其妻繐衰而環絰

樂正子春之母死　五日而不食

蟬有緌　兄則死而子皐爲之衰

則績而蟹有匡　范則冠而

遂爲衰　成人曰　蠶

聞子皐將爲成宰

成人有其兄死而不爲衰者

曰天則不雨而望之愚婦人於以求

毋乃不可與然則吾欲暴巫而奚若

曰天則不雨而暴人之疾子虐

曰天久不雨吾欲暴尩而奚若

歲旱穆公召縣子而問然

吾惡乎用吾情

曰吾悔之自吾母而不得吾情

魯人之祔也合之　善夫

孔子曰　衞人之祔也離之

不亦可乎

巷市三日　爲之徙市

子崩　巷市七日　諸侯薨

之母乃已疏乎　徙市則奚若　曰　天

清代满汉合璧国学丛书

礼记

②

吴元丰 主编

辽宁民族出版社

天子之田方千里　公侯田方百里

五等

下大夫　上士中士下士　凡

男　凡五等　諸侯之上大夫卿

王者之制祿爵　公侯伯子

王制

禮記卷之五

伯七十里子男五十里

不能五十里者不合於天子附於諸侯曰附庸

天子之三公之田視公侯

天子之卿視伯天子之大夫視子男

天子之元士視附庸

制

農田百畝　百畝之分

上農夫食九人　其次食八人

其次食七人

其次食六人　下農夫食

五人　庶人在官者

其祿以是爲差也

諸侯之下士視上農夫

之卿倍大夫祿

君十卿祿

小國

君十卿祿

次國之卿三大夫祿

卿四大夫祿

下大夫倍上士

上士倍中士

下士

中士倍

祿足以代其耕也

君十卿祿

次國之上卿

位當大國之中

中當其下

下當其上大夫

小國

之上卿

位當大國之下卿

中當其上大夫

下當其下大夫

其有中士下

名山大澤不以封　其餘以爲

凡二百一十國

七十里之國六十　五十里之國百有二十

州建百里之國三十

凡四海之內九州　州方千里

分

士者　數各居其上之三

附庸閒田 八州 州二百

一十國

天子之縣內 方百里之國九

七十里之國二十有一 五十里之國六

十有三 凡九十三國 名山大澤

不以朌 其餘以祿士

以爲閒田

以爲屬　屬有長

千里之外設方伯　五國

千里之內以爲御

天子百里之內以共官

不與

天子之元士　諸侯之附庸

凡九州　千七百七十三國

十國以爲連　連有帥
三十國以爲卒　卒有正
二百一十國以爲州　州有伯
八州八伯　五十六正
百六十八帥　三百三
十六長　八伯各以其屬
屬於天子之老二人　分天下以

七人　次國三卿　二卿命於

命於天子　下大夫五人　上士二十

八十一元士　大國三卿　皆

天子三公　九卿　二十七大夫

流

千里之內曰甸　千里之外曰采曰

爲左右　曰二伯

天子之縣內諸侯 祿也 外
方伯之國 國三人
天子使其大夫爲三監 監於
夫五人 上士二十七人
二卿 皆命於其君 下大
下大夫五人 上士二十七人 小國
天子 卿命於其君

小國之卿與下大夫一命

命　下卿再命

不過五命　大國之卿不過三

次國之君不過七命　小國之君

若有加則賜也　不過九命

制　三公一命卷

諸侯　嗣也

大夫弗養　士遇之塗

棄之　是故公家不畜刑人

共之　刑人於市　與衆

後祿之　爵人於朝　與士

然後爵之　位定　然

論辨　然後使之　任事

凡官民材　必先論之

弗與言也 屏之四方 唯其所之 不及以政 示弗故生也

諸侯之於天子也 比年一小聘 三年一大聘 五年一朝

天子五年一巡守 歲二

月

東巡守

至于岱

宗

柴而望祀山川

覲諸侯

問

百年者就見之

命大師陳詩以

觀民風

命市納賈以觀民之所好惡

志淫好辟

不孝者君絀以爵

變禮易樂

廟有不順者爲不孝

不敬者君削以地

宗

山川神祇有不舉者爲不敬

制度衣服

正之

定日

同律禮樂

命典禮考時月

南嶽　如東巡守之禮

五月南巡守　至于

律

有功德於民者　加地進

爲畔　畔者君討

不從者君流　革制度衣服者

者爲不從

天子將出 類乎上帝

用特

之禮 歸 假于祖禰

至于北嶽 如西巡守

十有一月北巡守

至于西嶽 如南巡守之禮

八月西巡守

天子賜公侯樂　則以柷將之

以尊于天子

考禮正刑一德

天子無事　與諸侯相見曰朝

造乎禰

諸侯將出　宜乎社

宜乎社　造乎禰

賜伯子男樂則以鼗將之諸侯賜弓矢然後征賜鈇鉞然後殺賜圭瓚然後爲鬯未賜圭瓚則資鬯於天子天子命之教然

乎禰 禡於所征之地

宜乎社 造

天子將出征 類乎上帝

諸侯曰頖宮

天子曰辟雍 大學在郊

後爲學 小學在公宮南之左

三田 一爲乾豆 二爲

天子諸侯無事 則歲

奠于學 以訊馘告

執有罪 反 釋

受成於學 出征

受命於祖

大夫殺則止佐車

諸侯殺則下小綏

天子殺則下大綏

諸侯不掩羣

天子不合圍

田不以禮曰暴天物

無事而不田曰不敬

賓客

三爲充君之庖

佐車止則百姓田獵

獺祭魚

然後虞人入澤梁

豺祭獸

然後田獵

鳩化爲鷹

然後設罻羅

草木零落

然後入山林

昆蟲未蟄

不以火田

不麛

不卵　不殺胎　不殀夭

不覆巢

冢宰制國用　必於

歲之杪　五穀皆入

然後制國用　用地小

大　視年之豐耗

以三十年之通制國用

祭

豐年不奢

凶

足曰暴

有餘曰浩

喪祭用不

爲越紼而行事

喪用三年之仂

祭

唯祭天地社稷

祭用數之仂

喪三年不

量入以爲出

年不儉

國無九年之蓄曰不足

無六年之蓄曰急

無三年之蓄曰國非其國也

三年耕必有一年之食

九年耕必有三年之食

以三十年之通雖

士庶人三日而殯

五月而葬　大夫

月而葬　諸侯五日而殯

天子七日而殯　七

然後天子食日舉以樂

有凶旱水溢　民無菜色

三月而葬

三年之喪

自天子達

庶人縣封

葬不爲雨

止

不封不樹

喪不貳事

自天子達

於庶人

喪從死者

祭從生者

支子不祭

天子七廟
三昭三穆
與大祖之廟而七
諸侯五廟
二昭二穆
與大祖之廟而五
大夫三廟
一昭一穆
與大祖之廟而三
士一廟
庶人祭

於寢

天子諸侯宗廟之祭

春曰礿　夏曰禘

秋曰嘗　冬曰烝

天子祭天地　諸侯祭社稷

大夫祭五祀　天子

祭天下名山大川

五嶽視三公

四瀆視諸侯

諸侯祭名山大川之在其地者

天子諸侯祭因國之在其地而無王後者

天子犆礿

祫禘

祫嘗

祫烝

諸侯礿則不禘

禘則不嘗

嘗則不烝

烝則不礿

諸侯礿犆

禘一犆一祫

嘗祫

烝祫

薦黍　冬薦稻　韭以卵

夏薦麥　秋

無田則薦　庶人春薦韭

大夫士宗廟之祭　有田則祭

諸侯社稷皆少牢

天子社稷皆大牢

大夫無故不殺羊

士無故不殺

諸侯無故不殺牛

賓客之牛角尺

宗廟之牛角握

祭天地之牛角繭栗

稻以鴈

麥以魚

黍以豚

關譏而不征

林麓川澤

市廛而不稅

古者公田藉而不稅

不踰廟

燕衣不踰祭服

寢

珍

庶羞不踰牲

犬豕

庶人無故不食

時四時　量地遠近

山川沮澤

司空執度　度地居民

墓地不請

三日　田里不粥

用民之力　歲不過

以時入而不禁　夫圭田無征

興事任力

凡使民

任老者之事

食壯者之食

凡居民材

必因天地寒煖燥濕

廣谷大川異制

民生其間者異俗

剛柔輕重遲速異齊

被髮文身　有不火食者矣

也　不可推移　東方曰夷

中國戎夷五方之民　皆有性

不易其宜

不易其俗　齊其政

衣服異宜　修其教

五味異和　器械異制

南方曰蠻　雕題交趾

有不火食者矣　西方曰戎

被髮衣皮　有不粒

食者矣　北方曰狄

衣羽毛穴居　有不粒

食者矣　中國夷蠻戎狄

皆有安居和味宜服利

度地以居民　地邑民

凡居民　量地以制邑

曰狄鞮　北方曰譯

曰寄　南方曰象　西方

志　通其欲　東方

民　言語不通　嗜欲不同　達其

用備器　五方之

居

必參相得也

無曠土

無游民

食節事時

民咸安其居

樂事勸功

尊君親上

然後興學

司徒修六禮以節民性

命鄉簡不帥教者以告

簡不肖以絀惡

上賢以崇德

致孝

恤孤獨以逮不足

一道德以同俗

養耆老以

齊八政以防淫

明七教以興民德

簡不帥教者移之左
不變
命國之右鄉
俊士與執事焉
大司徒帥國之
習鄉上齒
元日
習射上功
耆老皆朝于庠

命國之左鄉

簡不帥教者移之右

如初禮

不變

移之郊

如初禮

不變

移之遂

如初禮

不變

屏之遠方

終身不齒

命鄉論秀士升之司徒

曰選

士

司徒論選士之秀者而升

之學

曰俊士

升於司徒者

不征於鄉

升於學者

不征於

司徒　曰造士

樂正崇四術　立四教　順先王詩書禮樂以造士

春秋教以禮樂　冬夏教以詩書

王大子　王子　羣后之大子

王

王命三公九卿大夫元士皆入

以告於大樂正　大樂正以告于

不帥教者

將出學　小胥大胥小樂正簡

齒

選　皆造焉　凡入學以

卿大夫元士之適子　國之俊

大樂正論造士之秀者

終身不齒

方曰棘　東方曰寄

三日不舉　屏之遠方　西

王親視學　不變　王

學　不變

以告於王而升諸司馬

曰進士

司馬辨論官材

論進士之賢者

以告于王而

定其論

論定

然後官之

任官

然後爵之

位定

然

凡執技論力　適四方

有發　則命大司徒教士以車甲

死以士禮葬之

大夫廢其事　終身不仕

後祿之

仕於家者

出鄉不與士齒

出鄉不與士齒

不貳事

不移官

執技以事上者

御醫卜及百工

凡

凡執技以事上者

祝史射

臝股肱

決射御

凡制五刑　必即天論（論當作倫）

不聽　附從輕　赦從重

有旨無簡　必三刺

司寇正刑明辟以聽獄訟

悉其聰明　致

愼測淺深之量以別之

之　意論輕重之序

父子之親　立君臣之義以權

凡聽五刑之訟　必原

郵罰麗於事

大司寇聽之棘木之下

告於大司寇

正　　正聽之　　正以獄成

成獄辭　　史以獄成告於

之比以成之

衆共之　　衆疑赦之　　必察小大

其忠愛以盡之　　疑獄　　汎與

而不可變 故君子盡心焉

刑者侀也 侀者成也 一成

凡作刑罰 輕無赦

三又（又當作宥） 然後制刑

三公以獄之成告於王 王

王命三公參聽之

大司寇以獄之成告於王

析言破律　亂名改作

執左道以亂政

殺　作淫聲異服奇技奇器以疑衆

殺　行僞而堅

言僞而辨　學非而博

順非而澤以疑衆

不粥於市　宗廟之器　不

不粥於市　命服命車

有圭璧金璋

凡執禁以齊衆　不赦過

殺　此四誅者不以聽

殺　假於鬼神時日卜筮以疑衆

粥於市

犧牲不粥於市

戎器不粥於市

用器不中度，不粥於市

兵車不中度，不粥於市

布帛精麤不中數，幅廣狹不中量，不粥於市

姦色亂正色

粥於市　關執禁以譏

禽獸魚鱉不中殺　不

市　木不中伐　不粥於市

果實未孰　不粥於

不粥於市　五穀不時

不粥於市　衣服飲食

不粥於市　錦文珠玉成器

冢宰齊戒受質

司會以歲之成質於天子

戒受諫

記　奉諱惡　天子齊

大史典禮　執簡

禁異服　識異言

大司徒大司馬大司空以百官之成質於

各以其成質於三官

百官

大司馬大司空齊戒受質

於天子

大司徒

市

三官以其成從質

大樂正

大司寇

夏后氏以饗禮

凡養老

有虞氏以燕禮

用

成歲事

制國

然後休老勞農

百官齊戒受質

天子

再至　瞽亦如之

八十拜君命　一坐

達於諸侯

十養於國　七十養於學

五十養於鄉　六

周人修而兼用之

殷人以食禮

七十時制　八十月制

六十歲制

膳飲從於遊可也

九十飲食不離寢

七十貳膳　八十常珍

五十異粻　六十宿肉

九十使人受

五十杖於家

六

九十雖得人不煖矣

煖

八十非人不煖

六十非肉不飽

七十非帛不

而后制

五十始衰

唯絞紟衾冒

死

九十日修

十杖於鄉

七十杖於國

八十杖於朝

九十者天子欲有問焉

則就其室以珍從

七十不俟朝

八十月告存

九十日有秩

五十不從力政

六十不與服戎

養庶老於下庠

有虞氏養國老於上庠

七十致政

唯衰麻爲喪

十而爵

六十不親學

八十齊喪之事弗及也

五

七十不與賓客之事

虞庠在國之西郊

養庶老於虞庠

周人養國老於東膠

養庶老於左學

殷人養國老於右學

養庶老於西序

夏后氏養國老於東序

老
皆引年

玄衣而養老
凡三王養

周人冕而祭

祭
縞衣而養老

燕衣而養老
殷人冔而

夏后氏收而祭

有虞氏皇而祭
深衣而養老

八十者一子不從政　九
十者其家不從政　廢疾
非人不養者　一人不從政
父母之喪
三年不從政　齊衰大功之喪
三月不從政
將徙於諸侯　三月不從政

自諸侯來徙家期不從政

少而無父者謂之孤老而無子者謂之獨

老而無妻者謂之矜

老而無夫者謂之寡

此四者天民之窮而無告者也

皆有常餼瘖聾跛躃斷者

侏儒百工各以其器食之

道路男子由右婦人由左車從中央

父之齒隨行兄之齒鴈行朋友不相踰輕任并重任分斑白者不提挈

方十里者　爲方一里者百

方一里者　爲田九百畝

不造燕器

大夫祭器不假　祭器未成

庶人耆老不徒食

君子耆老不徒行

近 自南河至於江 千里而近

自恆山至於南河 千里而

爲田九萬億畝

爲方百里者百

爲田九十億畝 方千里者

里者 爲方十里者百

爲田九萬畝 方百

自江至於衡山千里而遙
自東河至於東海千里而遙
自東河至於西河千里而近
自西河至於流沙千里而遙
西不盡流沙
南不盡衡山
東不盡東海
北不盡恆山
凡四

海之內　斷長補短　方三
千里　爲田八十一萬億畝
方百里者　爲田九十億畝　山
陵林麓川澤溝瀆城郭宮室塗巷
三分去一　其
餘六十億畝

古者以周尺八尺爲步今以周尺六尺四寸爲步古者百畝當今東田百四十六畝三十步古者百里當今百二十一里六十步四尺二寸二分

方千里者
為方百里者百
封方百里者三十國
其餘方百里者七十
又封方
七十里者六十
為方百里者二
十九
方十里者四十
其餘方百里者四十
方

十里者六十
又封方五十里者百
二十
爲方百里者三
十
其餘方百里者十
方十里者六十
名山大澤
不以封
其餘以
爲附庸閒田
諸侯之有功者
取於閒田以祿之

方十里者二十九　其餘

爲方百里者十

又封方七十里者二十一

其餘方百里者九十一

方百里者百　封方百里者九

天子之縣內　方千里者　爲

其有削地者　歸之閒田

諸侯之下士祿食九人

十六

餘方百里者六十四

方十里者九

方十里者七十五

其

爲方百里者十五

一

又封方五十里者六十三

方百里者八十

方十里者七十

中士食十八人

上士食三十六人

下大夫食七十二人

卿食二百八十八人

君食二千八百八十人

次國之卿食二百一十六人

君食二千一百六十人

其爵視次國之君　其祿取

侯之國者　其祿視諸侯之卿

天子之大夫爲三監　監於諸

者　如小國之卿

次國之卿　命於其君

君食千四百四十人

小國之卿食百四十四人

視天子之元士以君其國

以功　未賜爵

爵　使以德　爵

諸侯世子世國　大夫不世

之縣內　視元士

皆有湯沐之邑於天子

之於方伯之地　方伯爲朝天子

衣服 事爲 異別 度量 數制

友 賓客 八政 飲食

父子 兄弟 夫婦 君臣 長幼 朋

鄉 相見 七教

六禮 冠 昏 喪 祭

諸侯之大夫 不世爵祿

禮記卷之六

月令

孟春之月 日在營室

昏參中 旦尾中

其日甲乙 其帝大皞 其神

句芒 其蟲鱗 其音角

律中大蔟
其數八
其味酸
其臭羶
其祀戶
祭先脾
東風解凍
蟄蟲始振
魚上冰
獺祭魚
鴻鴈來
天子居青陽左个

乘鸞路　駕倉龍
載青旂　衣青衣　服倉
玉　食麥與羊　其器疏以達
是月也　以立春　先立春三日
大史謁之天子曰　某日立
春　盛德在木

天子乃齊 立春之日 天子

親帥三公九卿諸侯大夫

以迎春於東郊 還反

賞公卿大夫於朝 命相布

德和令 行慶施

惠 下及兆民

慶賜遂行 毋有不當

乃命大史守典奉法

司天日月星辰之行

宿離不貸　毋失經紀

以初爲常

是月也　天子乃以元日祈穀于上帝

乃擇元辰　天子親載

耒耜　措之於參保介之御間

帥三公九卿諸侯大夫

躬耕帝籍

天子三推

三公五推

卿諸侯九推

反

執爵於大寢

三公九卿諸侯大夫皆御

命曰勞酒

是月也　天氣下降　地氣上騰

天地和同　草木萌動

王命布農事　命田舍東郊

皆脩封疆

審端徑術　善

相丘陵阪險原隰　土地所宜　五

穀所殖　以教道民

犧牲毋用牝　禁

乃脩祭典　命祀山林川澤

是月也　命樂正入學習舞

先定準直　農乃不惑

必躬親之　田事既飭

止伐木　毋覆巢　毋殺孩蟲胎

天飛鳥

毋麛毋卵　毋聚大衆

毋置城郭　掩骼埋胔

是月也　不可以稱兵　稱兵必天殃

兵戎不起　不可從

總至

藜莠蓬蒿並興

則其民大疫

猋風暴雨

國時有恐

行秋令

則雨水不時

草木蚤落

孟春行夏令

毋亂人之紀

我始

毋變天之道

毋絕地之理

其日甲乙 其帝大皞 其神

昏弧中 旦建星中

仲春之月 日在奎

不入

水潦爲敗 雪霜大摯 首種

行冬令 則

句芒

其蟲鱗

其音角

律中夾鐘

其數八

其味

酸

其臭羶

其祀戸

祭先脾

始雨水

桃始華

倉庚鳴

鷹化爲鳩

天子居青陽大廟

乘鸞路 駕倉龍

載青旂 衣青衣

服倉玉 食麥與羊 其器

疏以達

是月也 安萌芽 養幼少

存諸孤

擇元日 命民社

后妃帥九嬪御

禖 天子親往

是月也 玄鳥至 至之日 以大牢祠于高

去桎梏 毋肆掠 止獄訟

命有司省囹圄

以令兆民曰　雷將發聲

先雷三日　奮木鐸

始電　蟄蟲咸動　啓戶始出

是月也　日夜分　雷乃發聲

授以弓矢于高禖之前

乃禮天子所御　帶以弓韣

闔扇

寢廟畢備

是月也

耕者少舍

乃脩

正權槩

日夜分

角斗甬

則同度量鈞衡石

必有凶災

有不戒其容止者

生子不備

先薦寢廟

天子乃鮮羔開冰（鮮當作獻）先薦寢廟

是月也毋竭川澤毋漉陂池毋焚山林

毋作大事以妨農之事

上丁 命樂正習舞釋菜

天子乃帥三公九卿

諸侯大夫親往視之

仲丁 又命樂正入學習樂

是月也 祀不用犧牲

用圭璧 更皮幣

旱

煖氣早來

行夏令

則國乃大

則陽氣不勝

麥乃不熟

民多相掠

寇戎來征

行冬令

則其國大水

寒氣總至

仲春行秋令

律中姑洗 其數八

句芒 其蟲鱗 其音角

其日甲乙 其帝大皞 其神

昏七星中 旦牽牛中

季秝之月 日在胃

蟲螟爲害

乘鸞路　駕倉龍

天子居青陽右个

虹始見　蓱始生

桐始華　田鼠化爲鴽

祭先脾

其味酸　其臭羶　其祀戶

乃告舟備具于天子焉 天子

五覆五反

命舟牧覆舟

是月也 天子乃薦鞠衣于先帝

其器疏以達

服倉玉 食麥與羊

載青旂 衣青衣

始乘舟　薦鮪于寢廟

乃爲麥祈實

是月也　生氣方盛　陽氣發泄

句者畢出　萌者盡

達　不可以內　天子布德

行惠　命有司發

倉廩

賜貧窮 振乏絕

開府庫 出幣帛

周天下 勉諸侯

聘名士 禮賢者

是月也 命司空曰

時雨將降 下水上騰

循行國邑 周視原野

是月也

命野虞毋伐桑柘

田獵罝罘羅網畢翳餧獸之藥

毋出九門

開通道路

毋有障塞

脩利隄防

道達溝瀆

鳴鳩拂其羽
戴勝降于桑
具曲植籧筐
后妃齊戒
親東鄉躬桑
禁婦女毋觀
省婦使
以勸蠶事
蠶事既
登
分繭稱絲效功
以共郊廟之服

毋有敢惰

是月也　命工師令百工審五庫之量

金鐵　皮革筋　角齒　羽箭幹

脂膠丹漆　毋或不良

百工咸理

監工日號

是月也乃合累牛騰馬遊牝于牧

往視之

天子乃帥三公九卿諸侯大夫親

是月之末擇吉日大合樂

毋悖於時毋或作爲淫巧以蕩上心

國有大恐

行夏令

則寒氣時發

草木皆肅

季春行冬令

春氣

命國難（儺與難通）

九門磔攘以畢

書其數

犧牲駒犢

舉

則民多疾疫，時雨不降，山林不收；行秋令，則天多沈陰，淫雨蚤降，兵革並起。

孟夏之月，日在畢，昏翼中，旦婺女中。

螻蟈鳴 蚯蚓出 王瓜生

祭先肺

苦 其臭焦 其祀竈

律中中呂 其數七 其味

祝融 其蟲羽 其音徵

其日丙丁 其帝炎帝 其神

苦菜秀

天子居明堂左个

乘朱路 駕赤騮 載赤旂

衣朱衣 服赤玉

食菽與雞 其器高以粗

是月也 以立夏 先立夏三日

無不欣說

封諸侯　慶賜遂行

還反　行賞

帥三公九卿大夫　以迎夏於南郊

天子乃齊　立夏之日　天子親

盛德在火

大史謁之天子曰　某日立夏

乃命樂師習合禮樂

命大尉贊桀俊

遂賢良

舉長大

行爵出祿

必當其

位

是月也

繼長增高

毋有壞

墮

毋起土功

毋發

大衆

毋伐大樹

是月也 天子始絺

命野虞出行田原

爲天子勞農勸民

毋或失時

命司徒循行縣鄙

命農勉作

毋休於都

是月也 驅獸毋害五穀

決小罪

靡草死　麥秋至　斷薄刑

是月也　聚畜百藥

先薦寢廟

農乃登麥　天子乃以彘嘗麥

毋大田獵

樂

是月也 天子飲酎 用禮

郊廟之服

貴賤長幼如一 以給

繭稅 以桑爲均

蠶事畢 后妃獻繭 乃收

出輕繫

孟夏行秋令

則苦雨數來 五穀不滋

四部入保（保與堡同） 行冬令

則草木早枯 後乃大水

敗其城郭 行春令

則蝗蟲爲災 暴風來

格 秀草不實

仲夏之月　日在東井

昏亢中　旦危中

其日丙丁　其帝炎帝　其神

祝融　其蟲羽　其音徵

律中蕤賓　其數七　其味

苦　其臭焦　其祀竈

祭先肺

小暑至　螳螂生　鶪始鳴

反舌無聲

天子居明堂大廟　乘朱

路　駕赤騮　載朱旂

衣朱衣　服赤玉　食菽

與雞　其器高以粗

飭鐘磬柷敔

調竽笙箎簧

執干戚戈羽

均琴瑟管簫

命樂師脩鞀鞞鼓

是月也

養壯佼

命有司爲民祈祀山川百源

大雩帝

用盛樂

乃命百縣雩

祀百辟卿士有益於民者

以祈穀實

是月也 農乃登黍 天子乃以雛嘗

黍羞以含桃先薦寢廟

令民毋艾藍以染毋燒灰毋暴布門閭毋閉關市毋索挺重囚益其食

游牝別羣則縶騰駒班馬政

氣 百官靜事無刑
節耆欲 定心
止聲色毋或進 薄滋味毋致和
處必掩身 毋躁
死生分 君子齊戒
是月也 日長至 陰陽爭

升山陵　可以處臺榭

以居高明　可以遠眺望　可以

是月也　毋用火南方　可

木堇榮

鹿角解　蜩始鳴　半夏生

以定晏陰之所成

民殃於疫

則草木零落　果實蚤成

其國乃饑　行秋令

則五穀晚熟　百螣時起

暴兵來至　行春令

則雹凍傷穀　道路不通

仲夏行冬令

季夏之月 日在柳

昏火中 旦奎中

其日丙丁 其帝炎帝 其神祝融

其蟲羽 其音徵 律中

林鍾 其數七 其味苦

其臭焦 其祀竈

食菽與雞　其器高以粗

衣朱衣　服赤玉

乘朱路　駕赤騮　載赤旂

天子居明堂右个

學習　腐草爲螢

溫風始至　蟋蟀居壁　鷹乃

祭先肺

令民無不咸出其力

是月也　命四監大合百縣之秩芻以養犧牲

登龜　取黿　命澤人納材葦

命漁師伐蛟　取鼉

倉赤　莫不質良　黑黃

無或差貸貸讀曰忒

黼黻文章　必以法故

是月也　命婦官染采

民祈福

以祠宗廟社稷之靈　以爲

以共皇天上帝名山大川四方之神

毋敢詐僞，以給郊廟祭祀之服，以爲旂章，以別貴賤等給之度（給當作級）。

是月也，樹木方盛，命虞人入山行木，毋有斬伐。

不可以興土功，不可

以合諸侯

不可以起兵動衆

毋舉大事以搖養氣

毋發令而待

以妨神農之事也

水潦盛昌

神農

將持功

舉大事則有天殃

是月也

土潤溽暑

大雨時行

民乃遷徙

行秋令

則穀實鮮落

國多風欬

季夏行春令

可以糞田疇

可以美土疆

以殺草

如以熱湯

燒薙行水

利

則丘隰水潦禾稼不熟乃多女災行冬令則風寒不時鷹隼蚤鷙四鄙入保（保與堡同）

中央土其日戊己其帝黃帝其神后土其蟲倮

衣黄衣　服黄玉　食稷

駕黄騮　載黄旂

天子居大廟大室　乘大路

其祀中霤　祭先心

其數五　其味甘　其臭香

其音宮　律中黄鍾之宮

與牛

其器圜以閎

孟秋之月

日在翼

昏建星中

旦畢中

其日庚辛

其帝少皞

其神蓐收

其蟲毛

其音商

律中

天子居總章左个

涼風至　白露降　寒蟬鳴

鷹乃祭鳥　用始行戮

祭先肝

其臭腥　其祀門

夷則　其數九　其味辛

立秋　盛德在金

大史謁之天子曰　某日

是月也　以立秋　先立秋三日

與犬　其器廉以深

衣白衣　服白玉　食麻

乘戎路　駕白駱　載白旂

天子乃齊

立秋之日

天子親帥三公九卿諸侯大夫

以迎秋於西郊

還反

賞軍帥武人於朝

天子乃命將帥選士厲兵

簡練桀俊

專任有功以征不義

詰誅暴慢以明好惡

順彼遠方

是月也命有司脩法制

繕囹圄具桎梏

禁止姦慎罪邪

務搏執命理瞻傷

察創
視折審斷
決獄訟
必端平
戮有罪
嚴斷刑
天地始肅
不可
以贏
是月也
農乃登穀
天子嘗新
先薦寢廟
命百官始收

毋以割地　行大使　出大幣

是月也　毋以封諸侯　立大官

室　坏垣牆　補城郭

塞　以備水潦　脩宫

斂　完隄防　謹壅

孟秋行冬令　則陰

氣大勝　介蟲敗穀　戎兵

乃來　行春令　則其國

乃旱　陽氣復還　五穀無實

行夏令　則國多

火災　寒熱不節　民多

瘧疾

其祀門　祭先肝

其數九　其味辛　其臭腥

其蟲毛　其音商　律中南呂

其日庚辛　其帝少皞　其神蓐收

昏牽牛中　旦觜觿中

仲秋之月　日在角

與犬　其器廉以深

衣白衣　服白玉　食麻

駕白駱　載白旂

天子居總章大廟　乘戎路

養羞

盲風至　鴻鴈來　玄鳥歸　羣鳥

度有長短　衣服有量

文繡有恒　制有小大

乃命司服具飭衣裳

行麋粥飲食

是月也　養衰老　授几杖

必循其故　冠帶有常

乃命有司申嚴百刑

斬殺必當　毋或枉橈

枉橈不當　反受

其殃

是月也　乃命宰祝循行犧牲

視全具桉芻

豢瞻肥瘠察物色

必比類量大小

視長短皆中度五

者備當上帝其饗

天子乃難以達秋氣（難與儺同）

乃勸種麥　毋或失

務畜菜　多積聚

乃命有司趣民收斂

穿竇窖　脩囷倉

是月也　可以築城郭　建都邑

以犬嘗麻　先薦寢廟

角斗甬　正鈞石

平權衡　則同度量

分

陽氣日衰　水始涸　日夜

蟄蟲坏戶　殺氣浸盛

是月也　日夜分　雷始收聲

時　其有失時　行罪無疑

類

必順其時　慎因其

乃遂　凡舉大事　毋逆大數

則財不匱　上無乏之用　百事

四方來集　遠鄉皆至

納貨賄以便民事

是月也　易關市　來商旅

仲秋行春令
則秋雨不降
草木生榮
國乃大
恐
行夏令
則其
國乃旱
蟄蟲不藏
五穀
復生
行冬令
則風災數起
收雷先行
草木蚤死

季秋之月　日在房

昏虛中　旦柳中

其日庚辛　其帝少皞　其神蓐收

其蟲毛　其音商　律中

無射　其數九　其味辛

其臭腥　其祀門

祭先肝

鴻鴈來賓　爵入大水爲蛤

鞠有黃華　豺乃祭獸戮禽

天子居總章右个　乘戎路　駕白駱　載白旂

衣白衣　服白玉　食麻與犬

舉五穀之要

乃命冢宰農事備收

以會天地之藏無有宣出

無不務內

是月也中嚴號令命百官貴賤

其器廉以深

上丁　命樂正入學習吹

民力不堪　其皆入室

乃命有司曰　寒氣總至

是月也　霜始降　則百工休

祗敬必飭

藏帝籍之收於神倉

之數　以遠近土地所宜爲度

法　貢職

爲來歲受朔日　與諸侯所稅於民輕重之

合諸侯　制百縣

天子

帝　嘗　犧牲告備于

是月也　大饗

級

整設於屏外

載旌旐

授車以

命僕及七騶咸駕

五戎

班馬政

是月也

天子乃教於田獵

以習

無有所私

以給郊廟之事

司徒搢扑 北面誓之

天子乃厲飾 執弓挾

矢以獵 命主祠祭禽於四方

是月也 草木黄落 乃伐薪爲炭

蟄蟲咸俯

在内皆墐其户 乃趣獄刑

國大水　冬藏殃敗

季秋行夏令　則其

先薦寢廟

是月也　天子乃以犬嘗稻

秩之不當　供養之不宜者

毋留有罪　收祿

昏危中　旦七星中

孟冬之月　日在尾

則煖風來至　民氣解惰　師興不居

土地分裂　行春令

則國多盜賊　邊境不寧

民多鼽嚏　行冬令

水始冰　地始凍　雉入大水爲蜃

祭先腎

其臭朽　其祀行

應鍾　其數六　其味鹹

冥　其蟲介　其音羽　律中

其日壬癸　其帝顓頊　其神玄

是月也 以立冬 先立冬、三日

與彘 其器閎以奄

衣黑衣 服玄玉 食黍

乘玄路 駕鐵驪 載玄旂

天子居玄堂左个

虹藏不見

大史謁之天子曰某日

立冬盛德在水

天子乃齊立冬之日

天子親帥三公九卿大夫

以迎冬於北郊還反

賞死事卹孤寡

天地不通　閉塞而成冬

司曰　天氣上騰　地氣下降

是月也　天子始裘　命有

無有掩蔽

察　阿黨則罪

占兆審卦　吉凶是

是月也　命大史釁龜筴

命百官謹蓋藏

命司徒循行積聚

無有不斂

坏城郭

戒門閭

修鍵閉

慎管籥

固封疆

備邊竟

完要塞

謹關梁

塞蹊

器　案度程　毋或作

是月也　命工師效功　陳祭

之等級

厚薄之皮　貴賤

審棺椁之厚薄　塋丘壟之大小高卑

飭喪紀　辨衣裳

徑

為淫巧以蕩上心

必功致為上

物勒工名以考其誠

功有不當

必行其罪以窮其情

是月也大飲烝

天子乃祈來年於天宗

是月也 乃命水虞漁師收水泉池澤之賦

天子乃命將帥講武

習射御 角力

勞農以休息之

大割祠於公社及門閭

臘先祖五祀

毋或敢侵削

衆庶兆民

以爲天子取

怨於下

其有若此者

行罪無赦

孟冬行春令

則凍閉不密

地氣上泄

民多流亡

行夏令

昏東辟中 旦軫

仲冬之月 日在斗

侵削

令 小兵時起 土地

則雪霜不時

蟄蟲復出 行秋

則國多暴風 方冬、不寒

冰益壯　地始坼　鶡旦不鳴

祭先腎

鹹　其臭朽　其祀行

律中黃鍾　其數六　其味

玄冥　其蟲介　其音羽

其日壬癸　其帝顓頊　其神

中

命有司曰

土事毋作

飭死事

其器閎以奄

衣黑衣

服玄玉

食黍與彘

路

駕鐵驪

載玄旂

天子居玄堂大廟

乘玄

虎始交

愼毋發蓋

毋發室屋　及起大衆

以固而閉　地氣沮泄

是謂發天地之房

諸蟄則死　民必疾疫

又隨以喪　命之曰暢月

是月也　命奄尹申宮令

審門閭　謹房室

必重閉　省婦事

毋得淫　雖有貴戚近習

毋有不禁

乃命大酋秫稻必齊

麴糵必時　湛熾

必潔

水泉必香

陶器必良

火齊必得兼用六物

大酋監之毋有差貸

天子命有司祈祀四海大川名源淵澤井泉

者 罪之不赦

野虞教道之 其有相侵奪

取蔬食 田獵禽獸者

取之不詰 山林藪澤 有能

馬牛畜獸有放佚者

是月也 農有不收藏積聚者

是月也　日短至　陰陽

爭　諸生蕩　君子齊戒

處必掩身　身欲寧　去聲

色　禁耆欲　安形性

事欲靜　以待陰陽之所定

芸始生　荔挺出　蚯蚓結　麋角

仲冬行夏令　則其

也

築囹圄　此以助天地之閉藏

事　去器之無用者　塗闕廷門閭

箭　是月也　可以罷官之無

日短至　則伐木取竹

解　水泉動

國乃旱 氛霧冥冥 雷乃發聲

行秋令 則天時雨汁

瓜瓠不成 國有大兵

行春令 則蝗蟲爲敗 水泉咸竭 民多疥癘

季冬之月 日在婺女

祭先腎

鹹　其臭朽　其祀行

律中大呂　其數六　其味

玄冥　其蟲介　其音羽　其神

其日壬癸　其帝顓頊

昏婁中　旦氐中

鴈北鄉 鵲始巢

雉雊 雞乳

天子居玄堂右个 乘玄

路 駕鐵驪 載玄旂

衣黑衣 服玄玉

食黍與彘 其器閎以奄

乃嘗魚　先薦寢廟

是月也　命漁師始漁　天子親往

乃畢山川之祀及帝之大臣　天之神祇

征鳥厲疾

出土牛以送寒氣

命有司大難（難與儺同）旁磔

命樂師大合吹而罷

脩耒耜 具田器

命農計耦耕事

冰 冰以入 令告民出五種

冰方盛 水澤腹堅 命取

冰

乃命四監收秩薪柴，以共郊廟及百祀之薪燎。

是月也，日窮于次，月窮于紀，星回于天，數將幾終，歲且更始，專而農民。

社稷之饗
乃命同姓之邦

賦之犧牲
以共皇天上帝

乃命大史次諸侯之列

之宜

論時令
以待來歲

天子乃與公卿大夫共飭國典

毋有所使

名川之祀

咸獻其力 以共皇天上帝社稷寢廟山林

凡在天下九州之民者 無不

以共山林名川之祀 而賦犧牲

命宰歷卿大夫至於庶民土田之數

共寢廟之芻豢

行夏令　則水潦敗國

國多固疾　命之曰逆

則胎夭多傷

四鄙入保（保與堡同）　行春令

則白露蚤降　介蟲爲妖

季冬行秋令

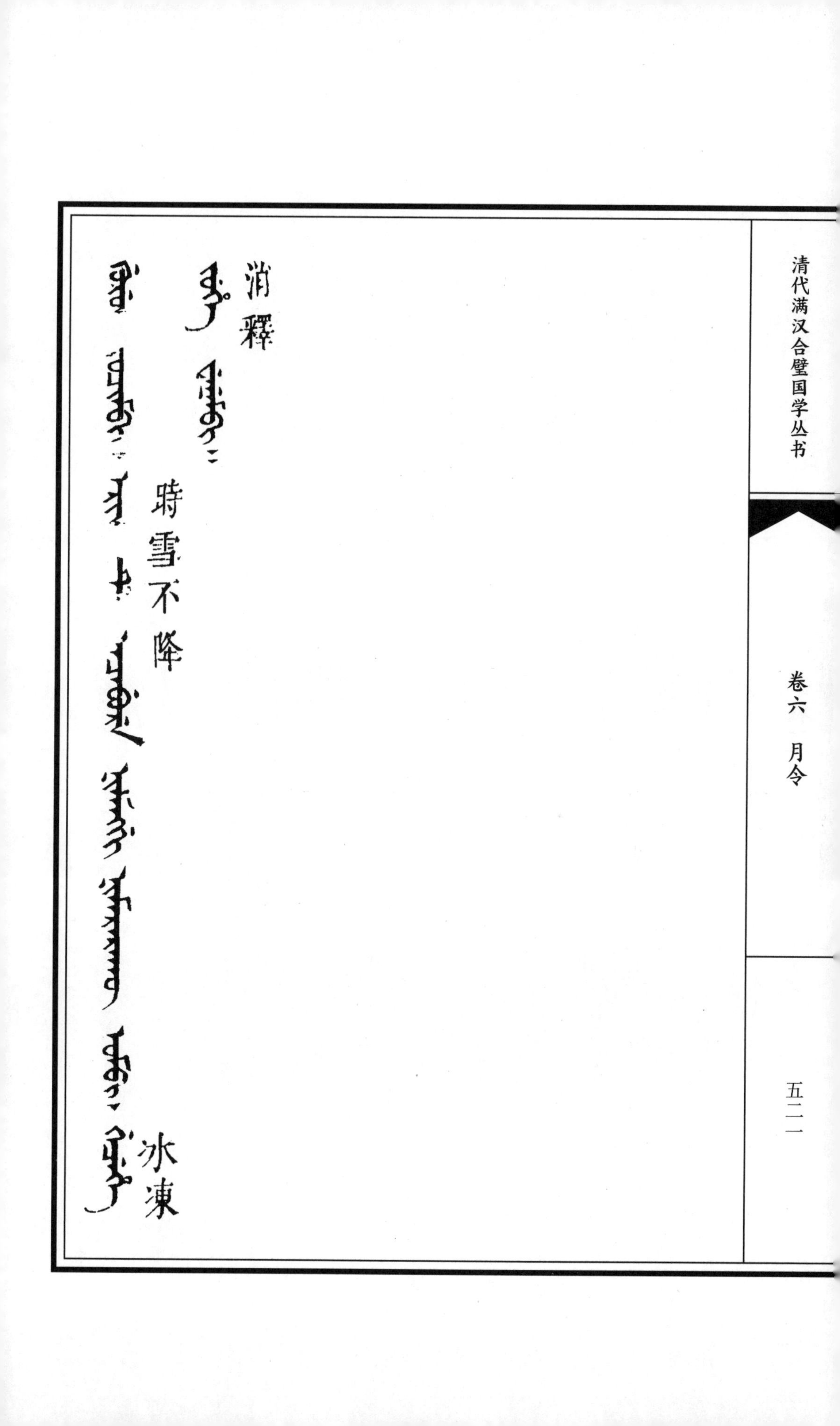

消釋

時雪不降

冰凍

禮記卷之七

曾子問

曾子問曰　君薨而世子生　如之何　孔子

曰　卿大夫士從攝主北面於西階南

大祝裨冕

執束帛

升自西階盡等　不升堂

命毋哭

祝聲三　告

曰　某之子生　敢告　升

奠幣于殯東几上

哭　降　衆主人卿大夫士房中皆哭

不踊　盡一哀

反位　遂朝奠　小宰

升舉幣

子升自西階 殯前北面

入門 哭者止

子從 宰宗人從

少師奉子以衰 祝先

祝皆裨冕

北面 大宰大宗大

三日 衆主人卿大夫士如初位

反位

皆袒

于

降東

人卿大夫士哭踊三者三

子拜稽顙

哭

祝宰宗人眾主

之子某從執事敢見

祝聲三

曰

某

祝立于殯東南隅

踊房中亦踊三者三襲衰杖奠出大宰命祝史以名徧告于五祀山川

曾子問曰如已葬而世子生則如之何孔子曰大宰大宗從大祝而告于禰三月

于社稷宗廟山川

冕而出視朝　命祝史告

祖　奠于禰

孔子曰　諸侯適天子　必告于

告及社稷宗廟山川

乃名于禰　以名徧

朝服而出視朝

諸侯相見 必告于禰

如之

牲幣 反 亦

徧 過是 非禮也 凡告用

道而出 告者五日而

乃命國家五官而后行

而后聽朝而入

乃命祝史告至于前所告者

必親告于祖禰

道而出

反

亦命國家五官

命祝史告于五廟所過山川

殯　遂修葬事

反葬　奠而后辭於

不奠　行葬不哀次

禮也　自啓及葬

其虞也先重而後輕

孔子曰　葬先輕而後重

曾子問曰竝有喪　如之何何先何後

其虞也先重而後輕

禮也

孔子曰宗子雖七十無無主

婦

非宗子雖無主

婦可也

曾子問曰將冠子冠者至

揖讓而入聞齊衰大功之喪

如之何孔子曰　內喪則廢　外喪
則冠而不醴　徹饌而埽
卽位而哭　如冠者未至則
廢
如將冠子而未及期日
而有齊衰大功小功之喪　則因喪服而冠
除喪不改冠乎　孔

而見伯父叔父
而后饗冠者
埽地而祭於禰
已祭
父沒而冠
則已冠
於斯乎有冠醮
無冠醴
奠
服賜服
歸設
子曰天子賜諸侯大夫冕弁服於大廟

曾子問曰祭如之何則不行旅酬之事矣

孔子曰　聞之小祥者

主人練祭而不旅

奠酬於賓　賓弗舉　禮也

昔者魯昭公練而舉酬行旅　非禮也

爲乎 孔子曰

禮也 曾子曰 不以輕服而重相

自斬衰以下皆可

奠之事乎 孔子曰 豈大功耳

曾子問曰 大功之喪 可以與於饋

亦非禮也

孝公大祥 奠酬弗舉

孔子曰 何必小功耳

曾子問曰小功可以與於祭乎

之

於大功以下者 不足則反

士則朋友奠 不足則取

斬衰者奠 大夫 齊衰者奠

非此之謂也 天子諸侯之喪

於兄弟大功以下者

士祭不足則取

大夫齊衰者與祭

不斬衰者不與祭

孔子曰天子諸侯之喪祭也

禮也

曾子曰不以輕喪而重祭乎

自斬衰以下與祭

曾子問曰相識有喪服可以與於祭乎

孔子曰緦不祭又何助於人

曾子問曰廢喪服可以與於饋奠之事乎

孔子曰說衰與奠非禮也以擯相可也

世母　壻已葬　壻之伯父

稱母　父母不在　則稱伯父

父喪稱父　母喪

母死　則女之家亦使人弔

孔子曰　壻使人弔　如壻之父

女之父母死　則如之何

曾子問曰　昏禮既納幣　有吉日

致命女氏曰 某之子有
父母之喪 不得嗣爲兄弟
使某致命 女氏許諾而弗敢嫁
禮也 壻免
喪 女之父母使人請 壻弗
取而后嫁之 禮也 女之
父母死 壻亦如之

則女反

女在塗而女之父母死

女改服布深衣縞總以趨喪

而壻之父母死如之何孔子曰

曾子問曰親迎女在塗

如壻親迎　女未至　而有齊衰大功之喪　則如之何　孔子曰　男不入　改服於外次　女入　改服於內次　然後卽位而哭

曾子問曰　除喪則不復昏禮乎

孔子曰　祭過時不祭　禮也　又何反於初

孔子曰嫁女之家三夜不息燭思相離也取婦之家三日不舉樂思嗣親也三月而廟見稱來婦也擇日而祭於禰成婦之義也

曾子問曰女未廟見而死

則如之何孔子曰 不遷於祖 不祔於皇姑 婿不杖不菲不次 歸葬於女氏之黨 示未成婦也

曾子問曰取女有吉日而女死 如之何孔子曰 婿齊衰而弔 既葬而除之 夫死亦如之

作僞主以行

及反

昔者齊桓公亟舉兵

尊無二上

未知其爲禮也

土無二王

嘗禘郊社

禮與

孔子曰

天無二日

曾子問曰喪有二孤

廟有二主

公揖讓升自東階西鄉

弔　康子立於門右北面

哀公辭　不得命　公爲主　客入

喪　衛君請弔

者衛靈公適魯　遭季桓子之

自桓公始也　喪之二孤　則昔

藏諸祖廟　廟有二主

天子巡守 以遷廟主行

孔子曰

曾子問曰 古者師行 必以遷廟主行乎

自季康子之過也

有司弗辯也 今之二孤

公拜興哭 康子拜稽顙於位

容升自西階 弔

曰 天子崩 國君薨

爲無主耳 吾聞諸老聃

諸侯薨 與去其國 與祫祭於祖

虛主者 惟天子崩

則失之矣 當七廟五廟無虛主

今也取七廟之主以行

載于齊車 言必有尊也

主出廟入廟必蹕

則祝迎四廟之主

禮也

祫祭於祖

君去其國

大宰取羣廟之主以從

而后主各反其廟

禮也

卒哭成事

則祝取羣廟之主而藏諸祖廟

老聃云

曾子問曰古者師行 無遷主則何主

孔子曰 主命

問曰何謂也 孔子曰 天子諸侯將出

必以幣帛皮圭告于祖禰

遂奉以出 載于齊車

以行 每舍 奠焉而後就舍

反必告　設奠卒　斂幣玉

藏諸兩階之間　乃出　蓋貴命

也

子游問曰　喪慈母如母　禮與

孔子曰　非禮也　古者男子外有傅

內有慈母　君命所使教子也　何

服之有　昔者魯昭公少喪其母

有慈母良　及其死也　公弗忍也　欲喪之　有司以聞曰　古之禮　慈母無服　今也君爲之服　是逆古之禮而亂國法也　若終行之　則有司將書之以遺後世　無乃不可乎　公曰　古者天子練冠以燕居

食后之喪 雨霑服失容

四 請問之 曰 大廟火 日

門 不得終禮 廢者幾 孔子曰

曾子問曰諸侯旅見天子 入

始也

喪慈母 自魯昭公

公弗忍也 遂練冠以喪慈母

六 請問之 曰 天子崩 大廟火

不得終禮 廢者幾 孔子曰

曾子問曰諸侯相見 揖讓入門

火 不以方色與兵

與其兵 大廟火 則從天子救

則從天子救日 各以其方色

則廢如諸侯皆在而日食

大廟火　　其祭也如之何

如之何孔子曰廢　曾子問曰當祭而日食

天子崩　后之喪

簠簋既陳

曾子問曰天子嘗禘郊社五祀之祭

霑服失容　則廢

日食　后夫人之喪　雨

已葬而祭　祝畢獻而已

至于反哭　五祀之祭不行

不侑　酳不酢而已矣　自啓

既殯而祭　其祭也　尸入三飯

天子崩　未殯　五祀之祭不行

孔子曰　接祭而已矣　如牲至未殺則廢

曾子問曰諸侯之祭社稷俎豆既陳聞天子崩后之喪君薨夫人之喪如之何孔子曰廢自薨比至于殯自啓至于反哭奉帥天子

皆廢 外喪自齊衰以下行也

年之喪 齊衰 大功

后之喪 君之大廟火 日食 三

孔子曰 九 請問之 君薨 夫人之喪 曰 天子崩

既設 不得成禮 廢者幾

曾子問曰大夫之祭 鼎俎既陳 籩豆

曾子問曰三年之喪弔乎　孔子曰

服　則祭

所以異者緦不祭　所祭於死者無

室中之事而已矣　士之

大功　酢而已矣　小功緦

飯不侑　酳不酢而已矣

共齊衰之祭也　尸入三

何除焉　於是乎有過時而弗除也　君之

喪服於身　不敢私服　又

而有君服焉　其除之也　如之何孔子曰有君

曾子問曰大夫士有私喪　可以除之矣

喪而弔哭　不亦虛乎

行　君子禮以飾情　三年之

三年之喪　練不羣立　不旅

曾子問曰君薨既殯而臣有父母之

也

故君子過時不祭禮

禮也非弗能勿除也患其過於制也

先王制禮過時弗舉

曾子問曰父母之喪弗除可乎孔子曰

喪服除而後殷祭禮也

喪

則如之何孔子曰歸居于家

有殷事則之君所

朝夕否

曰 君既啓

而臣有父母之喪

則如之何孔子曰歸

哭而反送君

曰 君未殯

而臣有父母之喪

則如之何孔子曰歸殯

反于君所

稱天以誄之

諸侯相誄

禮也

唯天子

賤不誄貴

幼不誄長

朝夕否

大夫內子有殷事亦之君所

大夫室老行事

士則子孫行事

有殷事則歸

朝夕否

非禮也

曾子問曰　君出疆　以三年之戒　以椑從

君薨　其入如之何　孔子曰　共殯

服　則子麻弁絰疏衰菲杖　入自

闕　升自西階　如小斂

則子免而從柩

如之何孔子曰　遂　既封　改服
喪　既引　及塗　聞君薨
歸　不俟子　曾子問曰父母之
之喪　如之何孔子曰　遂　既封而
曾子問曰君之喪　既引　聞父母
節也
入自門　升自阼階　君大夫士一

其祭也　祝曰　孝子某使介子某執其常事

若宗子有罪居於他國　庶子爲大夫

祝曰　孝子某爲介子某薦其常事

之何　孔子曰　以上牲祭於宗子之家

曾子問曰　宗子爲士　庶子爲大夫　其祭也如

而往

曾子問曰宗子去在他國　庶子無爵

某辭

宗兄宗弟宗子在他國　使

賓奠而不舉　不歸肉　其辭于賓曰

祭

不配　布奠於賓

不旅　不假　不綏

攝主不厭祭

子祭者以此若義也 今之祭者不首其義

身没而已 子游之徒 有庶

宗子死 稱名不言孝

告於墓而後祭於家

以時祭 若宗子死

如之何 孔子曰 望墓而爲壇

而居者 可以祭乎 孔子曰 祭哉 請問其祭

蓋弗成也

則取於同姓可也　祭殤必厭

孫幼　則使人抱之　無孫

尸必以孫

可平　孔子曰　祭成喪者必有尸

曾子問曰　祭必有尸乎　若厭祭亦

故誣於祭也

祭成喪而無尸 是殤

之也

孔子曰 有陰厭 有陽厭

曾子問曰 殤不祔祭

何謂陰厭陽厭 孔子

曰 宗子爲殤而死 庶子弗爲後也

其吉祭特牲

祭殤不舉　無肵俎

無玄酒　不告利成　是謂

陰厭　凡殤與無後者

祭於宗子之家　當室之白　尊

于東房　是謂陽厭

曾子問曰葬引至于堩

日有食之則有變乎　且不乎　孔子曰　昔者吾

遲數（數與速同）則豈如行哉

夫柩不可以反者也日有食之不知其已之

也　反葬而丘問之曰

既明反而后行　曰　禮

就道右　止哭以聽變

及堩　日有食之老明曰　丘　止柩

從老明助葬於巷黨

禮

不以人之親痁患

日有食之安知其不見星也

且君子行

惟罪人與奔父母之喪者乎

蚤出

不莫宿

見星而行者

見日而行

逮日而舍

夫柩

不

行

逮日而舍奠

大夫使

老聃曰

諸侯朝天子

見日而

子曰善乎問之也　自卿大夫士之家曰私館

何謂私館不復也　孔

有司所授舍　則公館已

館不復　凡所使之國

禮曰　公館復　私

曾子問曰爲君使而卒於舍

吾聞諸老聃云

之何　孔子曰　吾聞諸老聃曰　昔者

塗邇故也　今墓遠　則其葬也如

遂輿機而往

曾子問曰下殤土周葬于園

此之謂也

公館復

公館與公所爲曰公館

史佚有子而死
下殤也
墓遠
召公謂之曰
何以不棺斂於宮中
史佚曰
吾敢乎哉
召公言於周公
周公曰
豈
不可
史佚行之
下殤用棺
衣棺
自史佚始也

曾子問曰 卿大夫將爲尸於公

受宿矣 而有齊衰內喪

則如之何 孔子曰 出舍於公館以待事

禮也 孔子曰 尸弁冕

而出 卿大夫士

皆下之 尸必式

必有前驅

子夏問曰　三年之喪卒哭　金革之事無辟也者　禮與　初有司與　孔子曰　夏后氏三年之喪　既殯而致事　殷人既葬而致事　記曰　君子不奪人之親　亦不可奪親也　此之謂乎　子夏曰　金革之事無辟

弗知也

以三年之喪從其利者　吾

魯公伯禽有爲爲之也　今

也者　非與　孔子曰　吾聞諸老聃曰　昔者

及日中又至　亦如之　及莫又至

内豎曰安　文王乃喜

問内豎之御者曰　今日安否何如

雞初鳴而衣服　至於寢門外

文王之爲世子　朝於王季日三

文王世子

禮記卷之八

命膳宰曰末有原
應曰
食下
問所膳
食上
必在視寒煖之節
王季復膳
然後亦復初
行不能正履
則内豎以告文王
文王色憂
亦如之
其有不安節

諾　然後退

武王帥而行之　不敢有加焉

文王有疾　武王不說冠帶而

養　文王一飯　亦一

飯　文王再飯　亦再

飯　旬有二日　乃間

文王謂武王曰　女何夢矣

文王九十七乃終

武王九

我百爾九十

吾與爾三焉

非也古者謂年齡

齒亦齡也

君王其終撫諸

文王曰

武王曰

西方有九國焉

文王曰

女以爲何也

武王對曰

夢帝與我九齡

所以示成王世子之道

成王有過則撻伯禽

欲令成王之知父子君臣長幼之道也

抗世子法於伯禽

周公相

踐阼而治

成王幼

不能涖阼

十三而終

大胥贊之

小樂正學干

皆於東序

秋冬學羽籥

必時

春夏學干戈

凡學世子及學士學教也

也

文王之爲世子也

典書者詔之
禮在瞽宗
執禮者詔之
冬讀書
秋學禮
春誦
夏弦
大師詔之瞽宗
之
胥鼓南
籥師學戈
籥師丞贊

大司成論說在東序

皆大樂正授數

語說 命乞言

大樂正學舞干戚

皆小樂正詔之於東序

凡祭與養老乞言合語之禮

書在上庠

秋冬亦如之　凡始立學

凡學　春官釋奠于其先師

不問

負牆　列事未盡

可以問　終則

凡侍坐於大司成者　遠近間三席

凡語于郊者
必取賢斂才焉
必遂養老
有國故則否
凡大合樂
凡釋奠者必有合也
及行事
必以幣
者
必釋奠于先聖先師

或以德進
或以事舉
或以言揚
曲藝皆誓之
以待又語
三而一有焉
乃進其等
以其序
謂之郊人
遠之於成均
以及取爵
於上尊也

始立學者　既興器用幣

然後釋菜　不舞不授器

乃退　儐于東序　一獻

無介語可也　教世子

凡三王教世子　必以禮樂

樂所以修內也　禮所以修外也　禮樂交錯於中　發形於外　是故其成也懌　恭敬而溫文　立大傅少傅以養之　欲其知父子君臣之道也　大傅審父子君臣之道以示之　少傅奉世子以觀大傅之德行而審

喻之

大傅在前　少傅

在後　入則有保　出則有師

是以教喻而德成也　師也者　教之以

事而喻諸德者也　保也者　慎其身以

輔翼之而歸諸道者也　記曰　虞夏

商周有師保　有疑

丞　設四輔及三公

踐阼而治　抗世子法於伯禽

仲尼曰　昔者周公攝政

君之謂也

教尊而官正　官正而國治

德成而教尊

語使能也　君子曰德

不必備　唯其人

人父　知爲人臣　然後可

是故知爲人子　然後可以爲

爲之

以善其君乎（于迂同）　周公優

益於君則爲之　況于其身

聞之曰　爲人臣者　殺其身有

所以善成王也

以爲人君
知事人
然後
能使人
成王幼
不能涖阼
以爲世子
則無爲也
是故抗世子法於伯禽
使之與成王居
欲令成王之知父子君臣長幼之義也
君之於世子也
親則

子齒於學　國人觀之曰

已　其齒於學之謂也　故世

行一物而三善皆得者　唯世子而

是故養世子不可不慎也

之尊　然後兼天下而有之

父也　尊則君也　有父之親　有君

將君我而與我齒讓

衆著於君臣之義也　其三曰

何也　曰有君在則禮然　然而

將君我而與我齒讓

衆知父子之道矣　其二曰

何也　曰有父在則禮然　然而

將君我而與我齒讓

何也

曰長長也

然而衆知長幼之節矣

故父在斯爲子

君在斯謂之臣

居子與臣之節

所以尊君親親也

故學之爲父子焉

學之爲君臣焉

學之爲長幼焉

父子君臣長幼之道得而國治

庶子之正於公族者教之以孝弟睦友子愛明父子之義長幼之序

語曰樂正司業父師司成一有元良萬國以貞世子之謂也

周公踐阼

其登餕獻受爵

宗人授事　以爵以官

其在宗廟之中　則如外朝之位

其在外朝則以官　司士爲之

臣有貴者以齒

其朝于公　內朝則東面北上

則以上嗣

庶子治之 雖有三命 不踰

父兄

其公大事 則以其喪服之精麤爲序

雖於公族之喪亦如之

以次主人

若公與族燕 則異姓爲賓

膳宰爲主八
公與父兄齒
族食世降一等
其在軍
則守於公禰禰當作祧
公若有出疆之政
庶子以公族之無事
者守於公宮
正
室守大廟
諸父守貴宮貴室

宜弔不弔　宜免不免

族之相爲也

死必赴　練祥則告

雖爲庶人　冠取妻必告

五廟之孫　祖廟未毁

諸子諸孫守下宮下室

有司罰之 至于賵賻承含 皆有正焉

公族其有死罪 則磬於甸人 其刑罪則纖剸（纖讀為殲） 亦告于甸人（告讀為鞫） 公族無宮刑 獄成 有司讞于公 其死罪 則曰

某之罪在大辟　其刑

罪　則曰某之罪在小辟

公曰宥之　有司又曰在辟

公又曰宥之　有司又曰在辟

及三宥　不對　走出　致刑

于甸人　公又使人追之曰

雖然　必赦之　有司對曰無

及也 反命于公 公
素服不舉 爲之變 如其倫之
喪 無服 親哭之
公族朝于內朝 內親也
雖有貴者以齒 明父子也
外朝以官 體異姓也
宗廟之中 以爵爲位

崇德也

宗人授事以官

尊賢也

登餕受爵

以上嗣

尊祖之道也

喪紀以服之輕重爲序

不奪人親也

公與族燕則以齒

而孝弟之道達矣

其族食

而讓道達矣

子弟守下室

著矣

諸父諸兄守貴室

室守大廟

尊宗室而君臣之道

孝愛之深也

正

親親之殺也

戰則守於公禰（禰當作祧）

世降一等

有倫　邦國有倫而衆鄉方矣

睦友之道也　古者庶子之官治而邦國

敬弔臨賻賵

親未絕而列於庶人　賤無能也

赴　不忘親也

及庶人　冠取妻必告　死必

五廟之孫　祖廟未毀　雖

居外不聽樂　私喪之也　骨肉

之廟　爲忝祖遠之也　素服

弗弔弗爲服　哭于異姓

刑于隱者　不與國人慮兄弟也

所以體百姓也

公族之罪　雖親不以犯有司正術也

之親無絕也
公族無宮刑
不翦其類也
天子視學
大昕鼓徵
所以警衆也
衆至
然後
天子至
乃命有司行事
興秩節
祭先師先聖焉
有司卒事反命
始

之養也

適東序 釋奠於先老

遂設三老五更羣老之席位焉

適饌 省醴 養老之珍具

遂發咏焉 退

脩之以孝養也 反

登歌清廟 既歌而

語以成之也 言父子君臣長幼之道 合德音之致 禮之大者也 下管象 舞大武 大合衆以事 達有神 興有德也 正君臣之位 貴賤之等焉 而上下之義行矣 有司告以樂闋 王乃

舉事而衆皆知其德之備也

紀之以義　終之以仁　是故古之人一

愛之以敬　行之以禮　修之以孝養

是故聖人之記事也　慮之以大

之以仁也

東序　終

命公侯伯子男及羣吏曰　反養老幼于

曰今日安　世子乃有喜色　其有

問於內豎曰今日安否何如　內豎

世子之記曰　朝夕至于大寢之門外

兌命曰　念終始典于學

終始　而衆安得不喻焉

古之君子舉大事　必慎其

子親齊玄而養　膳宰之饌

然後退　若內豎言疾　則世

問所膳羞　必知所進以命膳宰

世子必在視寒煖之節　食下

然後亦復初　朝夕之食上

不滿容　內豎言復初

不安節　則內豎以告世子　世子色憂

亦復初

世子亦不能飽　以至于復初　然後

饌善　則世子亦能食　嘗饌寡

必敬視之　疾之藥　必親嘗之　嘗

禮記卷之九

禮運

昔者仲尼與於蜡賓　事畢　出遊

於觀之上　喟然而嘆　仲尼之嘆

蓋嘆魯也　言偃在側

曰　君子何嘆　孔子曰　大道之行

也　與三代之英　丘未之逮也而有

矜寡孤獨廢疾者皆有所養

終 壯有所用 幼有所長

不獨子其子 使老有所

故人不獨親其親

選賢與能 講信修睦

大道之行也 天下爲公

志焉

男有分　女有歸　貨
惡其弃於地也　不必藏於己
力惡其不出於身也　不必爲己
是故謀閉而不興　盜竊亂
賊而不作　故外户而不閉　是謂大
同
今大道既隱　天下爲家　各親

其親　各子其子

貨力爲已　大人世及以爲

禮　城郭溝池以爲固

禮義以爲紀　以正君臣

以篤父子　以睦兄弟

以和夫婦　以設制度　以立

田里　以賢勇知　以功爲已

此者

在勢者去衆以爲殃

示民有常

如有不由

著有過

刑仁講讓

謹於禮者也

以著其義

以考其信

由此其選也

此六君子者

未有不

禹湯文武成王周公

故謀用是作而兵由此起

是謂小康

言偃復問曰 如此乎禮之急也 孔子

曰 夫禮 先王以承天之道

以治人之情 故失之者死

得之者生 詩曰 相鼠有

體 人而無禮 人而

無禮 胡不遄死 是故夫

禮 必本於天 殽於地 列於

鬼神 達於喪祭射御冠昏朝聘

故聖人

以禮示之 故天下國家可得而正也

言偃復問曰 夫子之極言禮也

可得而聞與

孔子曰

我欲觀夏道

是故之杞而不足徵也

吾得夏時焉

我欲觀殷道

是故之宋而不足徵也

吾得坤乾焉

坤乾之義

夏時之等

吾以是觀之

夫禮之初 始諸飲食 其燔黍捭豚

汙尊而抔飲 蕢桴

而土鼓 猶若可以致其敬於鬼神

及其死也 升屋而號

告曰皋某復 然後飯腥而苴

孰 故天望而地藏也

體魄則降 知氣在上

故死者北首，生者南鄉，皆從其初。昔者先王未有宮室，冬則居營窟，夏則居橧巢。未有火化，食草木之實、鳥獸之肉，飲其血，茹其毛。未有麻絲，衣其羽皮。後聖有作，然後修火之利

澄酒在下

粢醍在堂

故玄酒在室

醴醆在戶

皆從其朔

以養生送死

以事鬼神上帝

以炮以燔以亨以炙以爲醴酪

治其麻絲以爲布帛

范金合土

以爲臺榭宮室牖戶

陳其犧牲　備其鼎俎　列其琴瑟管磬鐘鼓　脩其祝嘏　以降上神與其先祖　以正君臣　以篤父子　以睦兄弟　以齊上下　夫婦有所　是謂承天之祜

作其祝號　玄酒以祭　薦其血毛

腥其俎 孰其殽 與其越席
疏布以冪 衣其澣帛 醴醆以
獻 薦其燔炙 君與夫
人交獻以嘉魂魄 是謂合莫
然後退而合亨
體其犬豕牛羊 實其簠簋籩豆鉶羹
祝以孝告 嘏以

宋之郊也契也

周公其衰矣　杞之郊也禹也

魯之郊禘非禮也

厲傷之　吾舍魯何適矣

孔子曰　嗚乎哀哉　我觀周道　幽

成也

慈告　是謂大祥　此禮之大

是天子之事守也

故天子祭天地

諸侯祭社稷

祝嘏莫敢易其常古

是謂大假

祝嘏辭說

藏於宗祝巫史

非禮也

是謂幽國

故仕於公曰臣　仕於家曰僕

非禮也　是謂亂國

祭器不假　聲樂皆具

是謂脅君　大夫具官

兵革藏於私家　非禮也

非禮也　是謂僭君　冕弁

醆斝及尸君

諸侯有國以處其子孫

故天子有田以處其子孫

非禮也

是謂君與臣同國

與家僕雜居齊齒

以衰裳入朝

三年之喪

與新有昏者期不使

大夫有采以處其子孫

是

謂制度

故天子適諸侯

必舍其祖廟

而不以禮籍入

是謂天子壞法亂紀

諸侯非問疾弔喪而入諸臣之

家

是謂君臣爲謔

是故禮者　君之大柄也　所以別嫌
明微　儐鬼神　考制度
別仁義　所以治政安君也
故政不正則君位危
君位危　則大臣倍
小臣竊　刑肅而俗敝　則法無常
法無常而禮無列　禮無列

則士不事也　刑肅而俗敝　則民弗歸也是謂疵國

故政者君之所以藏身也　是故夫政必本於天　殽以降命　命降於社之謂殽地　降於祖廟之謂仁義　降於山川之謂興作　降於五祀之謂制度

父生而師教之 四者君以正用之

故天生時而地生財 人其

禮之序也 玩其所樂 民之治也

以治政也 處其所存

故聖人參於天地 並於鬼神

此聖人所以藏身之固也

故百姓則君以自治也

養人則不足

事人則失位

非事人者也

故君明人則有過

君者所養也

非養人者也

君者所事也

故君者所明也

非明人者也

故君者立於無過之地也

稷謂之義　大夫死宗廟謂之變

故國有患　君死社

之勇去其怒　用人之仁去其貪

故用人之知去其詐　用人

而患其生

故禮達而分定　故人皆愛其死

養君以自安也　事君以自顯也

故聖人耐以天下爲一家　以中國爲一人者　非意之也　必知其情　辟於其義　明於其利　達於其患　然後能爲之　何謂人情　喜怒哀懼愛惡欲　七者不學而能　何謂人義

父慈子孝　兄良弟弟　夫義婦聽　長惠幼順　君仁臣忠　十者謂之人義　講信修睦　謂之人利　爭奪相殺　謂之人患　故聖人之所以治人七情　修十義　講信修睦　尚慈讓　去爭奪

舍禮何以治之

飲食男女　人之大欲存焉　死亡貧苦　人之大惡存焉　故欲惡者　心之大端也　人藏其心　不可測度也　美惡皆在其心　不見其色也　欲一以窮之　舍禮何以哉

故人者　其天地之德　陰陽之交　鬼神之會

時十二月　還相爲本也

五行之動　迭相竭也　五行四

而闕

也　是以三五而盈　三五

於山川　播五行於四時　和而後月生

故天秉陽　垂日星　地秉陰　竅

五行之秀氣也

食味別聲被色而生者也

故人者　天地之心也　五行之端也

質也

五色六章十二衣　還相爲

五味六和十二食　還相爲質也

五聲六律十二管　還相爲宮也

故聖人作則　必以天地爲本　以陰陽爲端　以四時爲柄　以日星爲紀　月以爲量　鬼神以爲徒　五行以爲質　禮義以爲器　人情以爲田　四靈以爲畜　以天地爲本　故物可舉也　以陰陽爲端　故情可睹也　以四時爲

柄

故事可勸也

以日星爲

紀

故事可列也

月以爲量

故功有藝也

鬼神以爲徒

故事可守也

五行以爲

質

故事可復也

禮義以爲器

故事行有考也

人情

以爲田

故人以爲奧也

四靈以爲畜　故飲食有由也

何謂四靈　麟鳳龜龍

謂之四靈　故龍以爲畜　故魚鮪

不淰　鳳以爲畜　故鳥

不獝　麟以爲畜　故獸

不狘　龜以爲畜　故人

故祭帝於郊　所以定天位也

故先王患禮之不達於下也

事有職　禮有序

設制度　故國有禮　官有御

瘞繒　宣祝嘏辭說

故先王秉蓍龜　列祭祀

情不失

祀社於國　所以列地利也

祖廟　所以本仁也

山川　所以儐鬼神也

五祀　所以本事也

故宗祝在廟

三公在朝

三老在學

王前巫而後史

卜筮瞽侑皆在左右

王中心無為也

以守至正

故禮行於郊而百神受職焉

禮行於社而百貨可極焉

禮行於祖廟而孝慈服焉

禮行於五祀而正法則焉

故自郊社祖廟山川五祀

夫禮必本於天　動而之地

官於天也

列而爲鬼神　其降曰命　其

爲天地　轉而爲陰陽　變而爲四時

是故夫禮　必本於大一　分而

之藏也

義之修而禮

骸之束也　所以養生送死

信修睦　而固人肌膚之會　筋

故禮義也者　人之大端也　所以講

其行之以貨力辭讓飲食冠昏喪祭射御朝聘

協於分藝　其居人也曰養

列而之事　變而從時

事鬼神之大端也　所以達天道
順人情之大竇也　故唯聖人爲知禮
之不可以已也　故壞國喪家亡人
必先去其禮　故禮之於
人也　猶酒之有蘗也　君子以厚
小人以薄
故聖王修義之柄禮之序以治人情

可以義起也　義者　藝之分　仁之節也

則禮雖先王未之有

故禮也者　義之實也　協諸義而協

之　播樂以安之

陳義以種之　講學以耨之　本仁以聚

聖王之田也　修禮以耕之

故人情者

協於藝　講於仁　得之者強

仁者　義之本也　順之體也　得之

者尊

故治國不以禮　猶無

耜而耕也　爲禮不本於義

猶耕而弗種也　爲義而

不講之以學　猶種而弗耨也

夫婦和　家之肥也　大臣法

人之肥也　父子篤　兄弟睦

也

四體既正　膚革充盈

安之以樂而不達於順　猶食而弗肥

而弗食也

合之以仁而不安之以樂　猶穫

講之以學而不合之以仁　猶耨而弗穫也

小臣廉 官職相序 君臣相正

國之肥也 天子以德爲車

以樂爲御 諸侯以禮相與

大夫以法相序 士以信相考

百姓以睦相守 天

下之肥也 是謂大順 大順者

所以養生送死 事鬼神之常也

故事大積焉而不苑
並行而不繆
細行而不失
深而通
茂而有閒
連而不相及也
動而不相害也
此順之至也
故明於順
然後能守危也

故禮之不同也 不豐也 不殺也

所以持情而合危也

故聖王所以順 山者不使居川

不使渚者居中原

而弗敝也 用水火金木飲食

必時 合男女

頒爵位 必當年德 用民

河出馬圖　鳳皇麒麟皆在郊棷（棷與藪同）

地出醴泉　山出器車

人不愛其情　故天降膏露

故天不愛其道　地不愛其寶

災　民無凶饑妖孽之疾

必順　故無水旱昆蟲之

龜龍在宮沼

其餘鳥獸之卵胎皆

可俯而闚也

則是無故

先王能修禮以

達義

體信以達順故

此順之實也

禮記卷之十

禮器

禮器是故大備

大備盛德也

禮釋回增美質措則正施則行

其在人也如竹箭之有筠也

如松柏之有心也

二者居天下之大端矣

故貫四時而不改柯易葉

故君子有禮 則外諧

而內無怨 故物無

不懷仁 鬼神饗德

先王之立禮也 有本有

文 忠信 禮之本也 義理

有能也

物曲有利也

地理有宜也

人官

理萬物者也

是故天時有生也

順於鬼神

合於人心

禮也者

合於天時

設於地財

無文不行

禮之文也

無本不立

故天不生地不養君子

不以爲禮鬼神弗饗也居山以

魚鼈爲禮居澤以

鹿豕爲禮君子

謂之不知禮

故必舉其定國之數

以爲禮之大經禮之大倫以地

舜授禹　湯放桀

稱次之　堯授舜

禮　時爲大　順次之　體次之　宜次之

衆不匡懼　則上之制禮也節矣

之上下　是故年雖大殺

廣狹　禮之薄厚與年

禮也

喪祭之用

賓客之交

山川之事

鬼神之祭

君臣之義

倫也

社稷

天地之祭

宗廟之事

父子之道

其猶

聿追來孝

時也

詩云

匪革

武王伐紂

禮有以多爲貴者　天子七廟

言有稱也

不藏圭　不臺門

以圭爲瑞　家不寶龜

有餘　此之謂稱也　諸侯以龜爲寶

百官皆足　大牢而祭　不必

義也　羔豚而祭

大夫再重 天子崩

天子之席五重 諸侯之席三重

大夫五介五牢

夫八 下大夫六 諸侯七介七牢

諸公十有六 諸侯十有二 上大

士一 天子之豆二十有六

諸侯五 大夫三

祭天特牲

有以少爲貴者

天子無介

此以多爲貴也

而葬

再重四翣

三重六翣

大夫三月

諸侯五月而葬

七月而葬

五重八翣

天子適諸侯諸侯膳以犢

諸侯相朝灌用鬱鬯無籩豆之薦

大夫聘禮以脯醢

天子一食諸侯再大夫士三食力無數

大路繁纓一就

之

此以少爲貴也

視朝

大夫特

士旅

之祭單席

諸侯

鬼神

琥璜爵

次路繁纓七就

圭璋特

五獻之尊 門外缶

尊者舉觶 卑者舉角

獻以爵 賤者獻以散

貴者 宗廟之祭 貴者

此以大爲貴也 有以小爲

之度 棺椁之厚 丘封之大

有以大爲貴者 宮室之量 器皿

此以高爲貴也 有以下爲貴

尺 天子諸侯臺門

諸侯七尺 大夫五尺 士三

有以高爲貴者 天子之堂九尺

甒 此以小爲貴也

門內壺 君尊瓦

大夫黼

士玄衣纁裳

諸侯黼

禮有以文爲貴者

天子龍衮

以下爲貴也

大夫士棜禁

此

而祭

天子諸侯之尊廢禁

者

至敬不壇

掃地

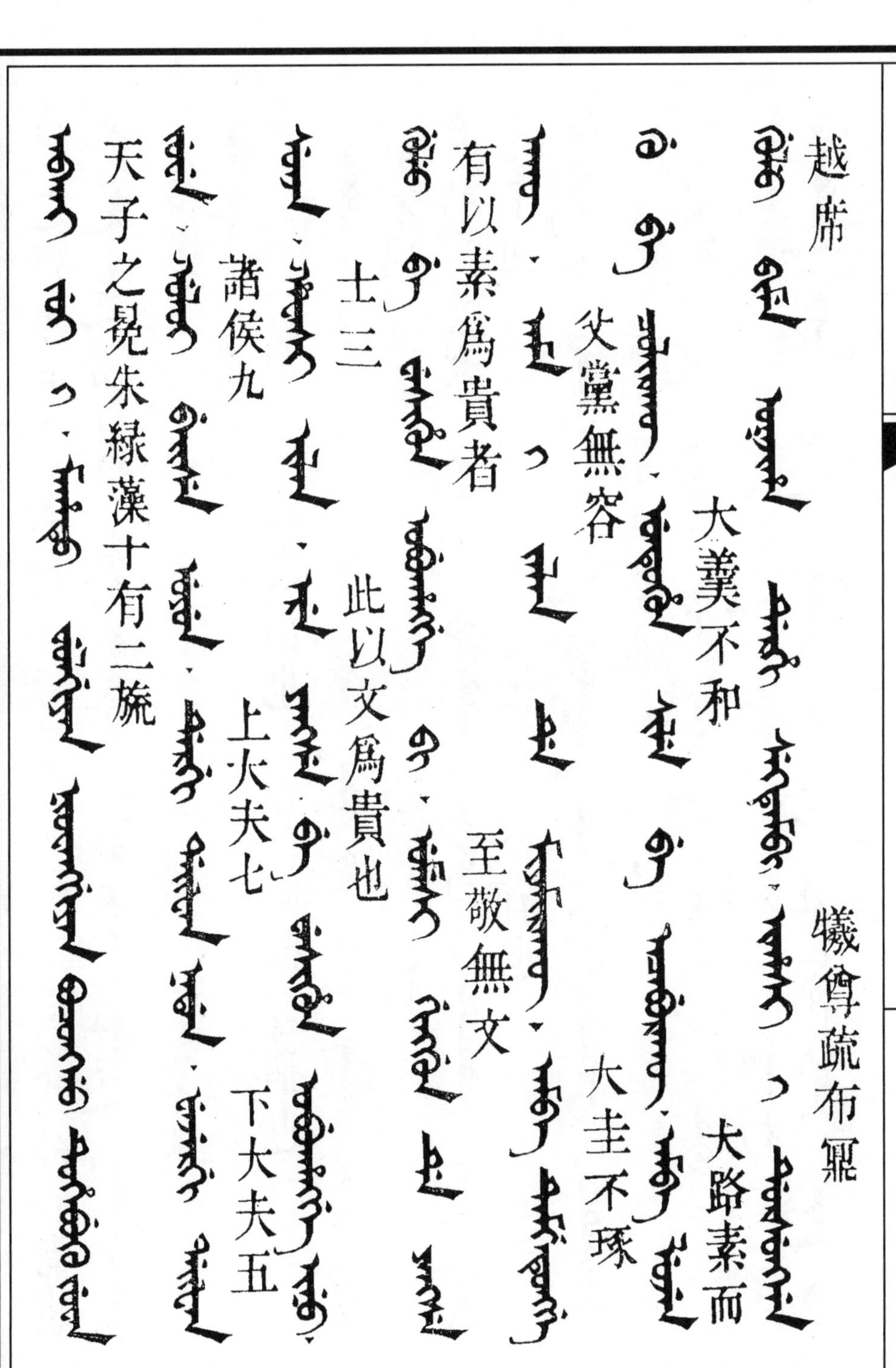

越席 犧尊疏布鼏

大羹不和 大路素而

父黨無容 大圭不琢

有以素爲貴者 至敬無文

士三 此以文爲貴也

諸侯九 上大夫七 下大夫五

天子之冕朱緑藻十有二旒

禮之以多爲貴者　以其外心者也

此之謂也　蓋言稱也

禮不同　不豐不殺

孔子曰　禮不可不省也

此以素爲貴也

樿杓

無可以稱其德者

如此

微

觀天下之物

以其內心者也

德産之致也精

禮之以少爲貴者

則得不以多爲貴乎

故君子樂其發也

大理物博

如此

德發揚詡萬物

是故君子大牢而祭謂之禮

唯其稱也

不可多也　不可寡也

多之爲美　是故先王之制禮也

尊　外之爲樂　少之爲貴

古之聖人　內之爲

則得不以少爲貴乎　是故君子愼其獨也

匹士大牢而祭謂之攘

管仲鏤簋朱紘

山節藻棁

君子以爲濫矣

晏平仲

祀其先八

豚肩不揜豆

澣衣濯冠以朝

君子以爲隘矣

是故君子

不善嘉事牲不及肥大

不麋蚤不樂葆大

君子曰祭祀不祈

受福蓋得其道矣

孔子曰我戰則克祭則

衆之紀也紀散而衆亂

之行禮也不可不慎也

盛於盆　尊於瓶

夫奥者老婦之祭也

燔柴於奥（奥當爲爨）

夏父弗綦逆祀而弗止也

孔子曰　臧文仲安知禮

薦不美多品

顯者不可揜

微者不可大也

不可損

小者不可益

有顯有微

大者

猶不備也

禮有大有小

謂之不成人

設之不當

禮也者猶體也

體不備

君子

君子之於禮也 有直而行也 有曲

而文而誠若

若 有美

於禮也 有所竭情盡愼致其敬而誠

未有入室而不由戶者 君子之

干 其致一也

故經禮三百 曲禮三

而殺也

有經而等也

有順而討也

有摲而播也

有推而進也

有放而文也

有放而不致也

有順而摭也

三代之禮一也

民共由之

或素或青

夏造殷因

周坐尸

詔侑武方（武當爲無）

其禮亦然

其道一也

夏立尸而卒祭

殷坐尸

周旅酬六尸

曾子

曰

周禮其猶醵與

君子曰

禮之近人情者

見也

不然則已慤

也

此有由始也

是故七介以相

是故君子之於禮也

非作而致其情

孰

孰與熟同

三獻爓

一獻

大饗腥

非其至者也

郊血

事於配林

三月繫

於泰山

必先有

必先有事於惡池惡池讀作虖池

齊人將有事

晉人將有事於河

必先有事於頖宮

故魯人將有事於上帝

三辭三讓而至

不然則已蹙

七日戒　三日宿

愼之至也　故禮有擯詔

樂有相步　溫之至

也

禮也者　反本脩古　不忘

其初者也故凶事不詔

朝事以樂　醴酒之用

玄酒之尚　割刀之用　鸞刀
之貴　莞簟之安　而
槀鞂之設　是故先王之制禮也
必有主也　故可述而
多學也
君子曰　無節於內者　觀物弗
之察矣　欲察物而不由禮

必順天時

爲朝夕必

因其財物而致其義焉爾

故作大事

是故昔先王之制禮也

者

物之致也

弗之信矣

故曰禮也

弗之敬矣

出言不以禮

弗之得矣

故作事不以禮

舉賢而置之　聚衆而誓之

尊有道　任有能

是故昔先王尚有德

亹焉

是故天時雨澤　君子達亹

爲下必因川澤

故於日月　爲高必因丘陵

是故因天事天　因地事地

因名山升中于天

因吉土以饗帝于郊

升中于天而鳳皇降

龜龍假　饗帝于郊而

風雨節　寒暑時

是故聖人南面而立　而天下大治

夫人在房　大明生於東

應鼓在東　君在阼

廟堂之下　縣鼓在西

犧尊在西

廟堂之上　罍尊在阼

天道至教　聖人至德

禮也者　反其所自生

樂交應乎下　和之至也

禮交動乎上

夫人東酌罍尊

夫婦之位也　君西酌犧象

月生於西　此陰陽之分

觀其發而知其人之知

故觀其器而知其工之巧

蘧伯玉曰　君子之人達

治亂可知也

脩樂以道志　故觀其禮樂而

先王之制禮也以節事

樂也者　樂其所自成　是故

故曰、君子愼其所以與人者

大廟之內敬矣　君親牽牲　大夫贊幣而從　君親制祭　夫人薦盎　君親割牲　夫人薦酒、卿大夫從君　命婦從夫人　洞洞乎其敬也　屬屬乎其

於此乎

爲祊乎外

故曰於彼乎

之得也

設祭于堂

三詔皆不同位

蓋道求而未

羹定詔於堂

納牲詔於庭

血毛詔於室

忠也

勿勿乎其欲其饗之也

束帛加璧

內金 示和也

之薦 四時之和氣也

四海九州之美味也 籩豆

三牲魚腊

七獻神 大饗其王事與

一獻質 三獻文 五獻祭

也肆夏而送之（讀肆爲陔）蓋重

則致遠物也　其出

各以其國之所有

與衆共財也　其餘無常貨

丹漆絲纊竹箭

金次之　見情也

尊德也　龜爲前列　先知也

禮也

祀帝於郊

敬之至也

宗廟之祭

仁之至也

喪禮

忠之至也

備服器

仁之至也

賓客之用幣

義之至也

故君子欲觀仁義之道

禮其本也

孔子曰

誦詩三百

則禮不虛道

是以得其人之爲貴也

苟無忠信之人

忠信之人

可以學禮

君子曰

甘受和

白受采

雖有强力之容 肅敬之心

逮闇而祭 日不足 繼之以燭

子路爲季氏宰 季氏祭

母輕議禮

大旅具矣 不足以饗帝

以大饗 大饗之禮 不足以大旅

不足以一獻 一獻之禮 不足

貴誠之義也

適天子　天子賜之禮大牢

諸侯膳用犢　諸侯

天子適諸侯

郊特牲而社稷大牢

郊特牲

禮記卷之十一

至敬不饗味而貴氣臭也

三獻爓 一獻孰

大饗腥

次路五就 郊血

大路繁纓一就 先路三就

故天子牲孕弗食也 祭帝弗用也

此降尊以就卑也

三獻之介 君專席而酢焉

大饗 君三重席而酢焉

尙服修而已矣

灌用臭也

大饗

諸侯爲賓

灌用鬱鬯

無樂

飲養陽氣也

而食嘗

其義一也

春饗孤子

秋食耆老

氣也

故春禘而秋嘗

飲

養陽氣也

凡食

養陰

陰陽之義也

凡

饗禘有樂而食嘗無樂

故有樂 食養陰氣也 故無聲 凡聲 陽也 鼎俎奇而籩豆偶 陰陽之義也 籩豆之實 水土 之品也 不敢用褻味而貴多品 所以交於旦

明之義也

賓入大門而奏肆夏（讀肆爲陔）

示易以敬也

卒爵而樂闋

孔子屢歎之

奠酬而工升

歌

發德也

歌者在上

匏竹在下

貴人聲也

樂由陽來者也

禮由陰作者也

陰陽和而萬物得

旅幣無方

所以別土地之宜

而節遠邇之期也

龜爲前列

先知也

以鐘次之

以和居參之也

朝覲大夫之私覿

非禮也

由趙文子始也

大夫之奏肆夏也讀肆爲陔

庭燎之百

由齊桓公始也

往德也

束帛加璧

虎豹之皮

示服猛也

非禮也 大夫强而君殺之

貳君也 大夫而饗君

爲人臣者無外交 不敢

何爲乎諸侯之庭

所以致敬也 而庭實私覿

所以申信也 不敢私覿

大夫執圭而使

義也 由三桓始也

天子無客禮 莫敢 爲主焉 君適其臣 升自阼階 不敢有其 室也 覲禮 天子 不下堂而見諸侯

乘大路

諸侯之僭禮也

冕而舞大武

擊玉磬

朱干設錫

諸侯之宮縣

而祭以白牡

也

由夷王以下

下堂而見諸侯

天子之失禮

貨　相賂以利　而天下之禮

脅　於此相貴以等　相覿以

諸侯僭　大夫强　諸侯

也　故天子微

大夫之僭禮

繡黼丹朱中衣

臺門而旅樹反坫

也

尊賢不過二代

天子存二代之後

猶尊賢

非禮也

由三桓始也

而公廟之設於私家

大夫不敢祖諸侯

亂矣

諸侯不敢祖天子

諸侯不臣寓公　故古者寓公不繼世

君之南鄉　答陽之義也

臣之北面　答君也　大夫之臣不稽首　非尊家臣

孔子曰 射之以樂也 何以

存室神也

鄉人禓 孔子朝服立于阼

爲君之答己也

君有賜不面拜

以辟君也 大夫有獻弗親

聽　何以射　孔子曰

士使之射　不能　則辭以

疾　縣弧之義也

孔子曰　三日齊　一日用之

猶恐不敬　二日伐鼓

何居

孔子曰　繹之於庫門內

風雨

用日之始也

天子大社必受霜露

答陰之義也

日用甲

君南鄉於北墉下

社

祭土而主陰氣也

失之矣

祊之於東方

朝市之於西方

以達天地之氣也 是故喪國之社屋之 不受天陽也 薄社北牖（薄當作亳） 使陰明也 社 所以神地之道也 地載萬物 天垂象 取財於地 取法於天 是以尊天而親地也

故敎民美報焉

家主中霤而國主社

示本也

唯爲社事

單出里

唯爲社田

國八畢作

唯社丘乘供粢盛

所以報本反始

也

爲艷

以觀其不犯命也

其習變也

而流示之禽而鹽諸利鹽讀

坐之起之

以觀

左之右之

而君親誓社以習軍旅

也

然後簡其車賦而歷其卒伍

季春出火

爲焚

郊之祭也

迎長日之至也

大報天而主日也

天子適四方

先柴

求服其志

不貪其得

故以戰則克

以祭則受福

兆於南郊

就陽位也

掃地而祭於其

質也

器用陶匏以象

天地之性也

於郊故謂之郊

牲用騂尚赤也

用犢貴誠也

郊之用辛也周之始郊

日以至

卜郊作龜于禰宮受命于祖廟尊祖親

考之義也卜之日王

立丁澤親聽誓命

喪者不哭 不敢凶服

示民嚴上也

祭之日 王皮弁以聽祭報

姓也

官也 大廟之命 戒百

庫門之內 戒百

受教諫之義也 獻命

旒 龍章而設日月 以象天

乘素車 貴其質也 旂十有二

璪十有二旒 則天數也

祭之日 王被袞以象天 戴冕

弗命而民聽上

汜掃反道 鄉爲田燭

稷牛唯具

月

爲稷牛

帝牛必在滌三

帝牛不吉

以

郊

所以明天道也

也

天垂象

聖人則之

所以别事天神與人鬼也

萬物本乎天

人本乎祖

此所以配上帝也

郊之祭也

大報本反始也

天子大蜡八

伊耆氏始爲蜡

蜡也者索也

歲十二月 合聚萬物而索饗之也

蜡之祭也 主先嗇而祭司嗇也 嗇同穡

祭百種以報嗇也

饗農及郵表畷禽

獸

仁之至 義之盡也 古之君子

使之必報之　迎猫

爲其食田鼠也　迎虎

爲其食田豕也

迎而祭之也　祭坊與水庸

事也

曰　土反其宅　水歸其壑

昆蟲無作　草木歸

共澤

皮弁素服而祭 素服以送

終也 葛帶榛杖

喪殺也 蜡之祭

仁之至 義之盡也 黄衣黄冠而祭

息田夫也 野夫黄冠

黄冠 草服也

國

天子樹

以戒諸侯曰

好田好女者亡其

與女而詔客告也

尊野服也

羅氏致鹿

諸侯貢屬焉

草笠而至

大羅氏

天子之掌鳥獸者也

以移民也

既蜡而收

民息

順成之方

其蜡乃通

以謹民財也

四方年不順成

八蜡不通

八蜡以記四方

瓜華

不斂藏之種也

土之品也　不敢用常褻味而貴多品

水物也　籩豆之薦　水

陸產也　其醢

其醢　陸產之物也　加豆

恒豆之菹　水草之和氣也

君子不興功

已　故既蜡

之威　而不可安也宗廟之器

武　壯而不可樂也　宗廟

路車　可陳也而不可好也

先王之薦　可食也而不可耆也卷冕

交於神明之義也　非食味之道也

所以

莞簟之安

疏布之尚 反女功之始也

貴五味之本也 黼黻文繡之美

酒醴之美 玄酒明水之尚

所安樂之義也

所以交於神明者 不可以同於

可用也而不可便其利也

交於神明者　不可同於所

貴其質而已矣　所以

素車之乘　尊其樸也

丹漆雕幾之美

大圭不琢　美其質也

大羹不和　貴其質也

而蒲越稾鞂之尚　明之也

安褻之甚也　如是而后宜

鼎俎奇而籩豆偶

陰陽之義也　黃目鬱氣

之上尊也　黃者中也

目者　氣之清明者也　言酌於中

而清明於外也

冠義

始冠之

緇布之冠也

貴其義也

聲和而後斷也

用而鸞刀之貴

貴天産也

割刀之

醓醢之美而煎鹽之尚

祭天

掃地而祭焉

於其質而已矣

大古冠布，齊則緇之。其緌也，孔子曰：吾未之聞也，冠而敝之可也。適子冠於阼，以著代也。醮於客位，加有成也。三加彌尊，喻其志也。冠而字之，

敬其名也

委貌 周道也 章甫 殷

道也 母追 夏后氏之道也 周弁

殷冔

夏收 三王共皮弁素積

無大夫冠禮而有其昏禮

古者五十而后爵

何大夫冠禮之有 諸侯之有

冠禮 夏之末造也

天子之元子 士也 天下

無生而貴者也 繼世以立諸侯

象賢也 以官爵人

德之殺也 死而謚

今也

古者生無爵

死無謚

禮之所尊

尊其義也

失其義

陳其數

祝史之事也

故其數可陳也

其義難知也

知其義而敬守之

天子之所以治天下也

天地合而后萬物興焉

夫昏禮

萬世之始也

取於異姓

所以附遠厚別也

幣必誠

辭無不腆

告之以直信

信事人也

信婦德也

壹與之齊

終身不改

故夫死不嫁

無别無義　禽獸之道也

然後禮作　禮作　然後萬物安

父子親　然後義生　義生

男女有别　然後父子親

一也　執摯以相見　敬章别也

天先乎地　君先乎臣　其義

男子親迎　男先於女　剛柔之義也

幼從父兄　嫁從夫

由此始也　婦人　從人者也

男帥女　女從男　夫婦之義

下也　出乎大門而先

也者　親之也　敬而親之　先王之所以得天

壻親御授綏　親之也　親之

人無爵　從夫之爵　坐以夫

共牢而食　同尊卑也　故婦

而可以不致敬乎

將以爲社稷主　爲先祖後

玄冕齊戒　鬼神陰陽也

夫也者以知帥人者也

夫死從子　夫也者夫也

授之室也　昏禮不用樂

婦降自阼階

私之也　舅姑降自西階

盥饋　舅姑卒食　婦餕餘

也　三王作牢用陶匏　厥明　婦

之齒　器用陶匏　尚禮然

滌蕩其聲　樂三闋　然後

殷人尚聲　臭味未成

血腥爓祭　用氣也

有虞氏之祭也　尚用氣

序也

昏禮不賀　人之

幽陰之義也　樂　陽氣也

致陰氣也　蕭合黍稷

用玉氣也　既灌　然後迎牲

灌以圭璋

鬯　臭陰達於淵泉

灌用鬯臭　鬱合

詔告於天地之間也　周人尚臭

出迎牲　聲音之號　所以

臭陽達於牆屋

故既奠　然後焫蕭合羶薌羶當爲馨

凡祭慎諸此

魂氣歸于天　形魄歸于地

故祭　求諸陰陽之義也　殷人先求諸陽

周人先求諸陰

詔祝於室　坐尸於堂

富也者福也　首也者直也　相

祊之爲言倞也　肵之爲言敬也

尚曰求諸遠者與

於此乎　或諸遠人乎　祭于祊

不知神之所在　於彼乎

祝於主　索祭祝于祊

用牲於庭　升首於室　直祭

祭齊加明水 報陰也

貴氣主也 祭黍稷加肺

盛氣也 祭肺肝心

貴純之道也 血祭

全之物也 告幽全之物者

尸 陳也 毛血 告幽

饗之也 嘏 長也大也

敬之至也　敬之至也

君再拜稽首　肉袒親割

由主人之潔著此水也

凡涗新之也　其謂之明水也

明水涗齊　貴新也

取膟膋燔燎升首　報陽也

服也

拜服也

稽首服之甚也

肉袒服之盡也

祭稱孝孫孝子

以其義稱也

稱曾孫某

謂國家也

祭祀之相

主人自致其敬

盡其嘉

而無與讓也

縮酌用茅　明酌也　醆酒

涗　將命也

后坐也　尸　神象也

古者尸無事則立　有事而

而已矣　舉斝角　詔妥尸

豈知神之所饗也　主人自盡其敬

腥肆爓腍祭　肆讀曰剔

故君子三日齊

齊之玄也　以陰幽思也

祭有祈焉　有報焉　有由辟焉（辟讀爲弭）

（澤讀爲醳）

猶明清與醆酒于舊澤之酒也

涚于清　汁獻涚于醆酒

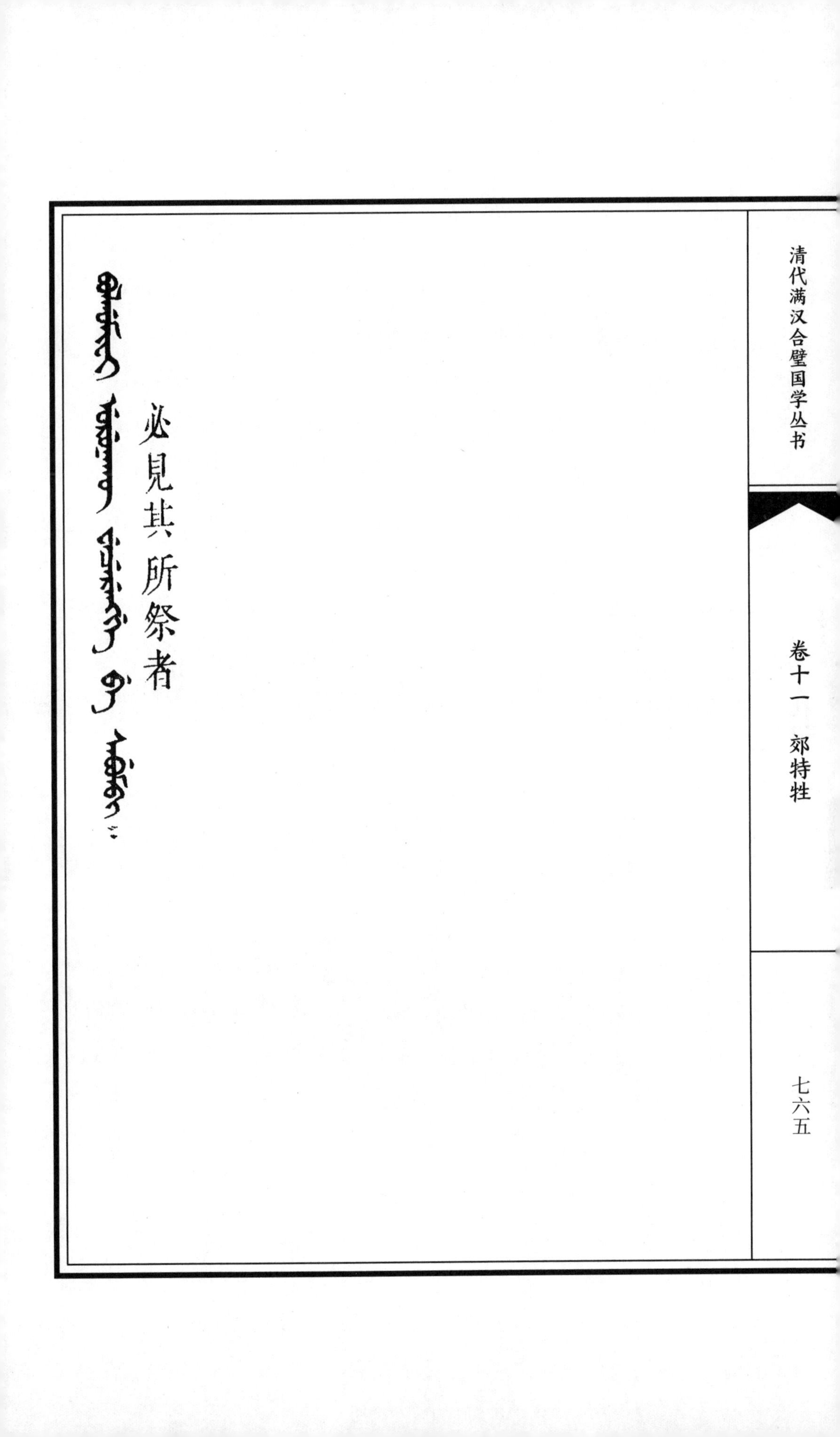

必見其所祭者

禮記卷之十二

内則

后王命冢宰　降德于衆兆民

子事父母　雞初鳴　咸

盥漱　櫛　縰　笄　總　拂髦

冠緌纓　端韠

著綦

大觿　木燧　偪　屨

玦　捍　管　遰

帨　刀　礪　小觿　金燧　右佩

左右佩用　左佩紛

紳　搢笏

以適父母舅姑之所　及所　下氣怡

衿纓　綦屨

管　線　纊　施縏袠　大觿　木燧

刀　礪　小觿　金燧　右佩箴

總　衣紳　左佩紛　帨

鳴　咸盥漱　櫛　縰　笄

婦事舅姑　如事父母　雞初

進之

柔色以溫之

饘

盥卒

授巾

問所欲而敬

長者奉水

請沃盥

進盥

少者奉槃

出入

則或先或後而敬扶持之

疾痛苛癢而敬抑搔之

聲

問衣燠寒

酏酒醴芼羹菽麦蕡稻

黍粱秫唯所欲枣

栗饴蜜以甘之堇荁枌榆免

薧滫瀡以滑之脂膏

以膏之

父母舅姑必尝之而后退

則退　若未食　則佐長者視具

問何食飲矣　若已食

皆佩容臭　昧爽而朝

縰　拂髦　總角　衿纓

雞初鳴　咸盥漱　櫛

男女未冠笄者

昧爽而朝
慈以旨甘

由命士以上
父子皆異宮

所欲食無時

孺子蚤寢晏起
唯

及庭
布席
各從其事

衣服
斂枕簟
灑掃室堂

凡內外
雞初鳴
咸盥漱

日出而退
各從其事

日入而夕
慈以

旨甘

父母舅姑將坐
奉席請何鄉

將衽
長者奉席請

何趾

少者執
牀與坐
御者擧几

斂席與簟　縣衾篋枕

斂簟而襡之

父母舅姑之衣衾簟席枕几

不傳　杖屨　祗敬之　勿敢近

敦牟卮匜　非餕莫敢用

與恒食飲　非餕莫

之敢飲食

在父母舅姑之所　有命之應唯敬對

餕

旨甘柔滑　孺子

羣子婦佐餕如初

沒母存　冢子御食

旣食恒餕　父

父母在　朝夕恒食　子婦佐餕

進退周旋慎齊

升降出入揖遊

不敢噦噫嚏咳欠伸跛倚睇視

不敢唾洟

寒不敢襲

癢不敢搔

不有敬事

不敢袒裼

不涉不撅

褻衣衾不見裏

父母唾洟不見

冠帶垢

和灰請漱

衣裳垢

和灰

請澣

衣裳綻裂

紉箴請補綴

五日則燂湯請浴

三日具沐

其閒面垢

燂潘

請靧　足垢　燂湯

請洗　少事長　賤事

貴　共帥時

男不言內　女不言外　非祭非喪

不相授器　其相授

則女受以篚　其無篚　則皆坐

奠之而后取之　外內不共井

不共湢浴　不通寢席　不通乞假　男女不通衣裳　内言不出　外言不入　男子入内　不嘯不指　夜行以燭　無燭則止　女子出門　必擁蔽其靣　夜行以燭　無燭則止　道路　男子由右

姑使之　而后復之

人代之　已雖弗欲　姑與之而

雖不欲　必服而待　加之事

雖不耆　必嘗而待　加之衣服

勿逆勿怠　若飲食之

子婦孝者敬者　父母舅姑之命

女子由左

父母有過　下氣怡色柔聲以諫

禮焉

子放婦出　而不表

若不可教而后怒之　不可怒

勿庸疾怨　姑教之

姑縱之而寧數休之　子婦未孝未敬

子婦有勤勞之事　雖甚愛之

父母有婢子 若庶子庶孫

不敢疾怨 起敬起孝

父母怒不說而撻之流血

與其得罪於鄉黨州閭 寧孰諫

起孝 說則復諫 不說

諫若不入 起敬

說 出 子不宜其妻

子甚宜其妻 父母不

所愛 雖父母沒不衰

服飲食 由執事 毋敢視父母

父母愛一人焉 子愛一人焉 由衣

敬之不衰 子有二妾

甚愛之 雖父母沒 沒身

舅沒則姑老　冢婦所祭祀賓客

必不果

爲不善　思貽父母羞辱

母令名　必果　將

父母雖沒　將爲善　思貽父

之禮焉　沒身不衰

父母曰是善事我　子行夫婦

每事必請於姑

介婦請於冢婦

舅姑使冢婦

毋怠

不友無禮於介婦

舅姑若使介婦

毋敢敵耦於冢婦

不敢並行

不敢並命

不敢並坐

凡婦不命適私室不敢退

婦將有事大小必請於舅姑

子婦無私貨無私畜

無私器不敢私假不敢私

與

婦或賜之飲食衣服布帛佩帨茝蘭

則受而獻

適子庶子　祇事宗子宗婦

將與之　則必復請其故　賜而后與之

待之　婦若有私親兄弟

不得命　如更受賜　藏以

受賜　若反賜之則辭

諸舅姑　舅姑受之則喜　如新

雖貴富
不敢以貴富入宗
子之家
雖衆車徒
舍於外
以寡約入
子弟
猶歸器衣服裘衾車馬
則必獻其上
而后敢服用其次也
若非所獻
則不敢以入於宗子之

黃粱稰穛

飯 黍 稷 稻 粱 白黍

而后敢私祭

夫婦皆齊而宗敬焉 終事

獻其賢者於宗子

若富則具二牲

門 不敢以貴富加於父兄宗族

飲　重醴　稻醴淸糟

魚膾　雉　兎　鶉　鷃

醓　豕炙　醓　豕胾　芥醬

醓　牛膾　羊炙　羊胾

醓牛炙　醓　牛胾

膳　膷　臐　膮

食

蝸醢而苽食雉羹

糗

餌粉酏 酏當作餈

酒

清白

羞

水

醷

濫

漿

黍酏

清糟

或以酏爲醴

黍醴清糟

粱醴

實蓼

濡鼈醢醬實

雞醢醬實蓼

濡魚卵醬

濡豚包苦實蓼

濡

和糝不蓼

折稌犬羹兎羹

麥食脯羹雞羹

凡食齊視春時 齊與劑同

桃諸梅諸卵鹽

麋腥醢醬

麋膚魚醢

魚膾芥醬

脯羹兎醢

腶脩蚳醢

蓼

羹齊視夏時醬齊視秋時飲齊視冬時

凡和春多酸夏多苦秋多辛冬多鹹

調以滑甘

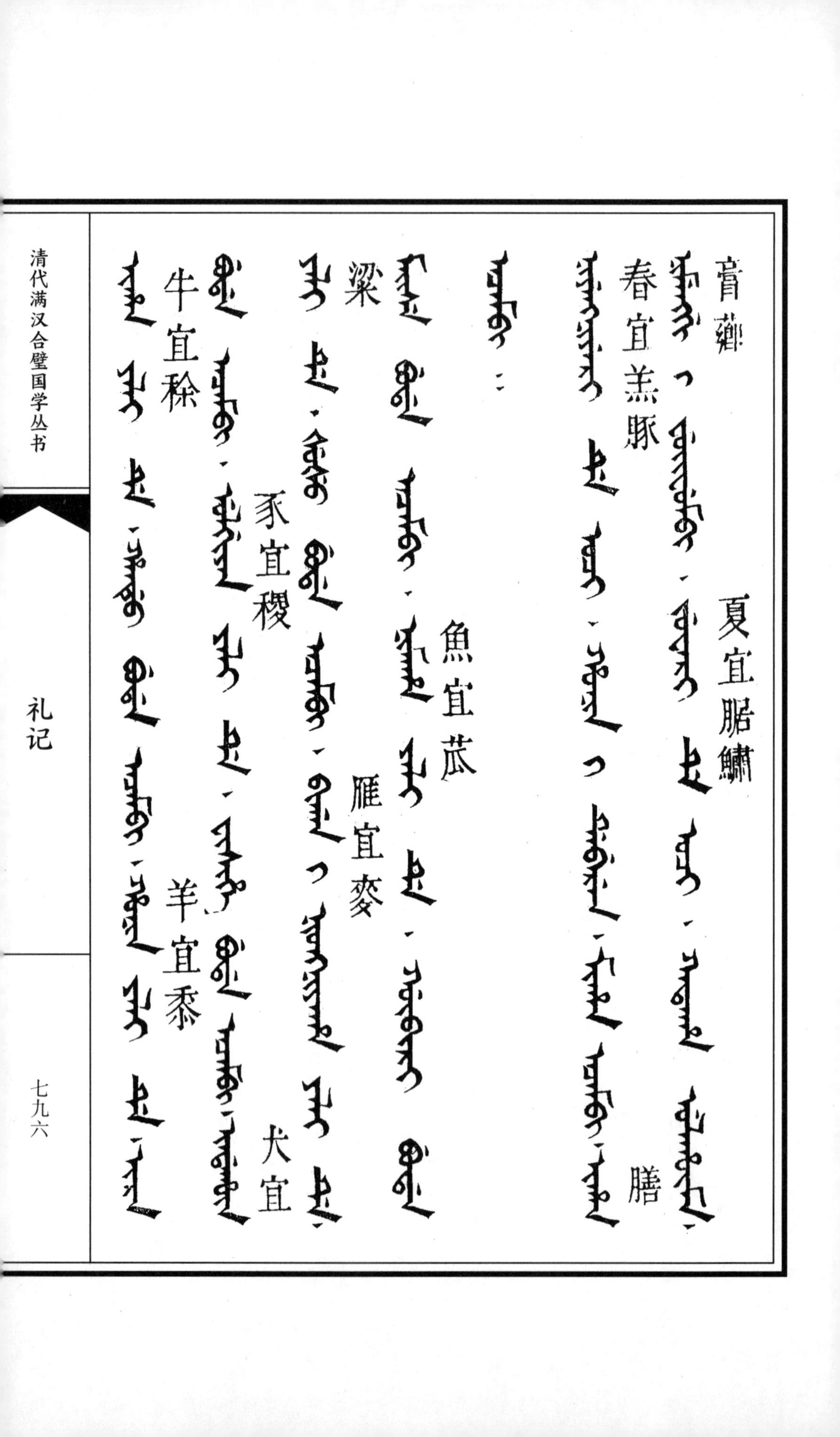

膏薌

夏宜腒鱐

春宜羔豚

膳

魚宜苽

粱

雁宜麥

豕宜稷

犬宜

牛宜稌

羊宜黍

麕皆有軒 雉兎皆

麋脯 麕脯 麋鹿田豕

牛修 鹿脯 田豕脯

膳膏羶

冬宜鮮羽

麛 膳膏腥

膳膏臊 秋宜犢

有脯無膾

士不貳羹

大夫燕食

有膾無脯

桂

桃 李 梅 杏 楂 梨 薑

棗 栗 榛 柿 瓜

蜩 范 芝栭 蔆 椇

有芼

爵 鷃

胾

庶人耆老不徒食

膾春用蔥秋用

芥豚春用韭秋用蓼脂用蔥膏用薤三

牲用藙和用

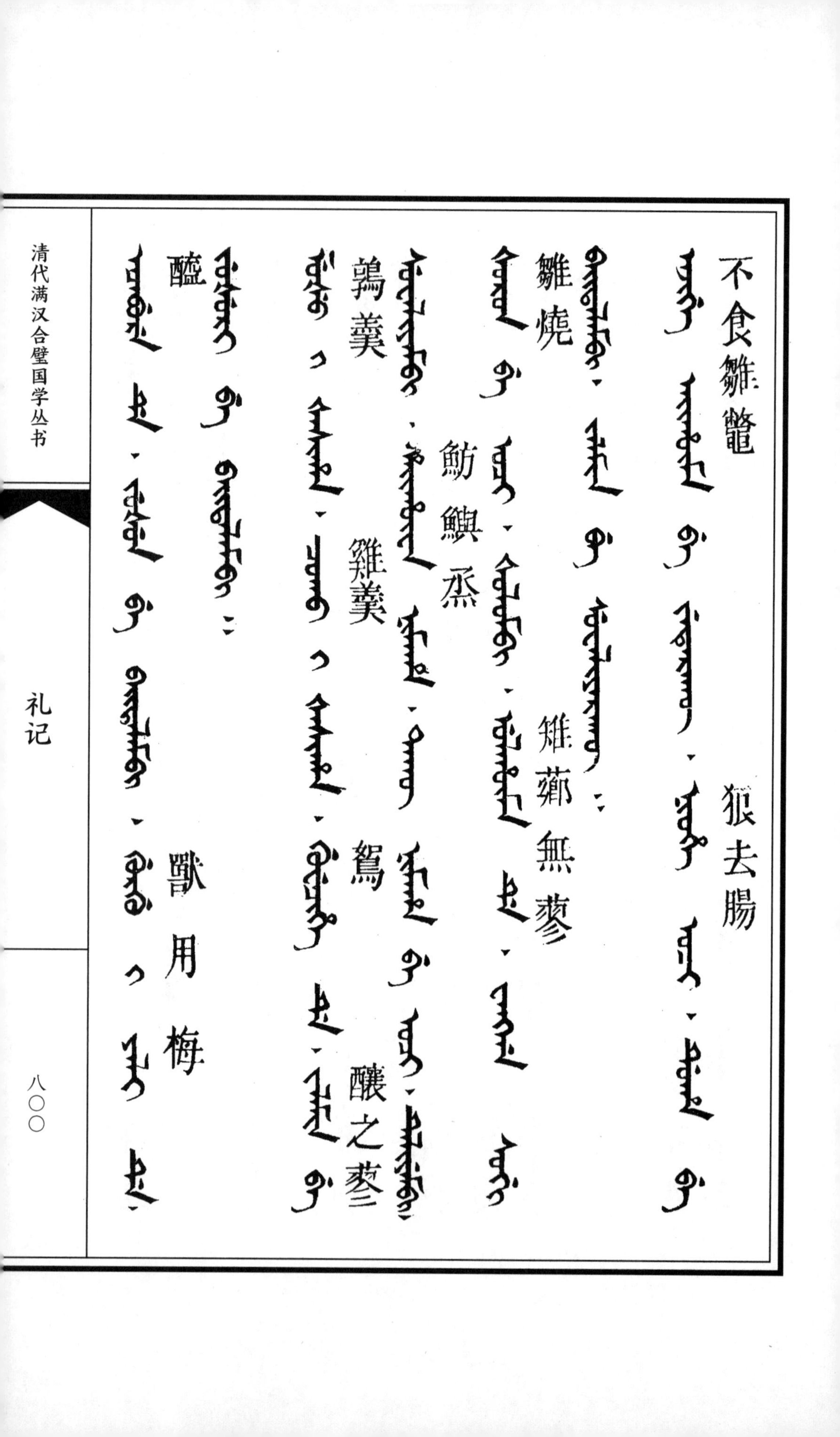

不食雛鼈 狼去腸

雛燒 雉薌無蓼

魴鱮烝

鶉羹 雞羹 鴽 釀之蓼

醢 獸用梅

狗去腎　狸去正脊

兔去尻

狐去首　豚去腦

魚去乙　鼈去

醜

內曰脫之　魚曰作之　棗曰新之

栗曰撰之　桃曰膽之　柤梨

馬黑脊而般臂

豕望視而交睫

腥

色而沙鳴

鬱

臊

鳥皫

毳

羶

狗赤股而躁

牛夜鳴則庮

羊泠毛而

曰攢之

為軒
或曰麋鹿魚為菹
肉腥細者為膾
大者
鴇奥
鹿胃
雞肝
雁腎
舒雁翠
鵠鴞胖
舒鳧翠
雞尾不盈握
弗食
漏
漏作螻

天子之閣
左達五
大夫七十而有閣
大夫無秩膳
羹食
自諸侯以下至於庶人無等
醢以柔之
兔爲宛脾
切蔥若薤
實諸
麋爲辟雞
野豕爲軒

周人修而兼用之

殷人以食禮

夏后氏以饗禮

有虞氏以燕禮

凡養老

三　士於坫一

侯伯於房中五　大夫於閣

右達五　公

凡五十養於鄉

六十養於國

七十養於學

達於諸侯

八十拜

君命

一坐再

至

瞽亦如之

九十者使人受

八十月制

六十歲制

七十時制

膳飲從於遊可也

九十飲食不違寢

八十常珍

七十貳膳

五十異粻

六十宿肉

不煖矣

五十

人不煖

九十雖得人

七十非帛不煖

八十非

六十非肉不飽

死而后制

五十始衰

唯絞紟衾冒

九十日修

日有秩　五十不從力政
八十月告存　九十
七十不俟朝
問焉　則就其室　以珍從
九十者　天子欲有
七十杖於國　八十杖於朝
杖於家　六十杖於鄉

唯衰麻爲喪

七十致政

凡自七十以上

也

六十不親學

五十而爵

八十齊喪之事弗及

服戎

七十不與賓客之事

六十不與

養庶老於下庠

不坐

有虞氏養國老於上庠

凡父母在

子雖老

瞽亦如之

九十者其家不從政

皆引年

八十者一子不從政

凡三王養老

夏后氏養國老
於東序
養庶老於西序
殷人養國老於右學
養庶老於左學
周人養國老於東膠
養庶老於虞庠

周人冕而祭

縞衣而養老

殷人冔而祭

燕衣而養老

夏后氏收而祭

深衣而養老

有虞氏皇而祭

虞庠在國之西郊

玄衣而養老

曾子曰
孝子之養老也

樂其心
不違

其志
樂其耳目

安其寢處
以其飲食

忠養之
孝子之身終

終身也者
非終

凡養老　五帝憲

而況於人乎

亦敬之　至於犬馬盡然

愛亦愛之　父母之所敬

其身也　是故父母之所

父母之身　終

淳熬 煎醢加于陸稻上

皆有惇史

乞言 亦微其禮

三王亦憲 既養老而后

有善則記之爲惇史

養氣體而不乞言

三王有乞言 五帝憲

之　塗之以謹塗（謹讀爲墐）　炮之　塗皆

之　實棗於其腹中　編萑以苴

炮　取豚若將（將讀爲牂）　刲之刳

沃之以膏　曰淳母

淳母　煎醢加于黍食上

沃之以膏　曰淳熬

乾 擘之 濯手以摩之

去其皾爲稻粉

糔溲之以爲酏 以付豚

煎諸膏 膏必滅之 鉅

鑊湯 以小鼎薌脯於其中

使其湯

母滅鼎 三日 三夜母絕火

之

去其皽

柔其

捶反側之

去其餌

孰出

每物與牛若一

必脄

擣珍

取牛羊麋鹿麕之肉

醢

而后調之以醢

肉

漬 取牛肉必新殺者

薄切之 必絶其理

湛諸美酒 期

朝而食之 以醢若醯醷

爲熬 捶之 去其皽

則捶而食之

則釋而煎之以醢

欲乾肉

欲濡肉

施麕皆如牛羊

施羊亦如之

施麋施鹿

灑諸上而鹽之

乾而食之

編萑

布牛肉焉

屑桂與薑以

幪之以其膋

濡炙

肝膋

取狗肝一

煎之

肉一

合以爲餌

小切之

與稻米

稻米二

三如一

糝

取牛羊豕之肉

室 辨外内 男子居外

禮 始於謹夫婦 爲宫

膏 以與稻米爲酏

取稻米 舉糔溲之 小切狼臅

之 舉燋 其膋不蓼

夫不在

斂枕篋簟席

之篋笥

不敢共湢浴

於夫之楎椸

不敢藏於夫

男女不同椸枷

不敢縣

男不入

女不出

固門

閽寺守之

女子居內

深宮

襡器而

藏之

少事長 賤事貴

咸如之

夫婦之禮 唯及七十

同藏無閒 故妾雖老

年未滿五十

必與五日之御 將御

在

妾御莫敢當夕

必後長者

妻不

衣服飲食

雖婢妾

綦屨

拂髦

衿纓

櫛

縰

笄

總角

者

齊漱澣

慎衣服

夫復使人日再問之

而對

至于子生

妻不敢見

使姆衣服

作而自問之

居側室

夫使人日再問之

妻將生子

及月辰

女否

子。

男射

三日始負

女子設帨於門右

子生

男子設弧於門左

之門

夫齊

則不入側室

國君世子生　告于君

接以太牢　宰掌具

三日　卜士負之

吉者宿齊

朝服寢門外

詩負之　射人以桑弧蓬矢六

射天地

則大牢
庶人特豚
凡接子
擇日
冢子
使食子
妻大夫之妾
賜之束帛
卜士之
宰醴負子
四方
保受乃負之

士特豕
大夫
少牢
國君世子大牢
其非冢子
則皆降
一等
異爲孺子室於宮中
擇於諸母與可者
必求其寛裕慈惠

温良恭敬 愼而寡言者

使爲子師

其次爲慈母 其次

爲保母 皆居子室

他人無事 不往

三月之末 擇日翦髮爲鬌

澼

男女夙興

士以下

皆漱

貴人則爲衣服

由命

是日也

妻以子見於父

否則男左女右

男角女羈

某敢用時日祗見孺子

姆先相曰母

當楣立東面

西鄉妻抱子出自房

阼階立於阼

夫入門升自

沐浴衣服具視朔食

夫對曰欽有帥

父執子之右手咳而名之

妻對曰記有成

遂左還授師

子師辨告諸婦諸母名辨讀作徧

妻遂適寢

州史獻諸州伯

諸閭府

其一獻諸州史

閭史書爲二

其一藏

宰告閭史

某年某月某日某生而藏之

男名辨讀作偏

書曰

夫告宰名

宰辨告諸

君名之

世婦抱子升自西階

夫人亦如之

皆立于阼階西鄉

世子生

則君沐浴朝服

如養禮

夫入食

州伯命藏諸州府

大夫士之子 不敢與世子同

不以國 不以隱疾

凡名子 不以日月

無辭

撫其首 咳而名之 禮帥初

適子庶子 見於外寢

乃降

君已食　徹焉　使之特餕

禮之如始入室

漱澣夙齊　見於內寢

子生三月之末

天使人日一問之

妾將生子　及月辰

名

君名之　衆子則使有司名之

君所有賜

見於君　擯者以其子見

三月之末　其母沐浴朝服

公庶子生　就側室

遂入御

庶人無側室者及月辰夫出居羣室其問之也與子見父之禮無以異也

凡父在孫見於祖祖亦名之禮如子見父無辭

食而見
必執其右
旬而見
冢子未
由命士以上
及大夫之子
自養其子
大夫之子
有食母
士之妻
於公宮
則劬
食子者三年而出
見

鞶革

女鞶絲

女俞

男

能言

男唯

子能食食

教以右手

食而見

必循其首

手

適子庶子已

六年教之數與方名

七年男女不同席

不共食

八年出入門戶

及卽席飲食

必後長者

始教之讓

九年教之數日　十年

出就外傅　居宿於外

學書計

衣不帛襦袴　禮帥初

朝夕學幼儀

請肄簡諒

十有三年　學樂　誦詩

博學不教

惇行孝弟

可以衣裘帛

舞大夏

二十而冠

始學禮

舞象

學射御

舞勺

成童

內而不出

三十而有室

始理男事

博學無方

孫友視

志

四十始仕

方物出謀發慮

道合則服

從

不可則去

五十命爲大

夫

服官政

七十致事

凡男拜

尚左手

女子十年不出

姆教婉娩聽

從

執麻

枲

治絲繭

織紝組

紃

學女事以共衣服

觀於祭祀

納酒漿籩豆菹醢

禮相助奠

十有五年而笄

二十而嫁

有故

二十三年而嫁

聘則爲妻

奔則爲妾

凡女拜

尚右手

[illegible] [illegible]

清代满汉合璧国学丛书

礼记

3

吴元丰 主编

辽宁民族出版社

禮記卷之十三

玉藻

天子玉藻十有二旒

前後邃延龍卷卷亦作袞

以祭

玄端而朝日於東門之外端注作冕

聽朔於南門之外閏月

醴　酏

五飲　上水　漿　酒

奏而食　日少牢　朔月大牢

遂以食　日中而餕

皮弁以日視朝

其中

則闔門左扉　立于

皮弁以聽朔於大廟

諸侯玄端以祭

裨冕以朝

乘素車

食無樂

順成

則天子素服

御瞽幾聲之上下

年不

之

言則右史書之

卒食

玄端而居

動則左史書

朝服以日視朝於內朝

朝 辨色始入 君日出而視之

退適路寢聽政 使人

視大夫 大夫退 然後

適小寢 釋服

又朝服以食 特牲三俎

祭肺 夕深衣

弗身踐也踐當為翦

凡有血氣之類

君子遠庖廚

士無故不殺犬豕

大夫無故不殺羊

君無故不殺牛

夫人與君同庖

子卯稷食菜羹

祭牢肉

朔月少牢

五俎四簋

君定體

史定墨

卜人定龜

大夫不得造車馬

土功不興

山澤列而不賦

搢本

關梁不租

年不順成

君衣布

至于八月不雨

君不舉

則必變

雖夜必興

若有疾風迅雷甚雨

君子之居恆當戶

寢恆東首

鹿幦豹犆

朝車

士齊車

大夫齊車

鹿幦豹犆

君羔幦虎犆

出杅

升歌

浴用二巾

上絺下綌

進禨進羞

工乃

髮晞用象櫛

櫛用樿櫛

日五盥

沐稷而靧粱

衣服冠而坐

習容觀玉聲 乃出

書思對命 既服

沐浴 史進象笏

將適公所 宿齊戒 居外寢

乃屨 進飲

履蒲席 衣布晞身

履蒯席 連用湯（連讀爲湅）

無所不讓也

大夫前詘後詘

前詘後直

讓於天子也

也

諸侯荼

天子搢珽

方正於天下

揖私朝煇如也

登車則有光矣

若賜之食而君客之

讀書食則齊　豆去席尺

徒坐不盡席尺

不由前　爲躐席

則必引而去君之黨　登席

侍坐則必退席　不退

則命之祭
然後祭
先飯
辯嘗羞
飲而俟
若有嘗羞者
則俟君之食
然後食
飯
飲而俟
君命之羞
羞近者
命之品嘗之
然後唯所欲
凡嘗遠食
必順近食
君未覆手

偞卑

唯水漿不祭　若祭　爲已

凡侑食不盡食　食於人不飽

徹　執飯與醬　乃出授從者

又飯飧　飯飧者三飯也　君既

不敢飧　君既食

退則坐取屨

斯言闇闇

禮已三爵而油油以退

受一爵而色洒如也

二爵而言言

然後授虛爵

君子之飲酒也

君卒爵

登席祭之

飲卒爵而俟

君若賜之爵

則越席再拜稽首受

隱辟而后屨

坐左納右

坐右納左

凡尊必尚玄酒

唯君面尊

唯饗野人皆酒

大夫側尊用棜

士側尊用禁

諸侯之冠也

玄冠丹組纓

也

緇布冠繢緌

玄冠朱組纓

天子之冠

侯下達

冠而敝之可也

始冠

緇布冠

自諸

諸侯之齊冠也

玄冠綦組纓

士之齊冠也

縞冠玄武

子姓之冠也

縞冠素紕

旣祥之冠也

垂緌五寸

惰游之士也

玄冠縞武

玄冠紫緌
自

大帛不緌

親沒不髦

五十不散送

然後緌

子下達
有事

居冠屬武
自天

不齒之服也

袷二寸
袪尺二寸
長中繼揜尺
回肘
衽當旁
袂可以
深衣三袪
縫齊倍要
朝玄端
夕深衣
魯桓公始也

振絺綌不入公門 振讀為袗

非列采不入公門

衣正色 裳閒色

士不衣織 無君者不貳采

布 非禮也

緣廣寸半 以帛裏

表裘不入公門

襲裘不入公門

纊爲繭　縕爲袍

禪爲絅（禪讀爲單）

帛爲褶（褶讀爲牒）

朝服之以縞也　自季康子始也

君衣狐白裘

錦衣以裼之

大裘非古也

唯君有黼裘以誓省（省當爲獮）

則不充其服焉

曰

國家未道

然後服之

孔子曰

朝服而朝

辛朔

緇衣以裼之
狐裘
黃衣

絞衣以裼之
羔裘豹飾

玄綃衣以裼之
麛裘青豻褎

君子狐青裘豹褎

衣狐白

厭左狼裘
士不

君之右虎裘

充美也 是故尸襲

君在則裼 盡飾也 服之襲也

弔則襲 不盡飾也

不裼 裘之裼也 見美也

犬羊之裘不裼 不文飾也

之服也

以裼之 錦衣狐裘 諸侯

見於天子與射

士竹本象可也

大夫以魚須文竹

諸侯以象

天子以球玉

笏

弗敢充也

執玉龜襲

無事則裼

用笏

造受命於君前

弗有盥矣

凡有指畫於君前

雖有執於朝

免則說之

旣搢必盥

小功不說笏

當事

非禮也

無說笏

入大廟說笏

士練帶率下辟

而素帶終辟（辟讀如紕）　大夫素帶辟垂

其中博三寸　其殺六分而去一

笏度二尺有六寸

畢用也　因飾焉

則書於笏　笏

前後方　大夫前方

天子直　諸侯

士爵韋　圜殺直

韠　君朱　大夫素

縞帶　并紐約用組

居士錦帶　弟子

君朱綠　大夫元華　士緇

大夫大帶四寸　雜帶

二寸

其頸五寸　肩革帶博

上廣一尺　長三尺

韠　下廣二尺

後挫角　士前後正

三命赤韍葱衡

再命赤韍幽衡

一命緼韍幽衡

凡帶有率無箴功

辟二寸

再繚四寸

天子素帶朱裏終辟

王后褘衣（褘讀如翬）　夫人揄狄

（揄讀如搖　狄讀如翟）

三寸　長齊於帶　紳長

制　士三尺　有司二尺有

五寸　子游曰　參分帶下

紳居二焉

奠繭

其他則皆從男子

士祿衣

唯世婦命於

一命襢衣

再命褘衣（褘當為鞠）

君命屈狄

紳韠結三齊

以走　一節以趨

凡君召以三節　二節

聽鄉任左

視下而聽上　視帶以及袷

履齊　頤霤垂拱

凡侍於君　紳垂　足如

則稱謚若字

名士

士於君所言大夫

沒矣

答之拜

則走

士於尊者

先拜進面

士於大夫

不敢拜迎而拜送

在官不俟屨

在外不俟車

古之君子必佩玉　右徵角

教學臨文不諱

凡祭不諱　廟中不諱

於大夫所　有公諱　無私諱

字大夫

士與大夫言　名士

左宫羽

趨以采齊

行以肆夏

周還中規

折還中矩

進則揖之

退則揚之

然後玉鏘鳴也

故君子在車則聞鸞和之聲

行則鳴佩玉

佩玉有衝牙　君子無故

凡帶必有佩玉　唯喪否

佩而爵韠

佩　朝則結佩　齊則綪結

右設佩　居則設

君在不佩玉　左結佩

是以非辟之心　無自入也

玉不去身。君子於玉比德焉。

天子佩白玉而玄組綬，公侯佩山玄玉而朱組綬，大夫佩水蒼玉而純組綬（純當作緇），世子佩瑜玉而綦組綬。

肆束及帶肆讀爲肄

勤者有事則收之

皆朱錦也

錦束髮

錦紳并紐

錦緣

童子之節也

緇布衣

孔子佩象環五寸而綦組綬

士佩瓀玟而縕組綬

侍食於先生異爵者　後祭

南面

見先生　從人而入

無事　則立主人之北

無緦服　聽事不麻

童子不裘不帛　不屨絇

走則擁之

食棗桃李弗致于核瓜祭

婦人不徹

之人一人徹凡燕食

室之人非賓客一人徹壹食

主人自置其醬則客自徹之一

客飧主人辭以疏

先飯客祭主人辭曰不足祭也

孔子食於季氏

不辭 不食肉而飧

者

非君賜不賀

有憂

有慶

火孰者先君子

棄所操

凡食果實者後君子

上環

食中

凡賜君子與小人
不

首據掌致諸地
酒肉之賜弗再拜

弗敢即乘服也
君賜
稽

服以拜賜
君未有命

君賜車馬
乘以拜賜
衣服

皆造於膳宰

大夫不親

於士去葷

於大夫去茢

膳於君

有葷桃茢

士親

皆再拜稽首送之

凡獻於君

大夫使宰

同日

拜 爲君之荅巳也

大夫拜賜而退 士待諾而

退 又拜 弗

荅拜 大夫親賜士 士拜

受 又拜於其室 衣服

弗服以拜 敵者不在

拜於其室

凡於尊者有獻而弗敢以聞

士於大夫不承賀下大夫於上大夫承賀

親在行禮於人稱父人或賜之則稱父拜之

禮不盛服不充故大裘不裼乘路車不式

澤存焉爾

母沒而杯圈不能飲焉

父沒而不能讀父之書

手

此孝子之疏節也

復不過時

親齊

色容不盛

不趨

親老

出不易方

投之

食在口則吐之

走而

父命呼

唯而不諾

手執業則

私事自闑東

公事自闑西

不中門

不履閾

士介拂棖

賓入

大夫中棖與闑之間

介拂闑

君入門

口澤之氣存焉爾

弁行剡剡起屨

端行頤霤如矢

不舉足齊如流席上亦然

手足毋移

圈豚行言豚之循

徐趨皆用是

疾趨則欲發而

繼武

士中武

君與尸行接武

大夫

足容重
手容恭
目容

君子之容舒遲
見所尊者齊遬

朝廷濟濟翔翔
廟中齊齊

凡行容惕惕

蹜蹜如也蹜蹜如也

執龜玉
舉前曳踵

端 口容止 聲容靜 頭容直 氣容肅 立容德 色容莊 坐如尸 燕居告溫溫

凡祭 容貌顏色 如見所祭者

喪容纍纍 色容顛顛

視容瞿瞿梅梅

盛氣顛實揚休 玉色

頭必中 山立 時行

立容辨 卑毋讇 頭

清明

言容詻詻 色容厲肅 視容

言容繭繭 戎容暨暨

小國之君曰孤擯者亦曰孤

其於敵以下曰寡人

諸侯之於天子曰某土之守臣某

其在邊邑曰某屏之臣某

伯曰天子之力臣

天子曰予一人

凡自稱

士曰傳遽之臣　於大夫曰外私

公子曰臣孽

自名　擯者曰寡君之適

擯者曰寡大夫　世子

老　下大夫自名

上大夫曰下臣　擯者曰寡君之

必與公士爲賓也

大夫有所往擯則稱名

公士擯則曰寡大夫寡君之老

大夫私事使私人

諸侯之位　阼階

三公中階之前　北面東上

天子負斧依南鄉而立

昔者周公朝諸侯于明堂之位

明堂位

禮記卷之十四

之東

西面北上

諸伯之國

西階

之西

東面北上

諸子之國

門東

北面東上

諸男之國

門西北面東上

之外

南面東上

五狄之國

北門

西門之外

東面北上

六戎之國

南門之外

北面東上

北上

八蠻之國

九夷之國

東門之外

西面

九采之國

應門之外

北面東上

四塞世告至

此周公明堂之位也

明堂也者

明諸侯之尊卑也

昔殷紂亂天下

脯鬼侯以饗諸侯

是以周公相武王以伐紂

武王崩 成王幼弱

周公踐天子之位以治天下

六年 朝諸侯於明堂

制禮作樂

頒度量

而天下大服

七年致政於成王

成王以周公爲有勳勞於天下

是以封周公於曲阜

地方七百里

革車千乘

命魯公世世祀周公以天子之禮樂

季夏六月以禘禮祀周公於大廟

天子之禮也

祀帝于郊配以后稷

旂十有二旒日月之章

載弧韣

是以魯君孟春乘大路

爵用玉琖仍雕

薦用玉豆雕篹

瓚大圭

灌用玉

鬱尊用黃目

尊用犧象山罍

牲用白牡

皮弁素積

冕而舞大武

朱干玉戚

下管象

升歌清廟

梡嶡

俎用

加以璧散璧角

夫人副禕立于房中

君卷冕立于阼

下也

廟

言廣魯於天

南蠻之樂也

納夷蠻之樂於大

昧

東夷之樂也

任

裼而舞大夏

是故夏礿　秋嘗　冬烝

而天下大服

百官廢職服大刑

命婦贊夫人　各揚其職

薦豆籩　卿大夫贊君

君肉袒迎牲于門　夫人

振木鐸於朝　天子之政也

雉門　天子應門

庫門　天子皋門

大廟　天子明堂

之祭也

而遂大蜡　天子

春社　秋省省讀爲獮

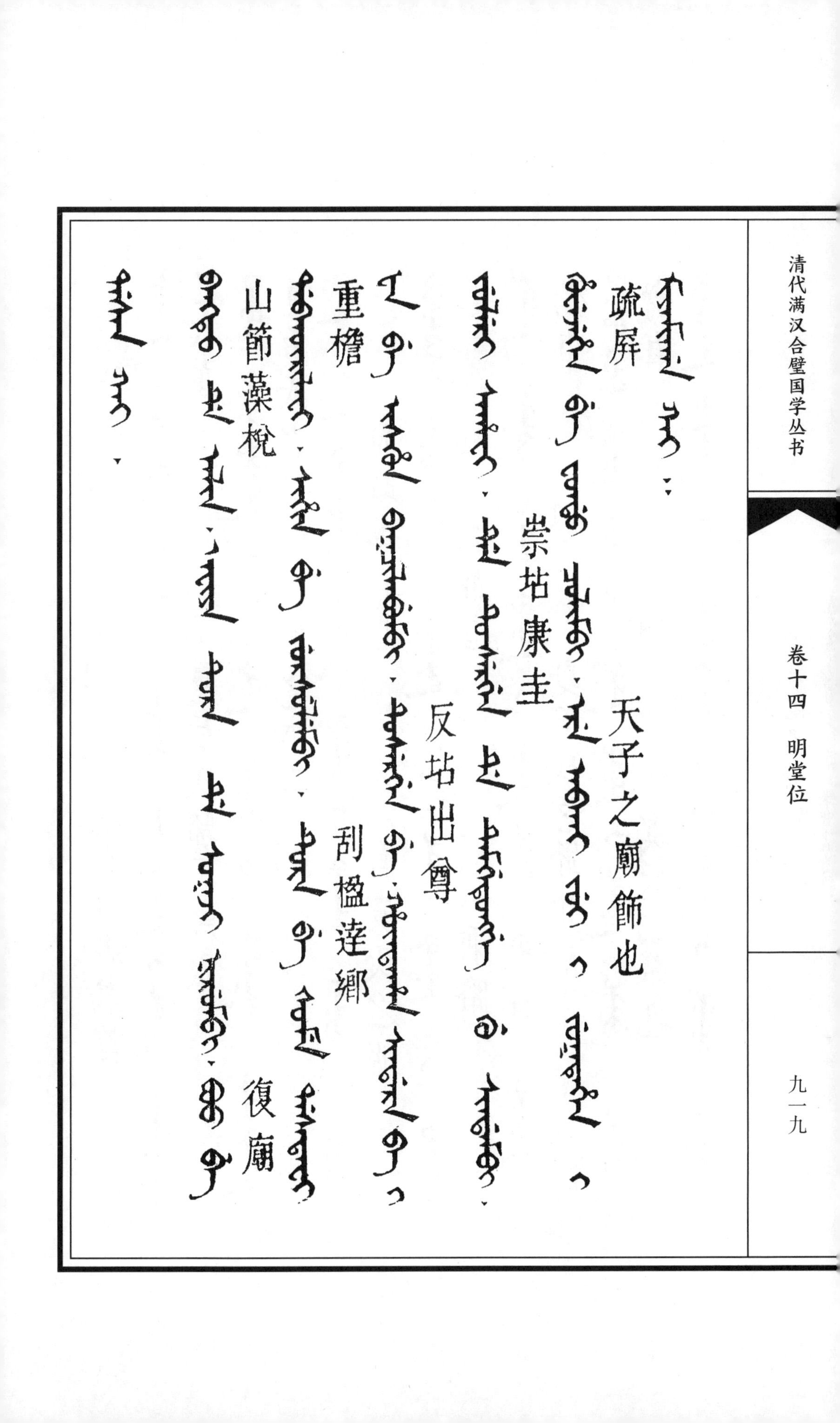

疏屏

天子之廟飾也

崇坫康圭

反坫出尊

重檐

刮楹達鄉

山節藻棁

復廟

殷人白馬黑首

之大赤

夏后氏駱馬黑鬣

夏后氏之綏

殷之大白

周

周路也

有虞氏之旂

殷路也

乘路

鉤車

夏后氏之路也

大路

鸞車

有虞氏之路也

尊也　著　殷尊也

尊也　山罍　夏后氏之

泰　有虞氏之

白牡　周騂剛

夏后氏牲尚黑　殷

周人黃馬蕃鬣

犧象 周尊也

爵 夏后氏以琖 殷

以斝 周以爵

灌尊 夏后氏以雞夷

殷以斝 周

以黃目 其勺

夏后氏以龍勺

魯公之廟　文世室也

四代之樂器也

小瑟

伊耆氏之樂也　拊搏玉磬揩擊大琴大瑟中琴

土鼓蕢桴葦籥

殷以疏勺　周以蒲勺

崇鼎 貫鼎 大璜

周學也

殷學也 頖宫

夏后氏之序也 瞽宗

有虞氏之庠也 序

世室也 米廩

武公之廟 武

夏后氏之龍簨虡

叔之離磬

女媧之笙簧

鼓

垂之和鐘

足

殷楹鼓

周縣

天子之戎器也

夏后氏之鼓

天子之器也

越棘

大弓

封父龜

周以房俎

氏以嶡

殷以椇

俎

有虞氏以梡

夏后

殷之六瑚

周之八簋

有虞氏之兩敦

夏后氏之四璉

璧翣

殷之崇牙

周之

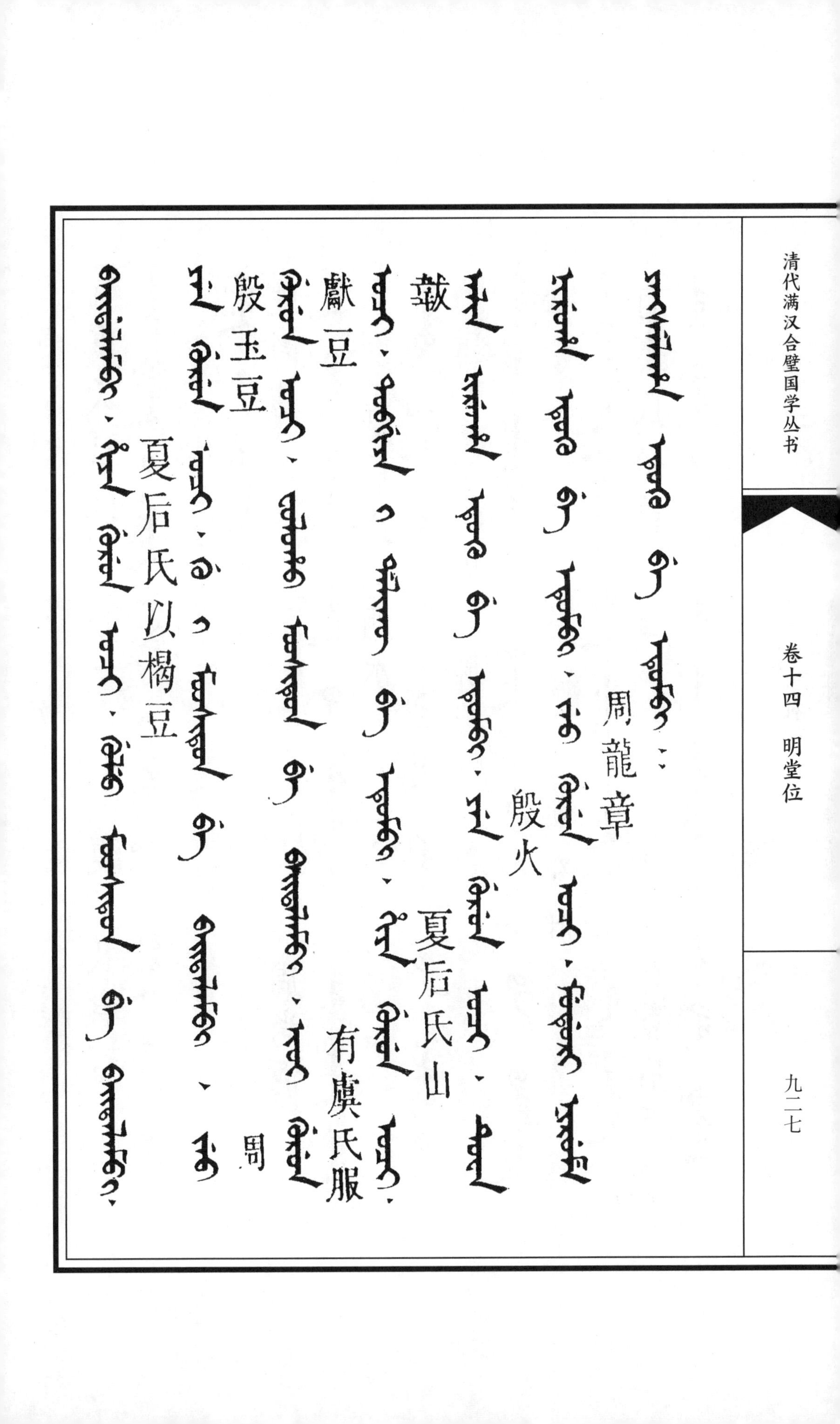

周龍章

殷火

韍

夏后氏山

獻豆

有虞氏服

殷玉豆

周

夏后氏以楬豆

有虞氏官五十

夏后氏官百

殷尚醴

周尚酒

夏后氏尚明水

周祭肺

心

殷祭肝

有虞氏祭首

夏后氏祭

之
是故魯
王禮
凡四代之服器官
魯兼用
周之璧翣
殷之崇牙
夏后氏之綢練
三百
有虞氏之綏
殷二百
周

下資禮樂焉

是故天

天下以爲有道之國

刑法政俗未嘗相變也

禮樂

君臣未嘗相弑也

也

天下傳之久矣

男子免而婦人髽

男子冠而婦人笄

齊衰

帶惡笄以終喪

括髮以麻

免而以布

斬衰

括髮以麻

爲母

喪服小記

禮記卷之十五

爲父母長子稽顙　大夫弔之

祖父卒　而后爲祖母後者三年

苴杖　竹也　削杖　桐也

爲婦人則髽

其義　爲男子則免

親親　以三爲五

爲父後者　爲出母無服

必使異姓

男主必使同姓　女主

與長子稽顙　其餘則否

雖緦必稽顙　婦人爲夫

繼禰者爲小宗

別子爲祖

繼別爲宗

庶子王亦如之

王者禘其祖之所自出

以其祖配之

而立四廟

下殺

旁殺

而親畢矣

以五爲九

上殺

祖與禰故也

庶子不祭殤與無後者

不爲長子斬

不繼

庶子不祭祖者

明其宗也

庶子

敬宗

所以尊祖禰也

尊祖故敬宗

是故祖遷於上

宗易於下

有五世而遷之宗

其繼高祖者也

者 所從雖没也

從服者 所從亡則已 屬從

之有别 人道之大者也

親親 尊尊 長長 男女

明其宗也

從祖祔食 庶子不祭禰者

殤與無後者

子諸侯　其尸服以士服

父為士　子為天子諸侯　則祭以天

其為妻也　與大夫之適子同

世子不降妻之父母

禮　不王不禘

不為女君之子服

服　妾從女君而出　則

則遂之

而反　則期　既練而反

三年　既練而出　則已未練

父母喪　未練而出　則

婦當喪而出　則除之　爲

其尸服以士服

父爲天子諸侯　子爲士　祭以士

三年而后葬者　必再祭　其

不爲除喪也

禮也　期而除喪　道也　祭

三月之喪　一時也　故期而祭

三時也　五月之喪　二時也

二年也　九月七月之喪

再期之喪　三年也　期之喪

士妾有子而爲之緦　無則已

朋友　虞祔而已

三年者　則必爲之再祭

大功者主人之喪　有

祭之間　不同時而除喪

近臣　君服斯服矣

則稅之

降而在緦小功者

而后聞喪　則不稅

爲君之父母妻長子　君已除喪

而父稅喪　已則否

生不及祖父母諸父昆弟

不爲君母之黨服

爲君母後者

君母卒

則

杖不升於堂

虞

杖不入於室

祔

已

雖君未知喪

臣服

其餘從而服

不從而稅

無事不辟廟門 哭皆於

除喪者先重者 易服者易輕者

妾爲君之長子 與女君同

杖大如絰

絰殺五分而去一

斬衰之葛 與齊衰之麻同

如不知姓 則書氏

婦人書姓與伯仲

士 其辭一也 男子稱名

復與書銘 自天子達於

其次

待後事

父母之喪偕

先葬者不虞祔

哭

報葬者報虞（報讀爲赴）

三月而后卒

麻同

麻同皆兼服之

齊衰之葛

與大功之

其妻爲舅姑大功

爲慈母之父母無服

夫爲人後者

降其父

大夫不主士之喪

大夫降其庶子

其孫不

其葬服斬衰

士祔於大夫　則易牲

繼父不同居也者　必嘗同居

皆無主後　同財而祭其

祖禰爲同居

有主後者爲異居

哭朋友者　於門外之右南面

祔葬者不筮宅

士大夫不得祔
於諸侯

祔於諸祖
父之爲士大夫者

其妻
祔於諸祖姑

妾祔
於妾祖姑

亡則中一以上而祔

祔必以
其昭穆

爲慈母後者　爲庶母可也

宗子母在爲妻禫

爲母之君母　母卒則不服

天子諸侯大夫可以祔於士

諸侯不得祔於天子

久而不葬者　唯主喪者不除

以其服服之

筓而不爲殤　爲殤後者

丈夫冠而不爲殤　婦人

慈母與妾母　不世祭也

爲父母妻長子禫

爲祖庶母可也

皆要經杖繩屨

練

筮日筮尸視濯

三月

與大功同者繩屨

箭笄終喪三年

齊衰

則已

其餘以麻終月數者

除喪

有司告具而后去杖

筮日筮尸

有司告事畢而后杖拜送賓

大祥吉服而筮尸

庶子在父之室則爲其母不禫

庶子不以杖即位

父不主庶子之喪
則孫以杖即位
可也
父在
庶子爲妻
以杖即位可也
諸侯弔於異國之臣
則其
君爲主
諸侯弔必皮弁錫衰
所弔雖已葬
主人必免
主人未

妾無妾祖姑者

易牲而祔

易服

養卑者否

則不易已之喪服

養尊者必

非養者入主人之喪

養有疾者不喪服

遂以主其喪

喪服

則君亦不錫衰

主人未除喪

有兄弟自他國至

士攝大夫唯宗子

士不攝大夫

祔則舅主之

虞卒哭

其夫若子主之

於女君可也

婦之喪

則哭於宮而后之墓

爲位而哭

所知之喪

奔兄弟之喪

先之墓而後之家

之而盡納之可也

陳器之道

多陳之而省納之可也

省陳

則主人不免而爲主

婦祔於祖姑

祖姑有三人

則祔於親者

下殤小功

帶澡麻

不絶本

詘而反以報之

與諸侯爲兄弟者服斬

父不爲衆子次於外

婦人不爲主而杖者

也者

喪者不祭故也

爲父後者

爲出母無服

無服

則以大夫牲

妻卒而后夫爲大夫

而祔於其妻

大夫

而祔於其妻

則不易牲

其妻爲大夫而卒

而后其夫不爲

既葬而不報虞

緦小功

虞卒哭則免

則子一人杖

其主喪者不杖

削杖

女子子在室爲父母

姑在爲夫杖

母爲長子

及郊而后免 反哭 君

反哭者皆冠

如不報虞則除之 遠葬者比

報虞卒哭則免

除喪已 及其葬也反服其服

及虞則皆免 爲兄弟旣

則雖主人皆冠

弔雖不當免時也主人必免不散麻雖異國之君免也親者皆免除殤之喪者其祭也必玄除成喪者其祭也朝服縞冠

五哭三袒

成踊

出門哭止

三日而

于東方

絰

即位

袒於堂上

降踊

襲免

奔母之喪

不括髮

袒

降踊

襲絰于東方

奔父之喪

括髮於堂上

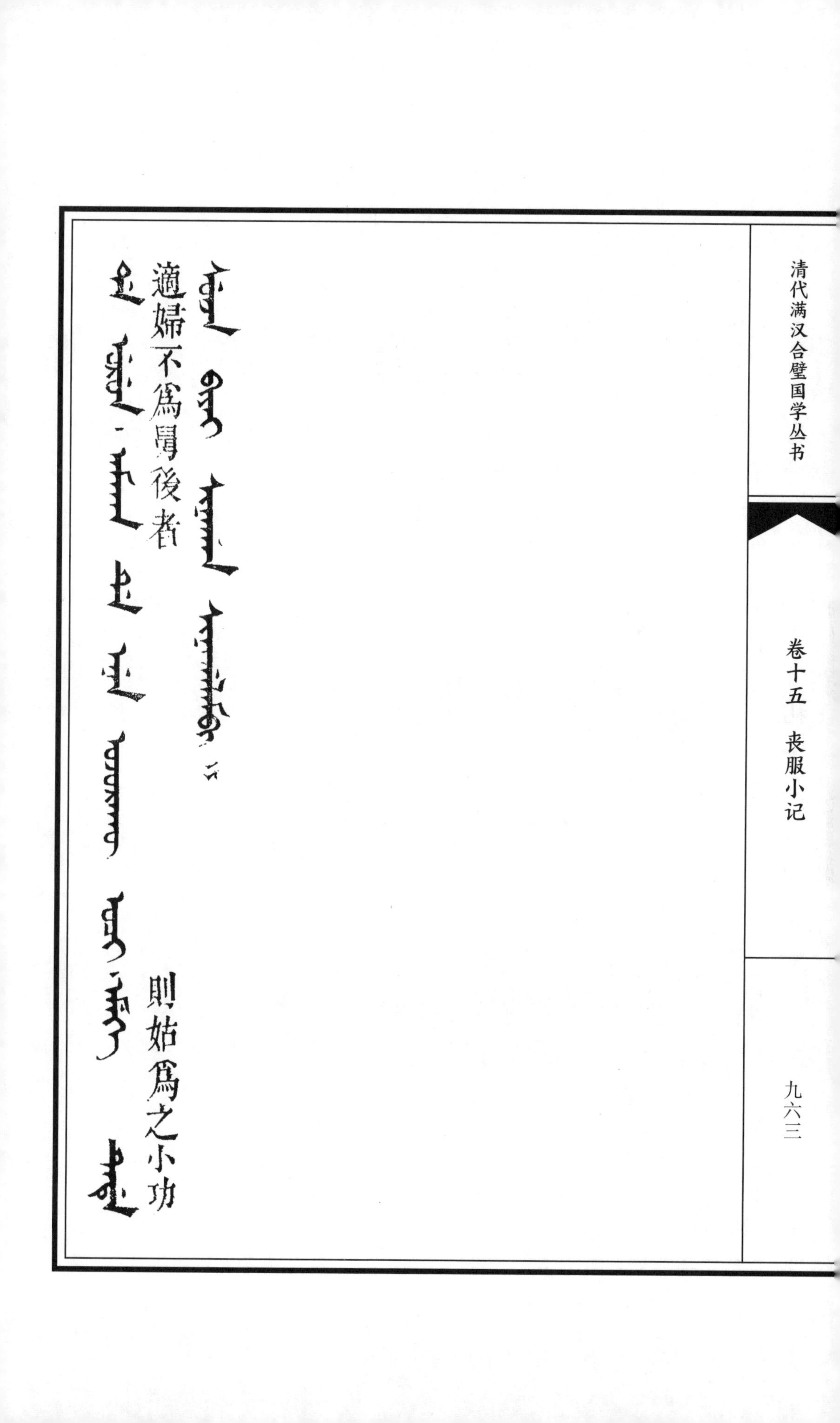

適婦不爲舅後者

則姑爲之小功

禮記卷之十六

大傳

禮

不王不禘

王者禘其祖之

所自出

以其祖配之

諸侯及其大祖

大夫士有大事省

於其君

干祫及

其高祖

牧之野

武王之大事也

既事而退

柴於上帝

祈於社

設奠於牧室

遂率天下諸侯執豆籩

逡奔走

追

合族以食 序以昭繆繆讀穆

親親也 旁治昆弟

下治子孫

上治祖禰 尊尊也

不以卑臨尊也

王大王亶父 王季歷 文王昌

別之以禮義 人道竭矣

聖人南面而聽天下

所且先者五 民不與焉 一曰

治親 二曰報功

三曰舉賢 四曰使能

五曰存愛

五者一得於天下

殊徽號　異器械

改正朔　易服色

立權度量　考文章

必自人道始矣

聖人南面而治天下

一物紕繆　民莫得其死

民無不足　無不贍者　五者

異姓主名治際會

同姓從宗合族屬

民變革者也

男女有別

此其不可得與

親親也

尊尊也

長長也

其不可得變革者則有矣

別衣服

此其所得與民變革者也

四世而緦　服之窮也　五世

可無慎乎

母乎　名者人治之大者也

謂弟之妻婦者　是嫂亦可謂之

其夫屬乎子道者　妻皆婦道也

其夫屬乎父道者　妻皆母道也

名著而男女有別

祖免 殺同姓也 六世

親屬竭矣 其庶姓別於上

而戚單於下 昏姻可以通乎

繫之以姓而弗別 綴之以食而弗

殊 雖百世而昏姻不通者

周道然也

服術有六 一曰親親

二曰尊尊 三曰名

四曰出入 五曰長

幼 六曰從服

從服有六 有屬從

有徒從 有從有服而無

服 有從無服而有服

有從重而輕

其義然也

名曰重

一輕一重

順而下之至于禰

祖

名曰輕

自義率祖

自仁率親

等而上之至于

有從輕而重

繼禰者爲小宗

別子爲祖　繼別爲宗

不繼祖也

庶子不得爲長子三年

庶子不祭　明其宗也

戚戚君　位也

君有合族之道　族人不得以其

敬宗

尊祖之義也

尊祖

故敬宗

繼高祖者

五世則遷者也

宗其

百世不遷者也

別子之後也

宗其繼別子之所自出者（之所自出四字朱子謂衍文）

遷之宗

百世不遷者

有百世不遷之宗

有五世則

絶族無移服　親者屬也

公子之宗道也

宗其士大夫之適者

公子之公　爲其士大夫之庶者

莫之宗者　公子是也　公子有宗道

宗而無小宗者　有無宗亦

有小宗而無大宗者　有大

自仁率親
等而上之至于祖
自義率祖
順而下
之至于禰
是故人道
親親也
親親
故尊祖
尊祖
故敬宗
敬宗

故收族
收族
故宗廟嚴
宗廟嚴
故重社稷
重社稷
故愛百姓
愛百姓
故刑罰中
刑
罰中
故庶民安
庶民安
故財用足
財用足
故百志成
百志成

某固願聞名於將命者

辭曰

聞始見君子者

少儀

也

無數於人斯

此之謂

然後樂

詩云

不顯不承

故禮俗刑

禮俗刑

聽役於司徒
事

適公卿之喪　則曰

適有喪者曰比　童子曰聽

瞽曰聞名

亟見曰朝夕

某固願見　罕見曰聞名

不得階主　適者曰同適敵

親者兄弟不以禭進

敵者曰禭

則曰致廢衣於賈人

臣致禭於君

敵者曰賵從者

則曰致馬資於有司

臣如致金玉貨貝於君

君將適他

臣爲君喪納貨貝於君則曰納甸於有司

賵馬入廟門

賻馬與其幣大白兵車不入廟門

賻者既致命坐委之擯者舉之主人無親

則否

一人而已矣

有尊長在

曰可矣

排闔說屨於戶內者

始入而辭

曰辭矣

即席

性之直者則有之矣

受立授立不坐

受也

拚席不以鬣

汜埽曰埽　埽席前曰拚

於大家　不訾重器

不疑在躬　不度民械　不願

乎

問道藝　曰子習於某乎　子善於某

問品味　曰子亟食於某乎

遇於道　見則面　不請所之

其年　燕見不將命

尊長於已踰等　不敢問

志則否

曰義與志與　義則可問

不貳問　問卜筮

執箕膺擖

不角　不擢馬

勝則洗而以請　容亦如之

侍投則擁矢

坐而將命　侍射則約矢

不畫地　手無容　不翣也　寢則

侍坐弗使　不執琴瑟

喪俟事　不犆弔

請見不請退

朝廷曰退

升

執轡然後步

申之面

拖諸幦

以散綏

負良綏

執君之乘車則坐

僕者右帶劒

事君者量而后入

也

問日之蚤莫　雖請退可

澤劍首　還屨

君子欠伸　運笏

師役曰罷　侍坐於君子

燕遊曰歸

爲人臣下者　有諫而無訕　有亡而無

不戲色

不窺密　不旁狎　不道舊故

然　故上無怨而下遠罪也

爲人從事者亦然

不入而后量　凡乞假於人

工依於法 游於說

士依於德 游於藝

毋循枉 毋測未至

毋拔來 毋報往 毋瀆神

謂之社稷之役

怠則張而相之 廢則埽而更之

疾

頌而無讇 諫而無驕

問國君之子長幼　長則曰

翼匪讀爲騑　鸞和之美　肅肅雍雍

齊齊皇皇　車馬之美　匪匪翼

美　濟濟翔翔　祭祀之美

言語之美　穆穆皇皇　朝廷之美

毋訾衣服成器　毋身質言語

子長幼 長則曰 能耕

未能正於樂人 問士之

幼則曰 能正於樂人

長則曰 能從樂人之事矣

問大夫之子長幼

幼則曰 能御 未能御

能從社稷之事矣

肅拜　爲尸坐則不手拜

婦人吉事　雖有君賜

介者不拜

趨　城上不趨　武車不式

執玉執龜筴不趨　堂上不

負薪

矣　幼則曰　能負薪　未能

之　未嘗不食新

室中堂上無跣　燕則有

入虛如有人　凡祭於

執虛如執盈

取俎進俎不坐

葛絰而麻帶

肅拜　爲喪主則不手拜

僕於君子
君子升下則授綏
始乘則式
君子下行然後還立
乘貳車則式
佐車則否
貳車者諸侯七乘
上大夫五乘
下大夫三乘
有貳車者之乘馬服車不齒

乘壺酒束修一犬

則陳酒執修以將命　亦曰

共以乘壺酒束修一犬賜人若獻人

服劍乘馬費賈

觀君子之衣服

其以鼎肉則執以將命

其禽加於一雙則執一雙以將命委其餘

犬則執緤守犬田犬則授擯者

旣受

乃問犬名牛則執紖

馬則執靮皆右之

啟櫝蓋襲之

執拊　劍則

器則執蓋　弓則以左手屈韣

無以前之　則袒櫜奉胄

甲若有以前之　則執以將命

車則說綏　執以將命

臣則左之

授拊　凡有刺刃者

郤刃授穎　削

其執之皆尚左手　刀

瑟　戈有刃者櫝　筴　籥

茵　席　枕　几　穎　杖　琴

笏　書　脩　苞苴　弓

加夫襓與劍焉

賓客主恭

祭祀主敬

喪事主哀

卒尚右

軍尚左

入後刃

乘兵車

出先刃

以授人

則辟刃

爲口容 客自徹

小飯而亟之 數噍 毋

飯而後已 毋放飯 毋流歠

燕侍食於君子 則先

軍旅思險 隱情以虞

會同主詡

冬右腴　夏右鰭

羞濡魚者進尾

介爵酢爵僎爵皆居右

客爵居左　其飲居右

辭焉則止

其在車

則左執轡

酌尸之僕

如君之僕

詔辭自右

於左

贊幣自左

凡齊

執之以右

居之

祭廡

右受爵

祭左右軌范　乃

飲

凡羞有俎者　則於俎內祭

君子不食圂腴（周禮圂作豢）　小子走而

不趨　舉爵則坐祭立飲

凡洗必盥　牛羊

尊壺者面其鼻

尊者以酌者之左爲上尊

進喙祭耳

則絶其本末

羞首者

有湇者不以齊

爲君子擇葱薤

之肺

離而不提心

凡羞

麕爲辟雞 兔爲宛脾 皆聶而切之

野豕爲軒 皆聶而不切

麋鹿爲菹

牛與羊魚之腥 聶而切之爲膾

爵 不嘗羞

有折俎不坐 未步

飲酒者 禨者 醮者

其未有燭而後至者則以在者告

爲罔

衣服在躬而不知其名

不坐燔亦如之尸則坐

其有折俎者取祭反之

醢以柔之

切葱若薤實之

爲人祭曰致福　爲已祭而致膳於

焉　則辟咡而對

洗盥執食飲者勿氣　有問

不辭　不歌

然後以授人　執燭不讓

爲獻主者執燭抱燋　客作而辭

道瞽亦然　凡飲酒

君子曰膳　祔練曰告

凡膳告於君子　主人

展之　以授使者於阼階之南

南面　再拜稽首送　反命

主人又再拜稽首

其禮　大牢則以牛左肩臂臑折九个

少牢則以

馬不常秣

君子不履絲屨

食器不刻鏤

甲不組縢

國家靡敝

則車不雕幾

特牲則以豕左肩五个

羊左肩七个

禮記卷之十七

學記

發慮憲
求善良
足以謏聞
不足以動衆
就賢體遠
足以動衆
未足以化民
君子如欲化民成
俗
其必由學乎

玉不琢 不成器 人不學
不知道 是故古之王者 建國
君民 教學爲先
兑命曰 念終始典于學
其此之謂乎

雖有嘉肴

弗食不知其旨也

雖有至道

弗學不知其善也

是故學

然後知不足

教

然後知困

知不足

然後能自反也

知困

然後能自強也

故曰

教學相長也

兌命曰

學學半

七學字當作斅 其此之謂乎

古之教者 家有塾 黨有庠

術有序術當作州 國有學

比年入學 中年考校

一年視離經辨志

三年視敬業樂羣

五年視博習親師

七年視論學取友

謂之小成

九年知類通達

強立而不反

謂之大成

夫然後足以化民易俗

近者說服而遠者懷之

此大學之道也

記曰

蛾子時術之

其此之謂乎

大學始教　皮弁祭菜

示敬道也　宵雅肄三

官其始也

入學鼓篋　孫其業也

夏楚二物　收其威也

未卜禘不視學

退息必有居學　不學操縵

大學之教也　時教必有正業

其此之謂乎

凡學　官先事　士先志

不躐等也　此七者教之大倫也　記曰

其心也　幼者聽而弗問　學

游其志也　時觀而弗語　存

不能安弦
不學博依

不能安詩
不學雜服

不能安禮
不興其藝

不能樂學
故君子之於學也

藏焉脩焉息焉游焉
夫然

故安其學而親其師
樂其友

而信其道
是以雖離師輔而

不反也　兌命曰

敬孫務時敏　厥脩乃

來　其此之謂乎

今之教者　呻其佔畢　多其

訊言　及于數進而不顧其安

使人不由其誠

教人不盡其材　其施

之也悖

其求之也佛（佛讀作拂）

夫然

故隱其學而疾其師

苦其難而不知其益也

雖終其業

其去之必速

教之不刑

其此之由乎

大學之法

禁於未發之謂豫

當其可之謂時

不陵節而施之謂孫 相觀

而善之謂摩 此四者

教之所由興也

發然後禁 則扞格而不勝

時過然後學 則勤苦而難成

雜施而不孫 則壞亂而不脩

獨學而無友 則孤陋而寡

強而弗抑　開而弗達

故君子之教喻也　道而弗牽

由廢　然後可以爲人師也

君子既知教之所由興　又知教之所

教之所由廢也

燕辟廢其學　此六者

聞　燕朋逆其師

則寡　或失則易　或失則

人之學也　或失則多　或失

學者有四失　教者必知之

以思　可謂善喻矣

開而弗達則思　和易

道而弗牽則和　强而弗抑則易

約而達　微而臧　罕譬而喻

使人繼其志　其言也

善歌者使人繼其聲　善教者

其失者也

教也者　長善而救

知其心　然後能救其失也

止　此四者心之莫同也

可謂繼志矣

君子知至學之難易而知其美惡

然後能博喻

能博喻

然後能爲師

能爲師

然後能爲長

能爲長

然後能爲君

故師也者

所以學爲君也

是故擇師不可不慎也

記曰 三王四代唯其

師 此之謂乎

凡學之道 嚴師爲難 師嚴

然後道尊 道尊

然後民知敬學 是故君

之所不臣於其臣者二

當其爲尸 則弗臣也 當其

先其易者　後其節目

又從而怨之　善問者如攻堅木

庸之　不善學者師勤而功半

善學者師逸而功倍　又從而

於天子無北面　所以尊師也

爲師　則弗臣也　大學之禮　雖詔

記問之學不足以爲人師必也其

此皆進學之道也

盡其聲不善答問者反此

則大鳴待其從容然後

叩之以小者則小鳴叩之以大者

善待問者如撞鐘

及其久也相說以解不善問者反此

聽語乎　力不能問

然後語之　語之而不知　雖舍之可也

良冶之子　必學爲裘　良

弓之子　必學爲箕　始駕馬者

反之車在馬前　君子察於

此三者　可以有志於學矣

得不親

師無當於五服 五服弗

五官弗得不治

五色弗得不章 學無當於五官

水無當於五色

鼓無當於五聲 五聲弗得不和

古之學者 比物醜類

謂務本

或源也　或委也　此之

皆先河而後海　三王之祭川也

可以有志於本矣

不齊　察於此四者

不器　大信不約　大時

君子曰　大德不官　大道

禮記卷之十八

樂記

凡音之起，由人心生也。人心之動，物使之然也。感於物而動，故形於聲。聲相應，故生變，變成方，謂之音。比音而樂之，及干戚羽

旄　謂之樂

樂者音之所由生也　其本在人心之感於物也

是故其哀心感者　其聲噍以殺

其樂心感者　其聲嘽以緩

其喜心感者　其聲發以散

其怒心感者　其聲粗以厲

其敬心感者
其聲直以廉
其愛心感者
其聲和以柔
六者非性也
感於物而后動
是故先王慎所以感之者
故禮以道其志
樂以和其聲
政以一其行
刑以防其姦
禮樂刑政

其極一也 所以同民心而出治道也

凡音者 生人心者也 情動於中

故形於聲 聲成文 謂

之音 是故治世之音安以樂 其政和

亂世之音怨以怒 其政乖

亡國之音哀以思 其民困 聲

音之道 與政通矣

宮爲君 商爲臣 角爲民 徵爲事

羽爲物 五者不亂 則無怙懘

之音矣

宮亂則荒 其君驕 商亂則陂

其官壞 角亂則憂

其民怨 徵亂則哀

其事勤　羽亂則危

其財匱　五者皆亂　迭相陵

謂之慢　如此　則國之滅亡

無日矣

鄭衛之音　亂世之音也

比於慢矣　桑間濮上之音

亡國之音也　其政散　其民流

是故審聲以知音　審音

衆庶是也　唯君子爲能知樂

禽獸是也　知音而不知樂者

理者也　是故知聲而不知音者

凡音者　生於人心者也　樂者　通倫

誣上行私而不可止也

以知樂　審樂以知政　而治
道備矣　是故不知聲者不可與言音
不知音者不可與言樂
知樂則幾於禮矣　禮樂皆得
謂之有德　德者得也
是故樂之隆　非極音也
食饗之禮　非致味也

將以教民平好惡而反人道

非以極口腹耳目之欲也

有遺味者矣　是故先王之制禮樂也

腥魚　大羹不和

有遺音者矣　大饗之禮　尚玄酒而俎

壹倡而三歎

清廟之瑟　朱絃而疏越

之正也

人生而靜天之性也感於物

而動性之欲也物至知知

然後好惡形焉好惡無節於

內知誘於外不能反躬

天理滅矣夫物之感人無窮

而人之好惡無節則是

物至而人化物也　人化

物也者　滅天理而窮人欲者也

於是有悖逆詐僞之心

有淫泆作亂之事

是故强者脅弱　衆者暴

寡　知者詐愚　勇者

苦怯　疾病不養

所以别男女也

所以和安樂也

昏姻冠笄

所以節喪紀也

鐘鼓干戚

人爲之節

衰麻哭泣

是故先王之制禮樂

道也

老幼孤獨不得其所

此大亂之

射鄉食饗所以正交接也

禮節民心樂和民聲政以行之刑以防之禮樂刑政四達而不悖則王道備矣

樂者爲同禮者爲異同則相親異則相敬

樂勝則流

義以正之　如此則民治行矣

則政均矣　仁以愛之

賢不肖別矣　刑禁暴　爵舉賢

則上下和矣　好惡著　則

則貴賤等矣　樂文同

禮樂之事也　禮義立

禮勝則離　合情飾貌者

樂由中出 禮自外作

樂由中出

故靜 禮自外作故文

大樂必易 大禮必簡

樂至則無怨 禮至

則不爭

揖讓而治天下者

禮樂之謂也 暴民

不作　諸侯賓服　兵革不試

五刑不用　百姓無患

天子不怒　如此則樂達矣

合父子之親　明長幼之序

以敬四海之內　天子

如此則禮行矣

大樂與天地同和　大禮

與天地同節
和故百物不失
節故祀天祭地
明則有禮樂
幽則有鬼神
如此則四海之內
合敬同愛矣
禮者殊事
合敬者也
樂者異文
合愛者也
禮樂之情同

禮之器也　升降上下
簠簋俎豆　制度文章
綴兆舒疾　樂之文也
樂之器也　屈伸俯仰
故鐘鼓管磬　羽籥干戚
事與時竝　名與功偕
故明主以相沿也　故

和故百物皆化　序故

樂者天地之和也　禮者天地之序也

謂也

謂聖　述者之謂明　明聖者述作之

識禮樂之文者能述　作者之

故知禮樂之情者能作

周還裼襲　禮之文也

禮之質也　莊敬恭順

歡愛　樂之官也　中正無邪

論倫無患　樂之情也　欣喜

然後能興禮樂也

過作則暴　明於天地

禮以地制　過制則亂

羣物皆別　樂由天作

禮之制也　若夫禮樂之施於金石

越於聲音　用於宗廟社稷

事乎山川鬼神

則此所與民同也

王者功成作樂　治定制

禮　其功大者　其樂備

其治辨者　其禮具　干戚

禮備而不偏者　其唯大聖

矣　及夫敦樂而無憂

樂極則憂　禮粗則偏

三王異世不相襲禮

帝殊時不相沿樂

而祀　非達禮也　五

之舞　非備樂也　孰亨

率神而從天

仁近於樂 義近於禮 樂者敦和

仁也 秋斂冬藏 義也

而樂興焉 春作夏長

而禮制行矣 流而不息 合同而化

天高地下 萬物散殊

乎

禮者別宜，居鬼而從地。故聖人作樂以應天，制禮以配地。禮樂明備，天地官矣。天尊地卑，君臣定矣。卑高以陳，貴賤位矣。動靜

有常 小大殊矣 方以類

聚 物以羣分 則

性命不同矣 在天成象

在地成形 如此則禮者天地之別

也 地氣上齊

天氣下降 陰陽相摩 天

地相蕩 鼓之以雷霆 奮之以風雨

行乎陰陽而通乎鬼神

窮

及夫禮樂之極乎天而蟠乎地

天地之情也

化不時則不生

男女無辨則亂升

和也

而百化興焉

如此則樂者天地之

動之以四時

煖之以日月

昔者舜作五弦之琴以歌南風

也　故聖人曰禮樂云

也　一動一靜者　天地之間

著不息者天也　著不動者地

著大始而禮居成物

高極遠而測深厚　樂

夔始制樂以賞諸
侯
故天子之爲樂也
以賞諸侯之有德者也
德盛而教尊
五穀時孰
然後賞之以樂
故其
治民勞者
其舞行綴遠
其治民逸者
其舞行綴短

大也　殷周之樂盡矣

備矣　韶　繼也　夏

大章　章之也　咸池

知其行也

知其德　聞其謚

故觀其舞

天地之道　寒暑不時則疾　風雨不節則饑　教者民之寒暑也　教不時則傷世　事者民之風雨也　事不節則無功　然則先王之爲樂也　以法治也　善則行象德矣

夫豢豕爲酒 非以爲禍也

而獄訟益繁 則酒之流生禍也

是故先王因爲酒禮

壹獻之禮 賓主百拜

終日飲酒而不得醉焉 此

先王之所以備酒禍也 故酒食者

所以合歡也 樂者所以象

著其教焉

人深　其移風易俗　故先王

之所樂也　而可以善民心　其感

皆以禮終　樂也者　聖人

有大福　必有禮以樂之　哀樂之分

故先王有大事　必有禮以哀之

德也　禮者所以綴淫也　是

夫民有血氣心知之性

而無哀樂喜怒之常　應感起物而

動　然後心術形焉　是故志

微噍殺之音作而民思憂

嘽諧慢易繁文簡節之音作而民康

樂

粗厲猛起奮末廣賁之音作而民剛毅

廉直勁正莊誠之音作而民肅敬

寬裕肉好順成和動之音作而民慈愛

流辟邪散狄成滌濫之音作而民淫亂

是故先王本之情性

稽之度數

制之禮義

合生

氣之和

道五常之行

使之陽而不散

陰而不密

剛氣

不怒

柔氣不懾

四暢交於中

而發作

於外

皆安其位而不相奪也

其深矣

皆形見於樂　故曰樂觀

使親疏貴賤長幼男女之理

始之序　以象事行

德厚　律小大之稱　比終

廣其節奏　省其文采　以繩

然後立之學等

感條暢之氣　而滅平和之

廣則容姦　狹則思欲

慢易以犯節　流湎以忘本

聲哀而不莊　樂而不安

世亂則禮慝而樂淫　是故其

大　氣衰則生物不遂

土敝則草木不長　水煩則魚鼈不

而萬物之理各以

有應

回邪曲直各歸其分

順氣成象而和樂興焉

倡和

正聲感人而順氣應之

逆氣成象而淫樂興焉

凡姦聲感人而逆氣應之

德

是以君子賤之也

耳目鼻口心知百體　皆

邪辟之氣不設於身體　使

慝禮不接心術　惰慢

亂色不留聰明　淫樂

比類以成其行　姦聲

是故君子反情以和其志

類相動也

由順正以行其義

然後發以聲音 而文以琴瑟

動以干戚 飾以羽旄 從以

簫管 奮至德之光 動四

氣之和 以著萬物之理

是故清明象天 廣大象地

終始象四時

周還象風雨

五色成文而不亂

八風從律而不姦

百度得數而有常

小大相成

終始相生

倡和清濁

迭相爲經

故樂行而倫清

耳目聰明

血氣和平

移風易俗

天下

廣樂以成其教　樂行而民鄉方

君子反情以和其志

以欲忘道　則惑而不樂　是故

以道制欲　則樂而不亂

道　小人樂得其欲

故曰樂者樂也　君子樂得其

皆寧

可以觀德矣

德者性之端也　樂者德之華也　金石絲竹　樂之器也　詩言其志也　歌詠其聲也　舞動其容也　三者本於心　然後樂器從之　是故情深而文明　氣盛而化神　和順積

三步以見方　再始

治其飾　是故先鼓以警戒

樂其象　然後

文采節奏　聲之飾也　君子動其本

樂者心之動也　聲者樂之象也

不可以爲僞

中而英華發外　惟樂

以著往

復亂以飭歸

奮疾而不拔

極幽而不隱

獨樂其志

不厭其道

備舉其道

不私其欲

是故情見而義立

樂終而德尊

君子以好善

小人以聽過

故曰

生民之道　樂爲大焉

樂也者施也　禮也者報也　樂

樂其所自生　而禮反

其所自始　樂章德

禮報情反始也

所謂大輅者　天子之車也　龍旂九旒

禮樂之說　管乎人情矣

之不可易者也　樂統同　禮辨異

樂也者　情之不可變者也　禮也者　理

羊之羣　則所以贈諸侯也

天子之寶龜也　從之以牛

天子之旌也　青黑緣者

窮本知變

樂之情也

著誠去偽

禮之經也

禮樂偩天地之情

達神明之德

降興上下之神

而凝是精粗之體

領父子君臣之節

是故大人舉禮樂

則天

地將爲昭焉

天地訢合陰陽相得

煦嫗覆育萬物

然後草木茂

區萌達

羽翼奮

角觡生

蟄蟲昭蘇

羽者嫗伏

毛者孕鬻

胎生者不殰

而卵生者不殈

則樂之道歸焉耳

樂者

非謂黃鍾大呂弦歌干揚也

樂之末節也

故童者舞之

鋪筵席

陳尊俎

列籩豆

以升降爲禮者

禮之末節也

故有司掌之

樂師辨乎聲詩

故北

面而弦
宗祝辨乎宗廟之禮
故後尸
商祝
辨乎喪禮
故後
主八
是故德成而上
藝成而下
行成而先
事
成而後
是故先王有上有下
有先有後
然後可

曰　今夫古樂　進旅退旅

新樂之如此何也　子夏對

則不知倦　敢問古樂之如彼何也

聽鄭衛之音

聽古樂　則唯恐臥

魏文侯問於子夏曰　吾端冕而

以有制於天下也

和正以廣

弦匏笙簧

會守拊鼓

始奏以文

復亂以武

治亂以相

訊疾以雅

君子於是語

於是道古

修身及家

平均天下

此

古樂之發也

今夫新樂進俯退俯姦聲以濫溺而不止及優侏儒獶雜子女不知父子樂終不可以語不可以道古此新樂之發也

今君之所問者樂也所好者音也夫

紀綱既正

然後聖人作爲父子君臣以爲紀綱

疢不作而無妖祥　此之謂大當

民有德而五穀昌　疾

夫古者天地順而四時當

侯曰　敢問何如　子夏對曰

樂者　與音相近而不同　文

王此大邦

克明克類

克長克君

莫其德音

其德克明

音

德音之謂樂

詩云

弦歌詩頌

此之謂德

然後正六律

和五聲

天下大定

天下大定

子夏對曰　鄭音好濫淫志

敢問溺音何從出也

今君之所好者　其溺音乎　文侯曰

此之謂也

既受帝祉　施于孫子

其德靡悔

克順克俾　俾于文王

宋

音燕女溺志

衛音趨數煩志

齊音敖辟喬志

此四者皆淫於色而害於德

是以祭祀弗用也

此之謂也

民從之詩云　誘民孔易

君好之　則臣爲之　上行之　則

何事不行　爲人君者　謹其所好惡而已矣

雍雍和也　夫敬以和

先祖是聽　夫肅肅敬也

詩云　肅雍和鳴

所以示後世有尊卑長幼之序也

也

所以官序貴賤各得其宜也

所以祭先王之廟也

所以獻酬酳酢

干戚旄狄以舞之

此

然後鐘磬竽瑟以和之

此六者德音之音也

然後聖人作爲鞉鼓椌楬壎篪

君子聽磬聲
則思死封疆之
辨以致死
武臣
石聲磬
磬以立辨
君子聽鐘聲
則思
以立橫
橫以立武
鐘聲鏗
鏗以立號
號

臣

絲聲哀

哀以立廉

廉以立志

君子聽琴瑟之聲

則思志義之臣

竹聲濫

濫以立會

會

以聚衆

君子聽竽笙簫管之聲

則思畜聚之臣

鼓鼙之聲讙

讙以立動

動以進衆

君子聽鼓鼙之聲

則思將帥之臣

君子之聽

音

非聽其鏗鏘而已也

彼亦有所合之也

賓牟賈侍坐於孔子

孔子與之言及

樂

曰 夫武之備戒之已久

何也 對曰 病不得其衆也

咏歎之 淫液之 何也 對曰

恐不逮事也 發揚蹈厲之已蚤

何也 對曰 及時事也

武坐致右憲左

何也 對曰 非

武坐也

聲淫及商　何也　對曰非武音也

子曰　若非武音

則何音也　對曰　有司失其傳也

若非有司失其傳

則武王之志荒矣

子曰　唯　丘之聞諸萇弘　亦若

也　發揚蹈厲　大

武王之事也　總干而山立

何也　子曰　居　吾語女　夫樂者象成者

敢問遲之　遲而又久

之備戒之已久　則既聞命矣

賓牟賈起　免席而請曰　夫武

吾子之言　是也

召公右

六成復綴

五成而分周公左

四成而南國是疆

成而滅商

三成而南

且夫武

始而北出

再

周召之治也

公之志也

武亂皆坐

殷反商

且女獨未聞牧野之語乎

武王克

也

也

久立於綴

以待諸侯之至

分夾而進

事蚤濟

夾振之而駟伐

盛威于中國也

以崇天子

未及下車而封黃帝之後於薊
封帝堯之後於祝
封帝舜之後於陳
下車而封夏后氏之後於杞
投殷之後於宋
封王子比干之墓
釋箕子之囚
使之行商容而復其位
庶民弛政
庶

士倍祿

濟河而西 馬散之華山之陽而

弗復乘 牛散之桃林之

野而弗復服 車甲衅而藏

之府庫而弗復用（衅與釁同） 倒

載干戈 包之以虎皮 將帥

之士 使爲諸侯 名之

曰建櫜（櫜為鞬，讀鍵）然後

天下知武王之不復用兵也

散軍而郊射 左射貍首

右射騶虞

而貫革之

射息也 裨冕搢笏

天子袒而割牲

執醬而饋

食三老五更於大學

五者天下之大教也

耕籍

然後諸侯知所以敬

然後諸侯知所以臣

乎明堂而民知孝

朝覲

而虎賁之士說劍也

祀

執爵而酳
冕而總干
所以教諸侯之弟也
若此
則周道四達
禮樂交
通
則夫武之遲久
不亦宜乎
君子曰
禮樂不可斯須去身
致樂以治心

莊敬則嚴威

心者也 致禮以治躬則莊敬

神則不怒而威 致樂以治

天則不言而信

安則久 久則天 天則神

直子諒之心生則樂 樂則安

則易直子諒之心油然生矣 易

則民瞻其顔色而弗與爭也

順　內和而外順

於外者也　樂極和　禮極

故樂也者動於內者也　禮也者動

而易慢之心入之矣

而鄙詐之心入之矣　外貌斯須不莊不敬

心中斯須不和不樂

望其容貌而民不生易慢焉

故德煇動於內　而民莫不承聽　理發諸外　而民莫不承順　故曰　致禮樂之道　舉而錯之天下無難矣

樂也者動於內者也　禮也者動於外者也

故禮主其減

樂主其盈

禮減而進

以進爲文

樂盈而反

以反爲文

禮減而不進則銷

樂盈而不反則放、

故禮有報而樂有反

禮得其報則樂

樂得其反則安

禮之報

樂之反

其義一也

夫樂者樂也

人情之所不能免也

樂必發於聲音

形於

動靜

人之道也

聲音動靜

性術之變

盡於此矣

故人不耐無樂

足以感動人之善心而已矣

繁瘠廉肉節奏　使其曲直

其文足論而不息

使其聲足樂而不流　使

故制雅頌之聲以道之

不耐無亂　先王恥其亂

樂不耐無形　形而不爲道

不使放心邪氣得接焉

是先王立樂之方也

是故樂在宗廟之中 君

臣上下同聽之 則莫不和敬

在族長鄉里之中 長幼同聽之

則莫不和順 在閨門之內

父子兄弟同聽之 則莫不和親

意得廣焉　執其干戚　習其俯仰

故聽其雅頌之聲　志

先王立樂之方也

附親萬民也　是

文　所以合和父子君臣

比物以飾節　節奏合以成

故樂者　審一以定和

鈇鉞者 先王之所以飾怒也

夫樂者 先王之所以飾喜也 軍旅

之紀 人情之所不能免也

故樂者 天地之命 中和

行列得正焉 進退得齊焉

行其綴兆 要其節奏

詘伸 容貌得莊焉

故先王之喜怒皆得其儕焉

喜則天下和之　怒則暴亂

者畏之　先王之道　禮樂

可謂盛矣

子贛見師乙而問焉　曰賜聞聲歌各

有宜也　如賜者宜何歌

也　師乙曰　乙

賤工也，何足以問所宜？請誦其所聞，而吾子自執焉。寬而靜，柔而正者，宜歌頌；廣大而靜，疏達而信者，宜歌大雅；恭儉而好禮者，宜歌小雅；正直而靜，廉而謙者

宜歌風

肆直而慈愛者

宜歌商

溫良而能斷者

宜歌齊

夫歌者

直已而陳德也

動已而天地應焉

四時和焉

星辰理焉

萬物育焉

臨事而屢斷
勇也

明乎齊之音者
見利而讓

乎商之音者
臨事而屢斷

人識之
故謂之齊
明

齊者
三代之遺聲也
齊

商人識之
故謂之商

故商者
五帝之遺聲也

故歌之爲言也　長言之也　說之　故言

纍纍乎端如貫珠

倨中矩　句中鉤

曲如折　止如槀木

故歌者　上如抗　下如隊

非歌孰能保此

見利而讓　義也　有勇有義

之

言之不足

故長言之

長言之不足

故嗟歎之

嗟歎

之不足

故不知手之舞之足之蹈之

也

子貢問樂

其輤有裧 緇布裳帷

以其綏復

如於道 則升其乘車之左轂

則其復如於其國

諸侯行而死於館

雜記上

禮記卷之十九

车之左轂 以其綏復

大夫士死於道 則升其乘

唯輤爲說於廟門外

遂入適所殯

至於廟門 不毁牆

素錦以爲屋而行

升適所殯

士輤

舉自阼階

入自門

至於阼階下而說車

載以輲車（輲讀爲輇）

大夫以布爲輤而行

至於家而說輤

則其復如於家

如於館死

曰寡君不祿 敢告於執事

君訃於他國之君

曰君之臣某之某死

父母妻長子

曰君之臣某死

凡訃於其君

以爲裳帷

葦席以爲屋

蒲席

訃於他國之君

亦曰某不祿

曰某不祿

訃於士

大夫訃於同國適者（適讀曰敵）

之適子某死

大子之喪

曰寡君

夫人

曰寡小君不祿

使某實

亦曰吾子之外私寡大夫某不祿

使某實

訃於士

曰吾子之外私寡大夫某不祿

訃於適者

曰君之外臣寡大夫某死

士訃於同國大夫

曰某死

訃於士

亦曰某死

訃於他國之君

曰君之外臣某死

訃於大夫

曰吾子之外私某死

訃於士

亦曰吾子之外

如士服

士爲

大夫爲其父母兄弟之未爲大夫者之喪服

士居堊室

大夫居廬

士次於公館

士練而歸

大夫次於公館以終喪

私某死

使其子主之
則其父母弗能主也
士之子爲大夫
父母服大夫服
其位與未爲大夫者齒
大夫之庶子爲大夫
則爲其
如士服
大夫之適子服大夫之服
其父母兄弟之爲大夫者之喪服

如筮則史練冠長衣占者皮弁

因喪屨緇布冠不蕤

有司麻衣布衰布帶

大夫卜宅與葬日

無子則爲之置後

小宗人命龜

大夫之喪　大宗人相

出　乃包奠而讀書

大夫之喪　既薦馬　哭踊

朝服

以筮　占者

下大夫以襢

內子以鞠衣褖衣素沙

夫人稅衣揄

狄狄稅素沙 揄讀如搖狄讀如翟沙通作紗

諸侯以襃衣冕服爵弁服

復

卜人作龜

大夫　附於大夫之昆弟

大夫附於士（附讀爲附）　士不附於

大夫不揄絞屬於池下

復　西上

衣　其餘如士

無昆弟則從其昭穆

雖王父母在亦然

婦附於其夫之所附之妃

無妃則亦從其昭穆之妃

妾附於妾祖姑

無妾祖姑 則亦從其昭穆之

有三年之練冠

待猶君也

君薨　大子號稱子

公子附於公子

女子附於王母則不配

妾

男子附於王父則配

神也

不名

則練冠附

於殤稱陽童某甫

而附兄弟之殤

有父母之喪尚功衰

杖屨不易

則以大功之麻易之

唯

親者終其麻帶絰之日數

疏者與主人皆成之

及主人之未成絰也

絰　未服麻而奔喪

唯以哭對可也　其始麻散帶

凡異居　始聞兄弟之喪

攝女君

則不爲先

則妾爲女君之黨服

女君死

君不撫僕妾

其殯祭不於正室

至於練祥皆使其子主之

主妾之喪則自附

雖疏亦虞之

於墓　凡主兄弟之喪

遇主人於道　則送之

適兄弟之送葬者弗及

見喪者之鄉而哭

聞兄弟之喪　大功以上

女君之黨服

其兄弟之輕喪則弁絰

大夫有私喪之葛　則於

大夫與殯亦弁絰

大夫之哭大夫弁絰

拜　踊

凡喪服未畢　有弔者　則爲位而哭

爲長子杖 則其子不以杖

卽位 爲妻 父

母在 不杖不稽顙 母在 不稽顙

稽顙者其贈也拜

違諸侯之大夫 不反服

違大夫之諸侯

不反服

加灰

朝服十五升去其半而緦

大功以上散帶

緦冠繰纓

小功以下左右縫

三年之練冠亦條屬

喪冠條屬以別吉凶

載粻 有子曰非禮也 喪奠

四面有章 章與障同 置於四隅

遣車視牢具 疏布輤

服 先路與褒衣不以襚

諸侯相襚 以後路與冕

錫也

委武玄縞而后蕤

大白冠

緇布之冠

皆不蕤

皆無等

哀孫

端衰

喪車

祭稱孝子孝孫

喪稱哀子

脯醢而已

大夫冕而祭於公
弁而祭於已
士弁而祭於公
冠而祭於已
士弁而
親迎
然則士弁而祭於
已可也
暢
臼以椈
杵以梧
朼以桑

實見閒而后折入

醴者

稻醴也

甕甒筲衡（衡當爲桁）

士二采

率帶（率與繂同）

諸侯大夫皆五采

刋其柄與末

畢用桑

長三尺

長三尺

或曰五尺

弔之

則主人東面而拜

無柩者不帷

君若載而后

皆辯拜

朝夕哭不帷

小斂

大斂

啓

凡婦人從其夫之爵位

重

既虞而埋之

曾子曰

不襲婦服

爵弁一

玄冕一

端一

皮弁一

素

子羔之襲也

繭衣裳與稅衣纁袡爲一

出待

反而后奠

門右北面而踊

公七踊　大夫五踊　婦人

大夫以下之家也

私館者　自卿

公館者　公宮與公所爲也

私館不復

爲君使而死　公館復

居閒　士三踊　婦人

皆居閒

公襲　卷衣一（卷讀曰袞）　玄端一

朝服一　素積一　纁裳一

爵弁二　玄冕一

襃衣一　朱綠帶　申

加大帶於上

廣尺

長終幅

魯人之贈也

三玄二纁

商祝鋪席

乃斂

公視大斂

公升

小斂環經

公大夫士一也

弔者卽位于門西東面

其介在其東南

北面西上

西於門

主孤西面

相者受命曰

孤某使某請事

客曰

寡君使某如何不淑

子拜稽顙

寡君使某如何不淑

東面致命曰

寡君聞君之喪

弔者升自西階

弔者入

主人升堂西面

出曰

孤某須矣

相者入告

弔者降反位

含者執璧將命曰

寡君使某含相者入告

出曰孤某須矣

含者入升堂致

命子拜稽顙含者坐

委於殯東南

襚者曰寡君使某襚

降自西階以東

升自西階西面坐取璧

宰夫朝服卽喪屨

蒲席降反位

有萆席旣葬

相者入告

出曰　孤某須矣

襚者執冕服

左執領　右執要

入　升堂致命曰　寡君使

某襚　子拜稽

顙　委衣於殯東

子拜稽顙皆如初

自堂受玄端

將命

自西階受朝服

受皮弁服於中庭

將命

子拜稽顙如初

受爵弁服於門內霤

禭者降

相者入告

反命

寡君使某覿

上介覿

執圭將命曰

降自西階

其舉亦西面

宰夫五人舉以東

襚者降

出

反位

莘舉以東

坐委於殯東南隅

子拜稽顙

客使自下由路西

執圭將命

黃大路於中庭

北輈

孤某須矣

陳乘

反位于門外

降自西階

賵者出

升自西階

西面坐取之

宰夫舉襚

而坐委之

宰舉璧與圭

子拜稽顙

西面

凡將命

鄉殯將命

上客臨曰

寡君有宗廟之事

不得承事

使一介老某相執綍

相者反命曰

孤某須矣

臨者入門右

介者

皆從之

立於其左東上

宗人納賓

升受命于君

降曰

孤敢辭

吾子之辱

請吾子

之復位

客對曰

寡君命某毋

敢視賓客

敢辭

宗人反命曰

孤敢固辭吾子之

請吾子之復位

客對曰

固辭吾子之辱

孤敢

宗人反命曰

敢固辭

命某毋敢視賓客

請吾子之復位

客對曰

寡君

辱之辱

孤降自阼階拜之

介立于其左東上

客立於門西

敢不敬從

是以敢固辭

固辭不獲命

寡君命使臣某毋敢視賓客

臣鋪席

商祝鋪絞紟衾

上

外宗房中南面

其國有君喪

不敢受弔

送于門外

拜稽顙

踴三拾讀爲涉

客出

升

哭

與客拾

其終夜燎

及乘人

士喪有與天子同者三

坐馮之

興踊

子馮之踊

夫人東面

卒斂

宰告

于盤北

舉遷尸于斂上

士盥

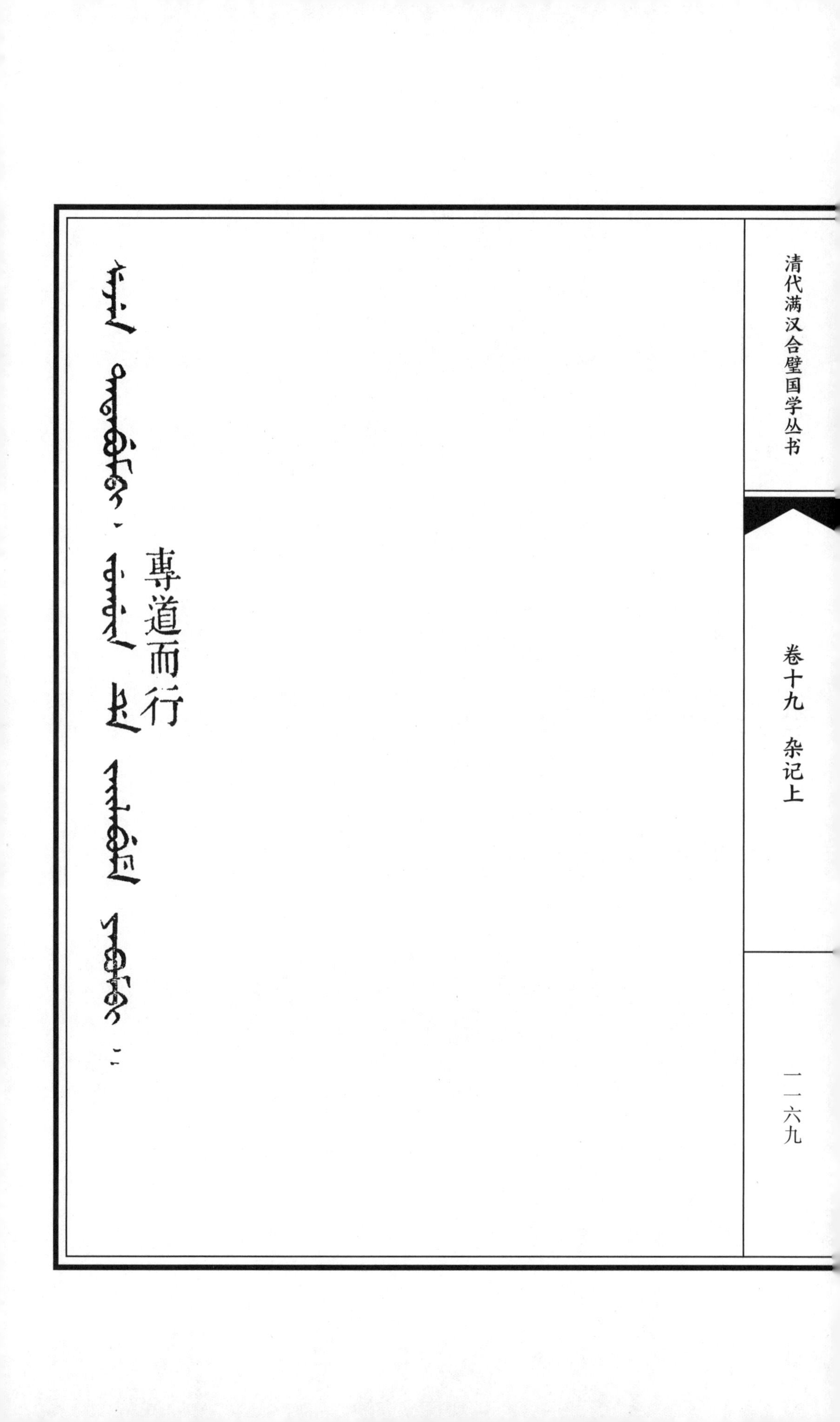

專道而行

雖諸父昆弟之喪

服

除服　卒事　反喪

其除父之喪也　服其

有父之喪　如未沒喪而母死

雜記下

禮記卷之二十

祥皆行

如三年之喪 則既穎 其練

服

喪之服 卒事 反喪

父昆弟之喪也 皆服其除

如當父母之喪 其除諸

即位　如始即位之禮

室　入奠　卒奠　出改服

有殯　聞外喪　哭之他

猶是附於王父也

王父死　未練祥而孫又死

如諸父昆弟姑姊妹之喪

則使人告　告者反而后哭

如未覜濯

門外　哭而歸　其它如奔喪之禮

也　次於異宮　既祭　釋服　出公

父母死　則猶是與祭

大夫士將與祭於公　既覜濯而

則既宿則與祭
卒事
出公門
釋服而后歸
其他如奔喪之禮
如同宮則次于異宮
曾子問曰卿大夫將爲尸於公
受宿矣而有齊衰內喪
則如之何
孔

既殯而祭

如同宮

父母之喪

將祭而昆弟死

必有前驅

尸必式

卿大夫士皆下之

禮也

孔子曰

尸弁冕而出

子曰出舍乎公宮以待事

主人之酢也嚌之

自諸侯達諸士

小祥之祭

雖虞附亦然

執事者亦散等

祭

主人之升降散等

則雖臣妾

葬而后祭

哀次之

瘠爲下

子貢問喪

子曰

敬爲上

薦而不食

凡侍祭喪者

告賓祭

啐之

衆賓兄弟皆飲之可也

大祥

主人

衆賓兄弟則皆啐之

孔子曰 少連大連善居喪 三

君子不奪人之喪 亦不可奪喪也

則存乎書策矣

子曰 兄弟之喪

請問兄弟之喪

顏色稱其情 戚容稱其服

不廬　廬　嚴者也

疏衰皆居堊室

非時見乎母也　不入門

堊室之中　不與人坐焉　在堊室之中

三年之喪　言而不語　對而不問　廬

三年憂　東夷之子也

日不怠　三月不解　期悲哀

視君之母與君之妻比之

親喪外除兄弟之喪內除

長中下殤視成人

姊妹視兄弟

妻視叔父母姑

如此而后可以服三年之喪

戚容
必有以異於人也

弔死而問疾
顔色

見似目瞿
聞名心瞿

免喪之外
行於道路

食也

兄弟
發諸顔色者亦不飲

縞　然後反服

子游曰　既祥　雖不當縞者必

服

朝服　祥因其故

祥　主人之除也　於夕爲期

其餘則直道而行之是也

成事附皆大牢

上大夫之虞也少牢　卒哭

成踊

襲而后拜之　不改

乃襲　於士　既事成踊

絶踊而拜之　反改成踊

當袒　大夫至　雖當踊

下大夫之虞也犆牲

卒哭成事附皆少牢

祝稱卜葬虞

子孫曰哀

夫曰乃

兄弟曰某

卜葬其兄弟曰

以飯

公羊賈爲之也

於是有爵而后杖也

鑿巾

見輪人以其杖關轂而輠輪者

古者貴賤皆杖

叔孫武叔朝

伯子某

君子既食則裹其餘乎　曾子

猶既食而裹其餘與

或問於曾子曰　夫既遣而包其餘

是以襲而后設冒也

自襲以至小斂　不設冒則形

冒者何也　所以揜形也

三年之喪　以其喪拜　非三

非爲人喪　問與賜與

乎

所以爲哀也　子不見大饗

父母而賓客之

既饗　卷三牲之俎歸于賓館

曰　吾子不見大饗乎　夫大饗

受也
從父昆弟以下
人
人遺之
雖酒肉
受而薦之
喪者不遺
而受之
如君命則不敢辭
則受之必三辭
主人衰絰
三年之喪
如或遺之酒肉
年之喪
以吉拜

如有服而將往哭之　則服其

自諸侯達諸士

三年之喪　雖功衰不弔

期之喪如剡

縣子曰　三年之喪如斬

既卒哭　遣人可也

弔於鄉人　哭而退　不聽事焉

不聽事焉　期之喪　未葬

大功　弔哭而退

練則弔　既葬

祥　十五月而禫

十三月而

服而往　期之喪　十一月而練

朋友虞附而退

而退

相見也反哭而退

也哀次而退

相問也既封

相趨也出宮而退

相揖

執事不與於禮

執事

小功緦

功衰

弔

待事不

弔非從主人也

四十者執紼

鄉人五十者從反哭

四十者待盈坎

喪食雖惡必充飢

飢而廢事

非禮也

飽而

忘哀 亦非禮也 視不明

聽不聰 行不正

不知哀 君子病之

故有疾飲酒食肉

五十不致毀 六十不毀

七十飲酒食肉

皆爲疑死

孔子曰　身有瘍則浴　首有創則沐

可也

飲水漿　無鹽酪　不能食食　鹽酪

功衰　食菜果

其黨也食之　非其黨弗食也

適人　人食之

有服　人召之食　不往　大功以下既葬

練祥無沐浴

凡喪

小功以上

非虞附

堩

非從柩與反哭

無免於

君子謂之無子

君子弗爲也

毀而死

病則飲酒食肉

毀瘠爲病

三年之喪　祥而從政

不辟涕泣而見人

大功不以執摯　摯與贄同　唯父母之喪

請見人可也

之則見　不請見人　小功

疏衰之喪　既葬　人請見

何常聲之有

曰

中路嬰兒失其母焉

曾申問於曾子曰

哭父母有常聲乎

小功緦之喪

既殯而從政

九月之喪

既葬而從政

期之喪

卒哭而從政

以喪冠者雖三年之喪可也

不舉諸其側與從祖昆弟同名則諱

宮中諱妻之諱

子與父同諱母之諱

世父叔父姑姊妹

卒哭而諱王父母兄弟

小功 既卒哭

可以嫁子 可以取婦 已雖

可以冠子

可以嫁子 父小功之末

大功之末 可以冠子

踊三者三 乃出

既冠於次 入哭

妻有服 不舉樂於其側

母有服 聲聞焉不舉樂

父有服 宮中子不與於樂

凡弁經 其衰侈袂

可

可以冠取妻 下殤之小功則不

妻之黨雖親弗主

使夫之族人主喪

其夫死而夫黨無兄弟

姑姊妹

不絶樂

小功至

辟琴瑟

大功將至

夫若無族矣，則前後家東西家；無有，則里尹主之。或曰：主之而附於夫之黨。

麻者不紳，執玉不麻，麻不加於采。

國禁哭則止
朝夕之
奠
即位自因也
童子哭不偯
不踊不杖不菲
不廬
孔子曰
伯母叔母疏衰
踊不絶地
姑姊妹之大功
踊絶於地
如知此者

由文矣哉　由文矣哉

泄柳之母死　相者由左

泄柳死　其徒由右相

由右相　泄柳之徒爲之也

天子飯九貝　諸侯七　大夫五

諸侯使人弔　其次

大夫五　諸侯七

七月而卒哭　士三虞

諸侯五月而葬

大夫三月而葬　五月而卒哭

月而葬　是月也卒哭

士三　士三

哭不舉樂　爲士　比殯不舉樂

大夫比葬不食肉　比卒

士壹問之　君於卿

卿大夫疾　君問之無算

如此也

皆同日而畢事者也　其次

含襚賵臨

大夫之喪

其升正柩也

匠人執羽葆御柩

左八人

右八人

司馬執鐸

四綍皆銜枚

升正柩

諸侯執綍五百人

夫也而難爲上也 晏

藻棁 賢大

旅樹而反坫 山節而

孔子曰 管仲鏤簋而朱紘

御柩以茅

執鐸者左右各四人

執引者三百人

平仲祀其先人豚肩不揜豆賢大夫也而難爲下也君子上不僭上下不偪下

婦人非三年之喪不踰封而弔如三年之喪則君夫人歸夫人其歸也以諸侯之弔禮

嫂不撫叔　叔不撫嫂

其他如奔喪禮然

闈門　升自側階　君在阼

諸侯然　夫人至　入自

其待之也若待

君子有三患　末之聞
患弗得聞也　既聞之　患弗得學也
既學之　患弗能行也　君子有五
恥　居其位　無其言
君子恥之　有其言　無其
行　君子恥之　既得之而又
失之　君子恥之　地有餘而民不足

士喪禮於是乎書

禮

恤由之喪　哀公使孺悲之孔子學士喪

下牲

孔子曰　凶年則乘駑馬　祀以

君子恥之

君子恥之　衆寡均而倍焉

子貢觀於蜡

孔子曰

賜也樂乎

對曰一國之人皆若狂

賜未知其樂也

子曰

百日之蜡

一日之澤

非爾所知也

張而不弛

文武弗能也

弛而不張

文武弗爲也

一張一弛　文武之道也

孟獻子曰　正月日至　可以有事於上帝　七月日至　可以有事於祖　七月而禘　獻子爲之也

夫人之不命於天子　門

魯昭公始也

外宗爲君夫人猶內宗也

廄焚孔子拜鄉人爲火來者拜之

士壹大夫再亦相弔之道也

也

自管仲始也　有君命焉爾

宦於大夫者之爲之服也

管仲死　桓公使爲之服

其所與遊辟也　可人也

二人焉　上以爲公臣　曰

孔子曰　管仲遇盜　取

圭　公九寸

贊大行曰

也

內亂不與焉　外患弗辟

與君之諱同　則稱字

過而舉君之諱　則起

對曰 文公之下執事也

哀公問子羔曰 子之食奚當

等

玉也 藻三采六

剡上左右各寸半

寸 博三寸 厚半寸

侯伯七寸 子男五

成廟則釁之其禮祝宗人宰夫雍人皆爵弁純衣雍人拭羊宗人祝之宰夫北面于碑南東上雍人舉羊

升屋自中

中屋南面刲羊

血流于前

乃降

門夾室皆用雞

先門而後夾室

其衈皆於屋下

割雞

門當門

夾室中室

有司

皆鄉室而立門則有司當門北面旣事宗人告事畢乃皆退反命於君曰釁某廟事畢反命於寢君南鄉於門內朝服旣反命

人入 使者將命曰 寡君不

以夫人之禮行 至 以夫

諸侯出夫人 夫人比至于其國

其名者成 則釁之以豭豚

也 凡宗廟之器

釁 釁屋者 交神明之道

乃退 路寢成 則考之而不

陳器皿

主人有司亦

命

有司官

寡君敢不敬須以俟

對曰

寡君固前辭不教矣

主人

使使臣某敢告於執事

敏

不能從而事社稷宗廟

須以俟命　使者

肖　不敢辟誅　敢不敬

主人對曰　某之子不

使某也敢告於侍者

某不敏　不能從而共粢盛

妻出　夫使人致之曰

官受之

孔子曰　吾食於少施氏而飽

如姑姊妹亦皆稱之

之辭曰　某之子不肖

無兄則稱夫　主人

舅　舅沒則稱兄

退　主人拜送之　如舅在則稱

婦見舅姑 兄弟姑姊妹皆

兩五尋

納幣一束 束五兩

吾子

吾飱 作而辭曰疏食也 不敢以傷

祭 作而辭曰疏食 不足祭也

少施氏食我以禮 吾

立於堂下西面北

上是見已

見諸父各就其寢

女雖未許嫁年

二十而笄禮之

婦人執其禮燕則鬈首

紃以五采

不至下五寸

純以素

去上五寸

紕以爵韋六寸

上廣一尺

會

韠

長三尺

下廣二尺

衣　加新衣　體一人

廢牀　徹褻

寢東首於北牖下

君大夫徹縣　士去琴瑟

疾病　外內皆埽

喪大記

禮記卷之二十一

寢　士　士之妻　皆

死於下室　遷尸于

卒於適寢　內子未命則

君夫人卒於路寢　大夫世婦

婦人不死於男子之手

絕氣　男子不死於婦人之手

男女改服　屬纊以俟

死于寢

復 有林麓則虞人設階 無林麓則狄人設階

小臣復 復者朝服

君以卷 夫人以屈狄 大夫以玄赪 世婦以

襢衣

士以爵弁

士妻以稅衣

皆升自東榮

中屋履危

北面三號

捲衣投于前

司服受之

降自西北榮

其爲賓

則公館復

婦人稱字　唯哭先復

凡復男子稱名

不以斂　婦人復不以袡

復衣不以衣尸

則升其乘車之左轂而復

私館不復　其在野

有司庶士哭于堂下

卿大夫父兄子姓立于東方

既正尸 子坐于東方

婦人哭 踊

姑卒 主人啼 兄弟哭

復而後行死事

北面　夫人坐于西方　內命婦姑姊妹

子姓立于西方

外命婦率外宗哭于堂上

北面

大夫之喪　主人坐于東方　主婦

坐于西方　其有命夫命婦則坐

無則皆立　士之喪

爲君命出　士之喪　於大

出　大夫之喪未小斂

君之喪　未小斂　爲寄公國賓

主人二手承衾而哭

凡哭尸于室者

主婦姑姊妹子姓皆坐于西方

主人父兄子姓皆坐于東方

士於大夫親弔　則與之哭

命　主人拜于下

命迎于寢門外　使者升堂致

國賓于位　大夫於君

降自西階　君拜寄公

凡主人之出也　徒跣扱衽拊心

夫不當斂　則出

主人馮之踊 主婦亦如之

主婦東面 乃斂 卒斂

小斂 主人即位于戶內

則爲命婦出

人之命出 士妻不當斂

夫人爲寄公夫人出 命婦爲夫

不逆於門外

主人袒
說髦
括髮以麻
婦人髽帶麻于房中
徹帷
男女奉尸夷
于堂
降拜
君拜寄公國賓
大夫
士拜卿大夫於位
於士旁
三拜
夫人亦拜寄公夫人於

加武帶經　與主人拾踊

弔者襲裘

母之喪　卽位而免　乃奠

主人卽位　襲帶經　踊

于堂上

特拜命婦　氾拜衆賓

堂上　大夫內子士妻

君喪　虞人出木角　狄人
出壺　雍人出鼎　司馬縣
之　乃官代哭　大夫
官代哭　不縣壺
士代哭不以官　君堂
上二燭　下二燭　大夫堂上
一燭　下二燭　士堂上一燭

下堂不哭　男子

婦人迎客送客不下堂

由外來者在西方　諸婦南鄉

哭尸于堂上　主人在東方

賓出　徹帷

下一燭

爵者人爲之拜　在竟內則俟之

爲後者不在　則有爵者辭　無

㓜　則以衰抱之　人爲之拜

拜男賓于阼階下　子

其無男主　則女主

其無女主　則男主拜女賓于寢門內

出寢門外　見人不哭

寢門之內輯之　夫人世婦在其次則杖

子大夫寢門之外杖

五日既殯　授大夫世婦杖

君之喪　三日　子夫人杖

喪有無後　無無主

在竟外則殯葬可也

主人主婦室老皆杖　大夫有

大夫之喪　三日之朝既殯

杖　於大夫所則杖

則去杖　大夫於君所則輯

之命則輯杖　聽卜有事於尸

子有王命則去杖　國君

卽位則使人執之

命夫人之命如大夫　於大夫

主人杖　婦人皆杖　於君

七之喪　二日而殯　三日之朝

爲世婦之命授人杖

內子爲夫人之命去杖

君命則去杖　大夫之命則輯杖

造冰焉　士併瓦盤無冰

君設大盤造冰焉　大夫設夷盤

之於隱者

則輯杖　棄杖者　斷而棄

大夫士哭殯則杖　哭柩

子皆杖　不以即位

世婦之命如大夫

設牀襢第有枕

含一牀

襲一牀

遷尸於堂又一牀

皆有枕席

君大夫士一也

始死

遷尸于牀

幠用斂

衾

去死衣

御者二人浴　浴水用盆

御者入浴　小臣四人抗衾

不升堂　授御者

管人汲　不說繘屈之　盡階

士一也

綴足用燕几　君大夫

小臣楔齒用角柶

差沐于堂上　君沐粱

管人汲授御者　御者

之喪　則內御者抗衾而浴

浴餘水棄于坎　其母

如它日　小臣爪足

浴用絺巾　挋用浴衣

沃水用枓

乃沐　沐用瓦盤

管人授御者沐

之西北厞薪用爨之

乃煮之　甸人取所徹廟

陶人出重鬲　管人受沐

甸人爲垼于西牆下

大夫浴稷　士沐粱

莫一溢米　食之無算　士疏食

納財　朝一溢米

子大夫公子衆士食粥

君之喪　子大夫公子衆士皆三日不食

坎

爪手翦須（須與鬚同）　濡濯棄于

抿用巾　如它日　小臣

水飲　食之無算　夫人世婦

諸妻　皆疏食水飲　食之無

算

大夫之喪　主人室老子姓皆食粥

眾士疏食水飲

妻妾疏食水飲

士亦如

之

肉者先食乾肉　始飲酒者先飲

食菜以醯醬　始食

食於簋者盥

而食肉　食粥於盛不盥

一也　練而食菜果　祥

不食菜果　婦人亦如之　君大夫士

既葬　主人疏食水飲

醴酒

期之喪 三不食 食蔬食水飲

不食菜果 三

月既葬 食肉飲酒 期終

喪不食肉不飲酒 父在爲

母爲妻 九月之

喪 食飲猶期之喪也 食肉飲

有疾　食肉飲酒可也　五十不能食粥　羹之以菜可也

宗子　食肉飲酒

酒　不與人樂之　叔母世母故主

不食可也　比葬　食肉飲

五月三月之喪　壹不食　再

酒　不與人樂之

君以簟席　大夫以蒲席

小斂於戶內　大斂於阼

醴　則辭

友食之則食之矣　不辟粱肉　若有酒

既葬　若君食之則食之　大夫父之

成喪　七十唯衰麻在身

小斂

布紟

縮者一

横者三

君錦衾

大夫縞

衾

士緇衾

皆一

衣十有九稱

君陳衣于序東

大夫士陳衣于房中

皆西領北上

士以葦席

大夫陳衣于序東五十

稱

北領西上

君陳衣于庭百

君大夫士一也

橫者五

布紟　二衾

大斂

布絞　縮者三

絞紟不在列

小斂之衣 祭服不倒 君無襚

不辟 辟讀曰擘 紟五幅 無紞

絞 一幅爲三

絞紟如朝服

稱

西領南上

士陳衣于序東三十

稱

西領南上

大夫士猶小斂也

君褶衣褶衾

大斂

君大夫士祭服無算

君大夫士皆用複衣複衾

受之不以即陳

小斂

之祭服

親戚之衣

大夫士畢主人

凡斂者袒 遷尸者襲

凡陳衣不詘 非列采不入 絺綌紵不入

凡陳衣者實之篋 取衣者亦以篋 升降者自西階

袍必有表 不禪 衣必有裳 謂之一稱

皆左衽　結絞不紐

小斂大斂　祭服不倒

侍　士是斂

衆胥是斂　士之喪　胥爲

大夫之喪　大胥侍之

君之喪　大胥是斂　衆胥佐之

綴旁五

大夫玄冒黼殺

綴旁七

君錦冒黼殺

凡斂者六人

斂焉則爲之壹不食

事則斂

士與其執

斂者既斂必哭

君將大斂　子弁絰即位于序端

質殺之裁猶冒也

自小斂以往用夷衾　夷衾

長與手齊　殺三尺

綴旁三　凡冒　質

士緇冒赬殺

絞紟衾衣

小臣鋪席

商祝鋪

外宗房中南面

夫人命婦尸西東面

父兄堂下北面

北面東上

卿大夫即位於堂廉楹西

士盥于盤上　士舉遷尸于斂上

卒斂　宰告

子馮之踊　夫人東面亦如之

大夫之喪　將大斂　既鋪絞紟衾

衣　君至　主人迎

先入門右　巫

遷尸卒斂

宰告

主婦尸西東面

主人房外南面

西

北面東上

端

卿大夫即位于堂廉楹

升堂

君即位于序

止于門外

君釋菜

祝先入

鋪衣踊　遷尸踊

鋪絞紟踊　鋪衾踊

不在　其餘禮　猶大夫也

士之喪　將大斂　君

升主人馮之　命主婦馮之

撫之　主人拜稽顙　君降

主人降　北面于堂下　君

不馮庶子

士馮父母妻長子庶子

馮父母妻長子

撫姪娣

君大夫

大夫撫室老

君撫大夫

撫內命婦

紟踊

斂衣踊

斂衾踊

斂絞

庶子有子

則父母不馮其尸

凡馮尸者

父

母先

妻子後

君於臣撫之

父母於子執之

子於父

母馮之

婦於舅姑奉之

舅姑於婦撫之

妻於夫拘之

夫於妻

之　既葬　柱楣

君爲廬宮之　大夫士襢

枕凷　非喪事不言

父母之喪　居倚廬　不塗寢苫

所　凡憑尸　興必踊

於昆弟執之　憑尸不當君

既葬　王政入於國

公事　不言家事　君

不言國事　大夫士言

既葬　與人立　君言王事

自未葬　以於隱者爲廬

宮之　凡非適子者

塗廬　不於顯者　君大夫士皆

謀家事

既祥

入居

君謀國政

大夫士

既練

居堊室

不與

哭

弁絰帶

金革之事無辟也

公政入於家

既卒

既卒哭而服王事

大夫士既葬

妻　齊衰期者

終喪不御於內者　父在爲母爲

復寢　期居廬

禫而從御　吉祭而

樂作矣故也

禫而內無哭者

黝堊　祥而外無哭者

士卒哭而歸

公之喪　大夫俟練

期九月者既葬而歸

喪父母既練而歸

於內　婦人不居廬　不寢苫

大功布衰九月者　皆三月不御

君於大夫世婦大斂焉

父不次於子兄不次於弟

哭而歸

諸父兄弟之喪既卒

朔月忌日則歸哭于宗室

大夫士父母之喪既練而歸

爲之賜 則小斂焉 於外命婦 既加蓋而君至 於士 既殯而往 爲之賜 大斂焉 夫人於世婦 大斂焉 爲之賜 小斂焉 於諸妻 爲之賜 大斂焉 於大夫外命婦

既殯而往

大夫士既殯而君往焉　使人戒

之　主人具殷奠之禮

俟于門外　見馬首　先入門右

巫止于門外　祝代

之先　君釋菜于門內　祝先

升自阼階　負墉南面

命之反奠　乃反奠　卒奠

大夫則奠可也　士則出俟于門外

主人踊

君稱言　視祝而踊

擯者進　主人拜稽顙

小臣二人執戈立于前　二人立于後

君卽位于阼

夫人弔於大夫士　主人出迎于

在殯　壹往焉　君弔則復殯服

三往焉　士疾　壹問之

君於大夫疾　三問之　在殯

主人送于門外　拜稽顙

主人先俟於門外　君退

主人送于大門之外 不拜
退 主婦送于門內 拜稽顙
踴 奠如君至之禮 夫人
拜稽顙于下 夫人視世子而
主婦降自西階
夫人入 升堂即位
門外 見馬首 先入門右

君弔　見尸柩而后踊

其君後主人而拜

四鄰賓客

若有君命　命夫命婦之命

入南面　婦人卽位于房中

主人北面　衆主

大夫君　不迎于門外　入卽位于堂下

屬四寸　士棺六寸

屬六寸　下大夫大棺六寸

四寸　上大夫大棺八寸

君大棺八寸　屬六寸　椑

君退　必奠

大夫士　若君不戒而往　不具殷奠

二衽二束

士蓋不用漆

大夫蓋用漆

君蓋用漆

三衽三束

士不緑

玄

緑用牛骨鐕

緑用雜金鐕

大夫裏棺用

君裏棺用朱

大夫殯以幬　欑至于西序

欑至于上　畢塗屋

君殯用輴

士埋之

君大夫鬊爪實于綠中

二衽二束

池 振容 黼荒 火

飾棺 君龍帷 三

魚腊焉

種六筐 士二種四筐 加

熬 君四種八筐 大夫三

塗上 帷之

塗不暨于棺 士殯見衽

三列 黼三列 素錦褚 加僞荒 纁紐六 齊五采五貝 黼翣二 黻翣二 畫翣二 皆戴圭 魚躍拂池 君纁戴六 纁披六

大夫畫帷　二池　不振
容　畫荒　火三列
黻三列　素錦褚　纁
紐二　玄紐二　齊
三采三貝　黻翣
二　畫翣二　皆戴綏

二　皆戴緌　士戴

三采一貝　畫翣

紐二　緇紐二　齊

一池　揄絞　纁

如之　士布帷布荒

前纁後玄　披亦

魚躍拂池　大夫戴

前纁後緇　二
披用纁
君葬用輴　四綍
二碑　御棺用羽
葆　大夫葬用輴
二綍二碑
御棺用茅

大夫士以咸

君命無譁

引

君封以衡

凡封

用綍

去碑負

比出宮

御棺用功布

二綍無碑

士葬用國車

以鼓封

大夫命毋哭

士哭者相止也

君松椁

大夫柏椁

士雜木椁

棺椁之間

君容柷

大夫容壺

士容甒

君裏椁虞筐

大夫不裏椁

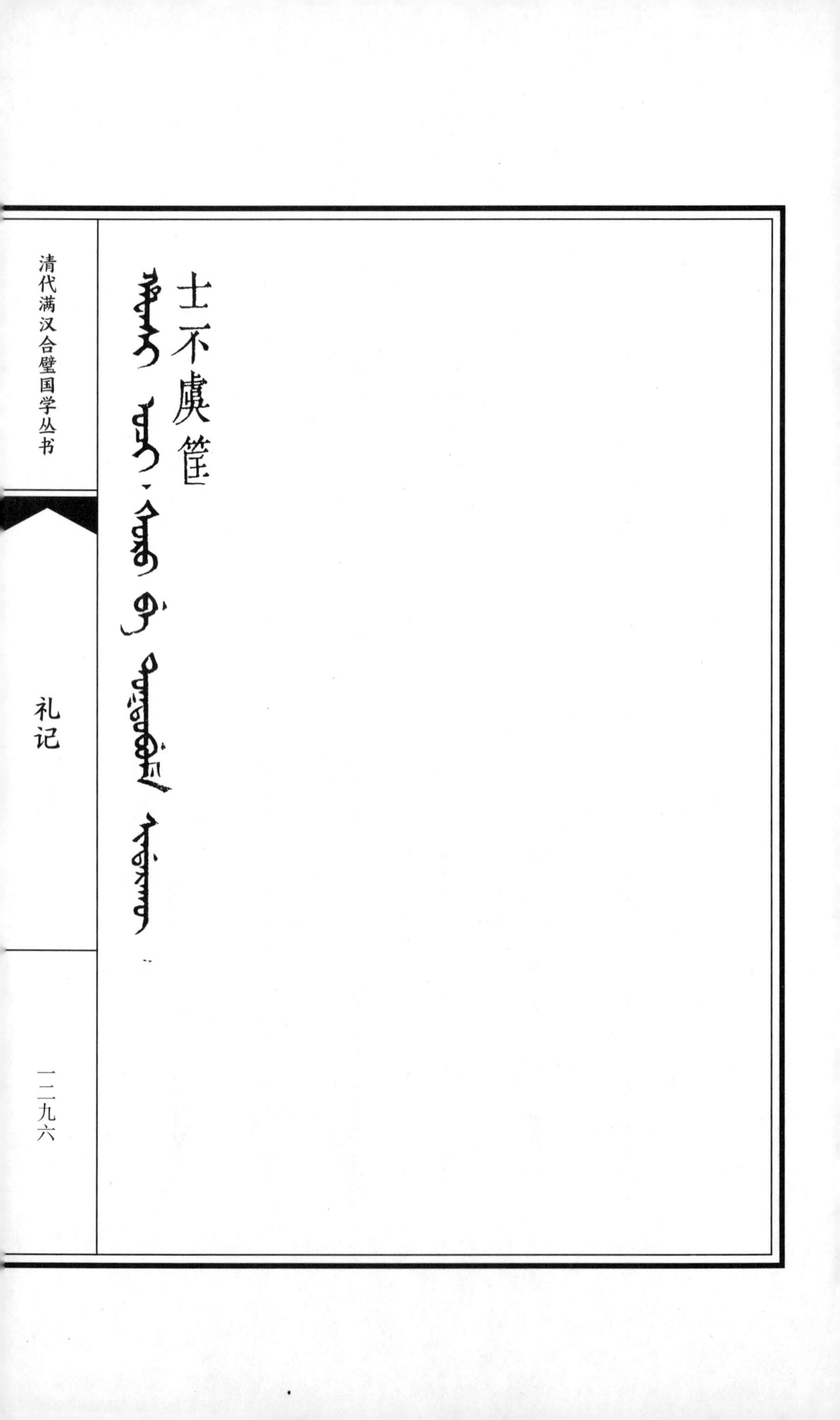

士不虞筐

清代满汉合璧国学丛书

礼记

4

吴元丰 主编

辽宁民族出版社

禮記卷之二十二

祭法

祭法 有虞氏禘黃帝而郊嚳

祖顓頊而宗堯

夏后氏亦禘黃帝而

郊鯀

祖顓頊而宗禹

瘞埋於泰折

祭地也

燔柴於泰壇

祭天也

祖文王而宗武王

周人禘嚳而郊稷

祖契而宗湯

殷人禘嚳而郊冥

用騂犢

埋少牢於泰昭 祭時也

相近於坎壇 祭寒暑也

王宮 祭日也

夜明 祭月也

幽宗 祭星也

雩宗 祭水旱也

大凡生於天地之間者皆曰命

亡其地則不祭

諸侯在其地則祭之

有天下者祭百神

能出雲爲風雨見怪物皆曰神

四方也

山林川谷丘陵

四坎壇祭

其萬物死皆曰折　人死曰鬼

此五代之所不變也　七代之所更立

者　禘郊祖宗

其餘不變也

天下有王　分地建國

置都立邑　設廟祧壇墠而祭

之　乃為親疏多少之數

是故王立七廟　一壇一墠

曰考廟　曰王考廟　曰皇考廟

曰顯考廟　曰祖考廟

皆月祭之　遠廟爲祧　有二祧

享嘗乃止　去祧爲壇

去壇爲墠

壇墠有禱焉祭之

無禱乃止　去墠曰鬼

諸侯立五廟　一壇一墠　曰

考廟　曰王考廟　曰皇考廟

皆月祭之　顯考廟　祖考廟

享嘗乃止　去祖爲壇

享嘗乃止　顯考祖考無廟

曰王考廟　曰皇考廟

大夫立三廟二壇　曰考廟

無禱乃止　去墠爲鬼

壇墠有禱焉祭之

去壇爲墠

有禱焉爲壇祭之　去壇爲
鬼
適士二廟一壇　曰考廟
曰王考廟　享嘗乃止
皇考無廟　有禱焉爲壇祭之
去壇爲鬼　官師一廟
曰考廟　王考

諸侯自爲立社曰侯社

諸侯爲百姓立社曰國社

王自爲立社曰王社

王爲羣姓立社曰大社

死曰鬼

庶士庶人無廟

無廟而祭之

去王考爲鬼

諸侯爲國立五祀　曰司命

曰戶　曰竈　王自爲立七祀

曰國行　曰泰厲

命　曰中霤　曰國門

王爲羣姓立七祀　曰司

羣立社曰置社

大夫以下成

曰中霤 曰國門

曰國行 曰公厲

諸侯自爲立五祀

大夫立三祀 曰族厲 曰門

曰行 適士立二祀 曰門

曰行 庶士庶人立一祀

或立戶 或立竈

王下祭殤五　適子

適孫　適曾孫　適玄孫　適來

孫　諸侯下祭三

大夫下祭二　士及庶人祭子而

止

夫聖王之制祭祀也　法施於民則

祀之　以死勤事則祀之

稷

共工氏之霸九州也

夏之衰也

周弃繼之

故祀以爲

其子曰農

能殖百穀

是故厲山氏之有天下也

之

大菑則祀之

能捍大患則祀

以勞定國則祀之

能禦

鄣鴻水而殛死　禹能修鯀

舜勤衆事而野死　鯀

能賞均刑法以義終

帝嚳能序星辰以著衆　堯

故祀以爲社

其子曰后土　能平九州

文王以文治　武王以武功

湯以寛治民而除其虐

冥勤其官而水死

契爲司徒而民成

顓頊能修之

黄帝正名百物以明民共財

之功

祭義

祀典

取財用也

非此族也

不在

山林川谷丘陵

民所

及夫日月星辰

民所瞻仰也

皆有功烈於民者也

去民之菑

此

祭不欲數　數則煩　煩則不敬

祭不欲疏　疏則怠　怠則忘　是故君子合諸天道

春禘秋嘗　霜露既降　君子履之

必有悽愴之心　非其寒之謂也

春　雨露既濡

齊之日 思其居處

致齊於內 散齊於外

而嘗無樂

哀以送往 故禘有樂

如將見之 樂以迎來

君子履之 必有怵惕之心

思其笑語

思其志意

思其所樂

思其所嗜

齊三日

乃見其所爲齊者

祭之日

入室

僾然必有見乎其位

周還出戶

肅然必有聞乎其容聲

夫安得不敬乎　君子

致慤則著　著存不忘乎心

欲不忘乎心　致愛則存

乎目　聲不絕乎耳　心志耆

是故先王之孝也　色不忘

其歎息之聲

出戶而聽　愾然必有聞乎

唯聖人爲能饗帝

其私也

言夫日志有所至　而不敢盡

忌日不用　非不祥也

君子有終身之喪　忌日之謂也

終身弗辱也

生則敬養　死則敬享　思

齊乎其敬也　愉愉乎其忠

相君　命婦相夫人　齊

君獻尸　夫人薦豆　卿大夫

君牽牲　夫人奠盎

是故孝子臨尸而不怍

饗者鄉也　鄉之然後能饗焉

孝子爲能饗親

也

勿勿諸其欲其饗之也

文王之祭也

事死者如事生

思死者如不欲生

忌日必哀

稱諱如見親

祀之忠也

如見親之所愛

如欲

仲尼嘗　奉薦而進

已至必哀

半　饗之必樂

不寐　饗而致之　又從而思之祭之日　樂與哀

文王之詩也　祭之明日　明發

詩云　明發不寐　有懷二人

色然　其文王與

自反也　容以遠

遠也　漆漆者容也

何也　子曰　濟濟者容也

今子之祭　無濟濟漆漆

濟濟漆漆然

已祭　子贛問曰　子之言祭

其親也愨　其行也趨趨以數

夫言豈一端而已 夫各

夫何慌惚之有乎

君子致其濟濟漆漆

序其禮樂 備其百官

反饋樂成 薦其薦俎

夫何濟濟漆漆之有乎

若容以自反也 夫何神明之及交

既備
夫婦齊戒沐浴盛服

宮室既脩
牆屋既設
百物

虛中以治之

比時具物不可以不備

孝子將祭
慮事不可以不豫

有所當也

惚以與神明交　庶或饗之

而進之　於是諭其志意　以其慌

禮樂　備其百官　奉承

薦其薦俎　序其

失之　其孝敬之心至也與

洞洞乎屬屬乎　如弗勝　如將

奉承而進之

必敬

如親聽命

盡其禮而不過失焉

進退

盡其敬而敬焉

盡其信而信焉

孝子之祭也

盡其愨而愨焉

庶或饗之

孝子之志也

固也 進而不愉 疏也

孝子之祭也 立而不詘

已徹而退 敬齊之色不絕於面

敬以欲 退而立 如將受命

詘 其進之也敬以愉 其薦之也

孝子之祭可知也 其立之也敬以

則或使之也

有愉色者　必有婉容　孝子如

有和氣者　必有愉色

孝子之有深愛者　必有和氣

如是而祭　失之矣

已徹而退　無敬齊之色而忘本也

而不如受命　敖也

薦而不欲　不愛也　退立

執玉 如奉盈 洞
洞屬屬然 如弗勝 如將
失之 嚴威儼恪 非所
以事親也 成人之道也
先王之所以治天下者五 貴有
德 貴貴 貴老
敬長 慈幼 此五者先

近於子也

近於兄也　慈幼　爲其

近於親也　敬長　爲其

近於君也　貴老　爲其

也　貴貴　爲其

德何爲也　爲其近於道

王之所以定天下也　貴有

至孝近乎王

至弟近乎霸

雖天子必有父

至弟近乎霸

雖諸侯必有

兄

先王之教 因

而弗改

所以領天下國家也

子曰 立愛自親始

教民睦也

立敬自長

始

教民順也

教以慈睦而民貴有親

教以敬長而民貴用命

孝以事親

順以聽命

錯諸天下

無所不行

鸞刀以刲 取膟膋乃退

而毛牛 尚耳

廟門 麗于碑 卿大夫袒

荅君 卿大夫序從 旣人

敬之至也 祭之日 君牽牲 穆

凶服者不敢入國門

郊之祭也 喪者不敢哭

祭日於壇　祭月於坎

殷人祭其陽　周人祭日以朝及闇

配以月　夏后氏祭其闇

郊之祭　大報天而主日

敬之至也

爓祭祭腥而退

以别幽明　以制上下

祭日於東　祭月於西

以别外内

以端其位　日出於東

月生於西　陰陽長短　終始

相巡　以致天下之和

天下之禮
致反始也
致鬼神也
致和用也
致義也
致讓也
致反始以厚其本也
致鬼神以尊上也
致物用以立民紀也
致義則上下不悖逆矣
致讓以去爭也

合此五者以治天下之禮也　雖有奇邪而不治者則微矣

宰我曰　吾聞鬼神之名　不知其所謂　子曰　氣也者神之盛也　魄也者鬼之盛也　合鬼與神　教之至也

衆生必死　死必歸土

此之謂鬼

骨肉斃於下

陰爲野土

其氣發揚于上

爲昭明君焄蒿悽愴

此百物之精

也

神之著也

因物之精

制

爲之極

明命鬼神以爲黔首則

百衆以畏

二端既立　報以二禮

服自此　故聽且速也

不忘其所由生也　衆之

教民反古復始

宗祧　以别親疏遠邇

聖人以是爲未足也　築爲宮室設爲

萬民以服

建設朝事　燔燎羶薌
見以蕭光　以報
氣也　此教衆反始也
薦黍稷　羞肝肺首心
見聞以俠甒加以鬱鬯
以報魄也　教民相愛　上下
用情　禮之至也

冕而朱紘　躬秉耒

是故昔者天子爲藉千畝

不敢弗盡也

發其情　竭力從事以報其親

其所由生也　是以致其敬

君子反古復始　不忘

及歲時　齊戒沐浴而躬朝之

古者天子諸侯必有養獸之官

敬之至也

以爲醴酪齊盛　於是乎取之

天地山川社稷先古

青紘　躬秉耒　以事

諸侯爲藉百畝　冕而

孝之至也

君巡牲　所以致力

朔月月半

吉　然後養之　君皮弁素積

牛　納而視之　擇其毛而卜之

必於是取之　敬之至也　君召

犧牷祭牲

奉種浴于川　桑于公桑

使入蠶于蠶室

卜三宮之夫人世婦之吉者

及大昕之朝　君皮弁素積

棘牆而外閉之

近川而爲之　築宮仞有三尺

古者天子諸侯必有公桑蠶室

風戾以食之　歲既單矣　世婦

卒蠶　奉繭以示于君

遂獻繭于夫人　夫人曰

此所以爲君服與　遂副褘而受之

因少牢以禮之

古之獻繭者　其率用此與

及良日　夫人繅三盆手

君子曰　禮樂不可斯須去身

至也

君服以祀先王先公　敬之

文章　服既成

遂朱綠之　玄黃之　以爲黼黻

者使繅　遂布于三宮夫人世婦之吉

致樂以治心

則易直子諒之心油然生

矣　易直子諒之心生則樂

樂則安　安則久　久則天

天則神　天則不言而信

神則不怒而威

致樂以治心者也

致禮以

治躬則莊敬

莊敬則嚴威

心中斯須不和不樂

而鄙詐之心入之矣

外貌斯須不莊不敬

而慢易之心入之矣

故樂也者動於內者也

禮也者動於外者也

樂極和

禮極順

舉而措之無難矣

故曰　致禮樂之道而天下塞焉

理發乎外而衆莫不承順

乎內而民莫不承聽

焉　故德煇動

與爭也　望其容貌而衆不生慢易

內和而外順　則民瞻其顏色而不

樂盈而不反則放　故禮

禮減而不進則銷

樂盈而反　以反爲文

禮減而進　以進爲文

樂主其盈

動於外者也　故禮主其減

樂也者動於內者也　禮也者

有報而樂有反 禮得其報則樂 樂得其反則安 禮之報 樂之反 其義一也

曾子曰 孝有三 大孝尊親 其次弗辱 其下能養

公明儀問於曾子曰 夫子

之遺體　敢不敬乎

曾子曰　身也者父母之遺體也　行父母

孝乎

參直養者也　安能爲

志　諭父母於道

是何言與　君子之所謂孝者　先意承

可以爲孝乎　曾子曰　是何言與

居處不莊非孝也　事君不

忠非孝也　涖官不敬

非孝也　朋友不信非孝也

戰陳無勇非孝也

五者不遂

裁及於親　敢不敬乎

亨熟羶薌　嘗而薦之

卒爲難　父母旣没

敬可能也　安爲難　安可能也

養可能也　敬爲難

衆之本教曰孝　其行曰養

此　所謂孝也已

者　國人稱願然曰　幸哉有子如

非孝也　養也　君子之所謂孝也

曾子曰　夫孝　置之而塞乎天地

刑自反此作

强者强此者也　樂自順此生

也　信者信此者也

禮者履此者也　義者宜此者

可謂能終矣　仁者仁此者也

慎行其身　不遺父母惡名

溥之而橫乎四海　施諸後世而無朝夕

推而放諸東海而準

推而放諸西海而準

推而放諸南海而準

推而放諸北海而準

詩云　自西自東　自南自北

無思不服　此之謂也

可謂用力矣　尊仁安義

思慈愛忘勞

中孝用勞　大孝不匱

孝有三　小孝用力

不以其時非孝也

夫子曰　斷一樹　殺一獸

曾子曰　樹木以時伐焉　禽獸以時殺焉

樂正子春下堂而傷其足　數月

終

必求仁者之粟以祀之　此之謂禮

過　諫而不逆　父母既沒

喜而弗忘　父母惡之　懼而無怨　父母有

可謂不匱矣　父母愛之

可謂用勞矣　博施備物

父母全而生之　子全而歸之　可謂孝矣

天之所生　地之所養　無人爲大

也　吾聞諸曾子　曾子聞諸夫子曰

春曰　善如爾之問也　善如爾之問

猶有憂色　何也　樂正子

子曰　夫子之足瘳矣　數月不出

不出　猶有憂色　門弟

不虧其體

不辱其身

可謂全矣

故君子頃步而弗敢忘孝也 頃當作跬

今予忘孝之道

予是以有憂色也

壹舉足而不敢忘父母

壹出言而不敢忘父母

壹舉足而不敢忘父母

是故道而不徑

貴爵而尚齒　殷人貴富而尚齒

昔者有虞氏貴德而尚齒　夏后氏

不辱其身　不羞其親　可謂孝矣

惡言不出於口　忿言不反於身

而不敢忘父母　是故

遺體行殆　壹出言

舟而不游　不敢以先父母之

八十不俟朝

七十杖於朝

君問則席

是故朝廷同爵則尚齒

次乎事親也

未有遺年者

年之貴乎天下久矣

虞夏殷周

天下之盛王也

周人貴親而尚齒

君問則就之　而弟達乎朝廷矣

行　肩而不併

不錯則隨　見老者則車

徒辟　斑白者不以其任

行乎道路　而弟達乎道路矣

居鄉以齒而老窮不遺

强不犯弱　衆不暴寡

行乎道路　至乎州巷

孝弟發諸朝廷

則尚齒　而弟達乎軍旅矣

軍旅什伍　同爵

隆諸長者　而弟達乎獀狩矣

道　五十不為甸徒　頒禽

而弟達乎州巷矣　古之

德也

耕藉　所以

賢於西學

所以教諸侯之

所以教諸侯之弟也

祀先

食三老五更於大學

祀乎明堂

所以教諸侯之孝也

以義死之而弗敢犯也

放乎狻狩

脩乎軍旅

衆

侯之弟也　是故鄉里有齒而老窮不遺

酳　冕而總干　所以教諸

袒而割牲　執醬而饋　執爵而

食三老五更於大學　天子

也

教諸侯之臣也　五者天下之大教

教諸侯之養也　朝覲　所以

東行 西行者弗敢過

天子先見百年者 八十九十者

天子巡守 諸侯待於竟

學而大子齒

來者也 天子設四學 當入

衆不暴寡 此由大學

强不犯弱

若有大故而入　君必與之揖讓而后

七十者不有大故不入朝

族有七十者弗敢先

族　三命不齒

壹命齒于鄉里　再命齒于

欲言政者　君就之可也

西行　東行者弗敢過

祿爵慶賞　成諸宗廟

本諸父母　存諸長老

善

薦於諸侯　士庶人有善

有善　歸諸天子　卿大夫有

天子有善　讓德於天　諸侯

及爵者

以尊天也　善則稱人　過則

斷其志焉　示不敢尊

雖有明知之心　必進

天子卷冕北面

立以爲易　易抱龜南面

昔者聖人建陰陽天地之情

所以示順也

稱巳教不伐以尊賢也

孝子將祭祀必有齊莊之心以慮事以具服物以脩宮室以治百事及祭之日顔色必温行必恐如懼不及愛

目不違心　思慮不違親

是故慤善不違身　耳

之後　陶陶遂遂　如將復入然

如將弗見然　及祭

宿者皆出　其立卑靜以正

身必詘　如語焉而未之然

然　其奠之也　容貌必溫

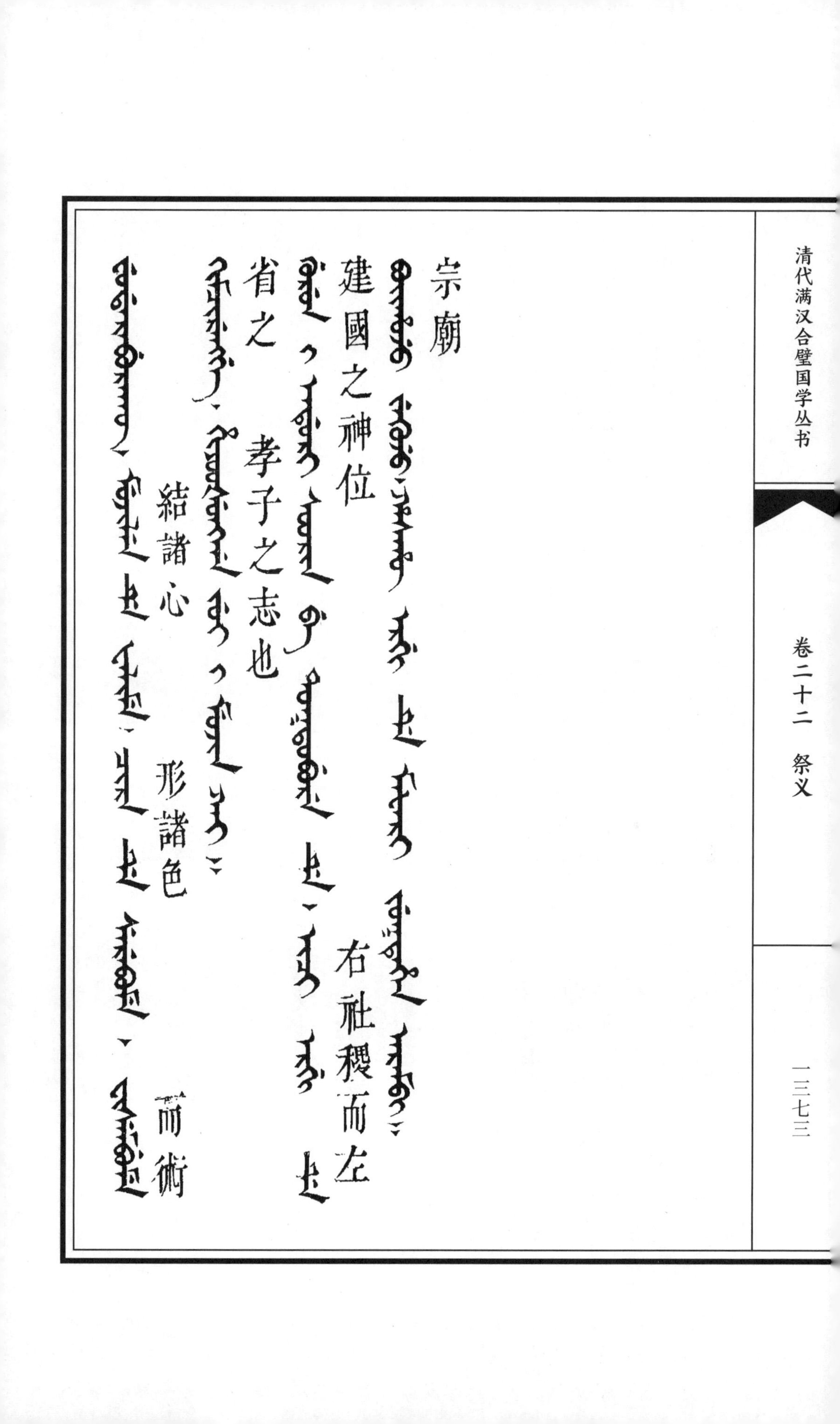

結諸心　形諸色　而術

省之　孝子之志也

建國之神位　右社稷而左

宗廟

禮記卷之二十三

祭統

凡治人之道　莫急於禮　禮有五經

莫重於祭　夫祭者　非

物自外至者也　自中出生於心也

心怵而奉之以禮　是故

唯賢者能盡祭之義

外則順於君長

事其親

其本一也

上則順於鬼神

忠臣以事其君

孝子以

言內盡於己

而外順於道也

無所不順者之謂備

福者備也

備者百順之名也

賢者之祭也

必受其福

非世所謂福也

祭者 所以追養繼孝也

爲 此孝子之心也

安之以樂 參之以時 明薦之而已矣 不求其

誠信與其忠敬 奉之以物 道之以禮

然後能祭 是故賢者之祭也 致其

之謂備 唯賢者能備 能備

內則以孝於親 如此

盡此三道者　孝子之行也

祭則觀其敬而時也

養則觀其順也　喪則觀其哀也

生則養　沒則喪　喪畢則祭

是故孝子之事親也　有三道焉

是之謂畜

孝者畜也　順於道　不逆於倫

既內自盡　又外求助

昏禮是也　故國君取夫人之辭曰

請君之玉女　與寡人共有

敝邑　事宗廟社稷

此求助之本也　夫祭也者必

夫婦親之　所以備外內之官也

官備則具備　水草之菹　陸産之醢

是故天子親耕於南郊　以共齊盛

此祭之心也

外則盡物　內則盡志

之所長　苟可薦者莫不咸在　示盡物也

草木之實　陰陽之物備矣　凡天之所生　地

之實　羨物備矣　昆蟲之異

小物備矣　三牲之俎　八簋

敬盡

然後可以事神明

誠信之謂盡

盡之謂敬

身致其誠信

莫耕也

王后夫人非莫蠶也

人蠶於北郊

以共冕服

天子諸侯非

諸侯耕於東郊

亦以共齊盛

夫

王后蠶於北郊

以共純服

訖其耆欲　耳不聽樂

欲無止也　及其將齊也　防其邪物

則不齊不齊　則於物無防也　耆

是故君子非有大事也　非有恭敬也

齊不齊以致齊者也

及時將祭　君子乃齊　齊之爲言齊也

此祭之道也

謂齊　齊者精明之至也　然後可以交於

致齊三日以齊之　定之之

故散齊七日以定之

是故君子之齊也　專致其精明之德也

道　手足不苟動　必依於禮

心不苟慮　必依於

故記曰　齊者不樂　言不敢散其志也

夫人副褘立於東房

然後會於大廟 君純冕立於阼

於外 夫人致齊於內 君致齊

致齊三日 夫人亦散齊七日

是故先期旬有一日 宮宰宿夫人宿讀爲肅

神明也

君執圭瓚祼尸
大宗執璋瓚亞祼
及迎牲
君執紖
卿大夫從
士執芻
宗婦執盎從
夫人薦涗水
君執鸞刀羞嚌
夫人薦豆
此之謂
夫婦親之

之之義也

率其羣臣以樂皇尸

此與竟內樂

與竟內樂之

冕而總干

與天下樂之

諸侯之祭也

其羣臣以樂皇尸

是故天子之祭也

君爲東上

冕而總干

率

及入舞

君執干戚就舞位

夫祭有三重焉
獻之屬莫重於祼
聲莫重於升歌
舞莫重於武宿夜
此周
道也
凡三道者
所以假於外而以
增君子之志也
故與志進退
志輕則亦輕
志重
則亦重
輕其志而求外之重也

雖聖人弗能得也

是故君子之祭也　必身自盡也　所以明重也　道之以禮　以奉三重而薦諸皇尸　此聖人之道也

夫祭有餕　餕者祭之末也　不可不知也　是故古之人有言曰　善終者如始　餕其是已

士八人餕

賤餕貴之餘也

臣餕君之餘也

大夫起

君起

大夫六人餕

是故尸謖

君與卿四人餕

觀政矣

之餘也

惠術也

可以

是故古之君子曰

尸亦餕鬼神

士起 各執其具以出

陳于堂下 百官進徹之 進當作餕

下餕上之餘也 凡

餕之道 每變以衆 所以

別貴賤之等 而興施惠之象也

是故以四簋黍 見其修於廟中也

廟中者 竟內之象也

可以觀政矣

由餕見之矣

故曰

則民夫人待于下流

知惠之必將至也

是故上有大澤

非上積重而下有凍餒之民也

則惠必及下

顧上先下後耳

祭者

澤之大者也

是故上有大澤

順孝

盡其道

端其義

崇事宗廟社稷

則子孫

是故明君在上

則諸臣服從

內則教之以孝於其親

是故君子之教也

外則教之以尊其君長

順以備者也

其教之本與

夫祭之爲物大矣

其興物備矣

故曰祭者教之本也已

必由其本　順之至也　祭其是與

非教之道也　是故君子之教也

則不以事上　非諸人　行諸巳

所不安於上　則不以使下　所惡於下

是故君子之事君也　必身行之

而教生焉

鋪筵設同几　爲依神也　詔祝

倫

見長幼之序焉　見上下之際焉　此之謂十

見夫婦之別焉　見政事之均焉

見親疏之殺焉　見爵賞之施焉

君臣之義焉　見父子之倫焉　見貴賤之等焉

夫祭有十倫焉　見事鬼神之道焉　見

則全於臣
金於子
是故不
外
則疑於君
入廟門
在廟中
則全於君
君在廟門
尸在廟門外
則疑於臣
君迎牲而不迎尸
別嫌也
於室而出于祊
此交神明之道也

尸飲七 以瑤爵獻大夫

尸飲五 君洗玉爵獻卿

所以明子事父之道也 此父子之倫也

於祭者子行也 父北面而事之

夫祭之道 孫爲王父尸 所使爲尸者

出者 明君臣之義也

咸在而不失其倫　此

是故有事於大廟　則羣昭羣穆

別父子遠近長幼親疏之序而無亂也

夫祭有昭穆　昭穆者　所以

等也

有司皆以齒　明尊卑之

尸飲九　以散爵獻士　及羣

之
再拜稽首

所命北面
史由君右執策命

君降立于阼階之南
南鄉

不敢專也
故祭之日
一獻

必賜爵祿於大廟
示

古者明君爵有德而祿有功

之謂親疏之殺也

夫婦相授受不相襲處

酢夫人執柄

夫人受尸執足

執醴授之執鐙

尸

人副褘立于東房

夫人薦豆執校

君卷冕立于阼

夫

此爵賞之施也

受書以歸

而舍奠于其廟

是故貴者取貴骨　賤者取賤骨

俎者　所以明祭之必有惠也

凡前貴於後

殷人貴髀　周人貴肩

凡爲俎者　以骨爲主　骨有貴賤

明夫婦之別也

酢必易爵

凡賜爵　昭爲一　穆爲一

故曰見政事之均焉

所以明惠之必均也　善爲政者如此

立　功之所以立者　不可不知也　俎者

均則政行　政行則事成　事成則功

不虛　示均也　惠

貴者不重　賤者

昭與昭齒

穆與穆齒

凡羣有司皆以齒

此之謂長幼有序

夫祭有畀煇胞翟閽者

惠下之道也

唯有德之君爲

能行此

明足以見之

仁足以與之

畀之爲言與也

能以其餘畀

其下者也

煇者甲吏之賤者也

胞者肉吏之賤者也

翟者樂吏之賤者也

闇者守門之賤者也

古者不使刑人守門

此四守者吏之至賤者也

尸又至尊

以至尊既祭之末而不忘至賤

而以其餘畀之　是故明君在上

則竟內之民無凍餒者矣　此

之謂上下之際

凡祭有四時　春祭曰礿　夏

祭曰禘　秋祭曰嘗　冬祭曰烝

礿禘　陽義也　嘗烝

陰義也　禘者陽之盛也　嘗者陰

示賞也　草艾則墨　未發

嘗之日發公室

發秋政　順陰義也　故記曰

義也　於嘗也　出田邑

古者於禘也　發爵賜服　順陽

之盛也　故曰莫重於禘嘗

是故其德盛者其志厚 其

夫義者所以濟志也 諸德之發也

君人不全 不能其事 爲臣不全

能其事者臣也 不明其義

不可不知也 明其義者君也

故曰禘嘗之義大矣 治國之本也

秋政 則民弗敢草也

志厚者其義章

其義章者其祭也敬

祭敬

則竟內之子孫

莫敢不敬矣

是故君子之祭也

必身親涖

之

有故則使人可也

雖使人也

君不失其義者

君明其義故也

其德薄者其志輕

疑於

其義

而求祭使之必敬也

弗可得已　祭而不敬　何以爲民父母矣

夫鼎有銘　銘者自名也　自名以稱揚其先祖之美而明著之後世者也

爲先祖者　莫不有美焉　莫不有惡焉　銘之義　稱美而不稱惡　此孝子孝孫之心也

唯賢者能之

銘者

論譔其先祖之有德善功烈勳勞慶賞聲名

列於天下

而酌之祭器

自成其名焉

以祀其先

祖者也

顯揚先祖

所以崇孝

也

身比焉

順也

明示

後世

教也

夫銘者壹稱而上

月丁亥　公假于大廟　公曰叔舅

故衛孔悝之鼎銘曰　六

賢而勿伐　可謂恭矣

之　知足以利之　可謂賢矣

爲　爲之者　明足以見之　仁足以與

既美其所稱　又美其所

下皆得焉耳矣　是故君子之觀於銘也

乃祖莊叔左右成公

成公乃命莊叔隨難于漢陽

即宮于宗周奔走無射啟右

獻公

獻公乃命成叔纂乃祖服

乃考文叔興舊

耆欲作率慶士（慶作卿）躬恤衛國

其勤公家夙夜不

以比其身　以重其國家如此

古之君子　論譔其先祖之美而明著之後世者也

此衞孔悝之鼎銘也

以辟之勤大命　施于烝彝鼎

考服　悝拜稽首曰　對揚

公曰叔舅　予女銘　若纂乃

解　民咸曰休哉

故賜之以重祭

成王康王追念周公之所以勳勞者而欲尊魯

周公既沒

昔者周公旦有勳勞於天下

此三者

君子之所恥也

善而弗知　不明也　知而弗傳　不仁也

其先祖無美而稱之　是誣也　有

子孫之守宗廟社稷者

外祭則郊社是也

內祭則大嘗禘是也

夫大嘗禘

升歌清廟

下而管象

朱干玉戚以舞大武

八佾以舞大夏

此天子之樂也

康周公

故以賜魯也

子孫纂之

易良　樂教也　絜靜精微

疏通知遠　書教也　廣博

爲人也溫柔敦厚　詩教也

孔子曰　入其國　其教可知也　其

經解

而又以重其國也

至于今不廢　所以明周公之德

之失亂

其爲人也 溫柔敦厚而不愚

春秋

禮之失煩

樂之失奢

易之失賊

愚

書之失誣

春秋教也

故詩之失

禮教也

屬辭比事

易教也

恭儉莊敬

則深於春秋者也

屬辭比事而不亂

恭儉莊敬而不煩

則深於禮者也

精微而不賊

則深於易者也

而不奢

則深於樂者也

絜靜

則深於書者也

廣博易良

則深於詩者也

疏通知遠而不誣

天子者

與天地參

故德配天地

兼利萬物

與日月並明

明照四海而不遺微小

其在朝廷

則道仁聖禮義之序

燕處則聽雅頌之音

行步則有環佩之聲

車

馬則有鸞和之音

居處有禮

欲而得之　謂之信　除去天地之害

上下相親　謂之仁　民不求其所

發號出令而民說　謂之和

正是四國　此之謂也

其儀不忒　其儀不忒

事得其序　詩云　淑人君子

進退有度　百官得其宜　萬

不可欺以輕重 繩墨誠陳 不可

圜也 故衡誠縣

繩墨之於曲直也 規矩之於方

禮之於正國也 猶衡之於輕重也

則不成

有治民之意而無其器

謂之義 義與信 和與仁 霸王之器也

奉宗廟則敬　以入朝廷則貴

謂之無方之民　敬讓之道也　故以

方之士　不隆禮不由禮

是故隆禮由禮　謂之有

君子審禮　不可誣以姦詐

欺以曲直　規矩誠設　不可欺以方圜

相尊敬也

喪祭之禮

聘問之禮

所以使諸侯

故朝覲之禮

所以明君臣之義也

此之謂也

孔子曰安上治民

莫善於禮

和

以處鄉里

則長幼有序

賤有位

以處室家

則父子親

兄弟

必有亂患

必有水敗

以舊禮爲無所用而去之者

坊亦作防

故以舊坊爲無所用而壞之者

亂之所由生

猶坊止水之所自來也

所以明男女之別也

夫禮禁

所以明長幼之序也

昏姻之禮

所以明臣子之恩也

鄉飲酒之禮

而倍畔侵陵之敗起矣　故禮
之禮廢　則君臣之位失　諸侯之行惡
而倍死忘生者衆矣　聘覲
喪祭之禮廢　則臣子之恩薄
則長幼之序失　而爭鬭之獄繁矣
而淫辟之罪多矣　鄉飲酒之禮廢
故昏姻之禮廢　則夫婦之道苦

之教化也微 其止邪也於未形

使人日徙善遠罪而不自知也

是以先王隆之也

易曰 君子愼始 差若豪氂

繆以千里 此之謂也

禮記卷之二十四

哀公問

哀公問於孔子曰大禮何如

君子之言禮何

其尊也孔子曰丘也小人

不足以知禮君曰

否吾子言之也孔子曰

昏姻疏數之交也

無以別男女父子兄弟之親

非禮

無以辨君臣上下長幼之位也

也

非禮

非禮

無以節事天地之神

丘聞之

民之所由生

禮爲大

其順之

然後治其雕鏤文章黼黻以嗣

有成事

不廢其會節

然後以其所能教百姓

君子以此之爲尊敬然

雕幾　器不刻鏤

卑其宮室　車不

即安其居節　醜其衣服

祀　以序宗族

修其宗廟　歲時以敬祭

備其鼎俎　設其豕腊

然後言其喪算

固民自盡

淫德不倦　荒怠敖慢

孔子曰、今之君子好實無厭

公曰　今之君子胡莫之行也

之行禮者如此

以與民同利　昔之君子

食不貳味

孔子侍坐於哀公 哀

莫爲禮也

今之君子

今之用民者由後

所 昔之用民者由前

求得當欲 不以其

午其衆以伐有道午與迕同

公曰　敢問人道誰爲大

孔子愀然作色而對曰

君之及此言也　百姓之德也

固臣敢無辭而對　人道

政爲大

公曰　敢問何謂爲政

孔子對曰　政者正也

君爲正　則百姓從政矣

君之所爲　百姓之所

從也　君所不爲　百姓

何從　公曰　敢問

爲政如之何　孔子

對曰夫婦別　父子親

君臣嚴　三者正則庶物從之矣

治愛人　禮爲大

愛人爲大　所以

孔子對曰　古之爲政

聞乎

之道　可得

願聞所以行三言

公曰　寡人雖無似也

所以治禮　敬爲大

敬之至矣　大昏爲大

大昏至矣

大昏既至　冕而

親迎　親之也　親

之也者　親之也　是故君子興敬爲

親

舍敬是遺親也

弗愛不親　弗敬不正

愛與敬　其政之本與

公曰　寡人願有言然

冕而親迎　不已重乎

孔子愀然作色而對曰　合

二姓之好　以繼先聖之後

孔子曰 天地不合 萬

其辭 請少進

寡人欲問 不得

焉得聞此言也

公曰 寡人固 不固

君何謂已重平

以爲天地宗廟社稷之主

物恥足以振之

足以立上下之敬

神明

出以治直言之禮

足以配天地之

孔子遂言曰

內以治宗廟之禮

也

君何謂已重焉

物不生

大昏

萬世之嗣

國恥足以與之

爲政先禮

禮其政之本與

孔子遂言曰

昔三代明王之政

必敬其妻子也有道

妻也者親之主也

敢不敬與

子也者親之後也

傷其本
枝從而亡
親
是傷其本
是傷其親
傷其
敢不敬與
不能敬其身
身也者親之枝也
無不敬也
敬身爲大
敢不敬與
君子

三者百姓之象也
身以及身
子以及子
妃以及妃
君行
此三者
則愾乎天下矣
大王之道也
如此則國
家順矣
公曰
敢問何謂敬身

能敬其身　則能成其親矣

如是則能敬其身

百姓不命而敬恭

動不過則

君子言不過辭

過動則民作則

孔子對曰　君子過言則民作辭

古之爲政　愛人爲大

名也已　孔子遂言曰

爲君子也　是爲成其親之

謂之君子之子　是使其親

人之成名也　百姓歸之名

孔子對曰　君子也者

公曰　敢問何謂成親

孔子對曰　不過乎物

公曰　敢問何謂成身

不能樂天　不能成其身

不能樂天

不能安土　不能安土

能有其身　不能有其身

不能愛人　不

公曰：敢問君子何貴乎天道也？孔子對曰：貴其不已。如日月東西相從而不已也，是天道也；不閉其久，是天道也；無爲而物成，是天道也；已成而明，是天道也。

公曰　寡人惷愚冥煩

子志之心也　孔子蹴然辟席而對

曰　仁人不過乎物

孝子不過乎物　是故仁

人之事親也如事天

事天如事親

是故孝子成身　公曰

寡人既聞此言也，無如後罪何？孔子對曰：君之及此言也，是臣之福也。

仲尼燕居

仲尼燕居，子張、子貢、言游侍，縱言至於禮。子曰：居！女三人者

子曰　給奪慈仁
勇而不中禮謂之逆
恭而不中禮謂之給
子曰　敬而不中禮謂之野
席而對曰　敢問何如
不偏也　子貢越
吾語女禮　使女以禮周流無

所以制中也

子曰　禮乎　禮　夫禮

敢問將何以爲此中者也

不能教也　子貢越席而對曰

産猶衆人之母也　能食之

子曰　師爾過而商也不及　子

之禮　所以仁死喪也

所以仁昭穆也　饋奠

嘗禘之禮

郊社之義　所以仁鬼神也

子曰　然　然則何如　子曰

禮也者　領惡而全好者與

子貢退　言游進曰　敢問

是故以之居處有禮　故長

如指諸掌而已乎

嘗禘之禮　治國其

子曰　明乎郊社之義

所以仁賓客也

所以仁鄉黨也　食饗之禮

射鄉之禮

是故宫室得其度

故武功成也

事閑也

以之軍旅有禮

以之田獵有禮

故戎

有禮

故官爵序也

故三族和也

以之朝廷

幼辨也

以之閨門之內有禮

政事得其施

官得其體

辨說得其黨

神得其饗

喪紀得其哀

車得其式

鬼

時

樂得其節

量鼎得其象

味得其

倀倀乎其何之　譬如終夜有求

譬猶瞽之無相與

必有其治　治國而無禮

也　君子有其事

子曰　禮者何也　即事之治

其宜

加於身而錯於前　凡衆之動得

於幽室之中非燭何見

若無禮則手足無所措耳目無所加進退揖讓無所制

是故以之居處長幼失其別

閨門三族失其和

朝廷官爵失其序

辨說失其黨　官失其體
神失其饗　喪紀失其哀
節　車失其式　鬼
味失其時　樂失其
宮室失其度　量鼎失其象
軍旅武功失其制
田獵戎事失其策

在畎畝之中事之　聖人已

有四焉　苟知此矣　雖

禮　猶有九焉　大饗

子曰　愼聽之女三人者　吾語女

如此則無以祖洽於衆也

而錯於前　凡衆之動失其宜

政事失其施　加於身

序其禮樂　備其百官

陳其薦俎

夏籥序興

下管象武

揖讓而升堂　升堂而樂闋

入門而縣興

兩君相見　揖讓而入門

示情也

升歌清廟

入門而金作

是故君子無物而不在禮矣

徹以振羽

中采齊

客出以雍

行中規

還中矩

和鸞

如此而后君子知仁焉

節也　君子無理不動

子曰　禮也者理也　樂也者

也　以禮樂相示而已

是故古之君子　不必親相與言

象　示事也

示德也　下而管

無節不作
不能詩
於禮繆
不能樂
於禮素
薄於德
於禮虛
子曰
制度在禮
文
爲在禮
行之其在人乎
子貢越席而對曰
敢問

子張問政　子曰　師

是以傳於此名也　古之人也

夫夔達於樂而不達於禮

而不達於禮　謂之偏

於樂　謂之素　達於樂

之人與　古之人也　達於禮而不達

夔其窮與　子曰　古

乎前吾語女乎 君子明於禮樂

舉而錯之而已

子張復問 子曰 師爾以

為必鋪几筵 升降酌獻酬酢

然後謂之禮乎

爾以為必行綴兆 興羽籥

作鐘鼓 然後謂之樂乎

衆之所亂也　目巧之室則有奧阼

禮之所興　衆之所治也　禮之所廢

而百官莫敢不承事矣

諸侯朝　萬物服體

夫是以天下太平也

君子力此二者以南面而立

言而履之　禮也　行而樂之　樂也

則亂於席上也

車而無

於堂室也

席而無上下

室而無奧阼

則亂

古之義也

行則有隨

立則有序

階則有上下

車則有左右

皆由此塗出也

莫敢相踰越

辨貴賤長幼遠近男女外內

位也

昔聖帝明王諸侯

也

立而無序

則亂於

行而無隨

則亂於塗

左右

則亂於車也

何如　斯可謂民之父母矣

凱弟君子　民之父母

子夏曰　敢問詩云

孔子閒居　子夏侍

孔子閒居

昭然若發矇矣

三子者既得聞此言也於夫子

子夏曰　民之父母　既得

母矣

必先知之　此之謂民之父

以橫於天下　四方有敗

樂之原　以致五至而行三無

孔子曰　夫民之父母乎　必達於禮

而聞之矣 敢問何謂五至

孔子曰 志之所至

詩亦至焉 詩之所至

禮亦至焉 禮之所至

樂亦至焉 樂之所至

哀亦至焉 哀樂相生

是故正明目而視之 不可

無體之禮　無服之喪　此之謂三

孔子曰　無聲之樂

敢問何謂三無

子夏曰　五至既得而聞之矣

謂五至

也　志氣塞乎天地　此之

得而見也　傾耳而聽之　不可得而聞

以畜萬邦　無聲之樂日聞

上下和同　無服之喪

氣志既從　無體之禮

施及四國　無聲之樂

翼翼　無服之喪

既得　無體之禮　威儀

孔悲　無聲之樂　氣志

四方
無體之禮　日就
月將
無服之喪　純德孔明
無聲之樂　氣志既起
無體之禮　施及四海
無服之喪　施于孫子
子夏曰　三王之德　參於天地
敢問何如　斯可謂

參於天地矣

孔子曰　奉三無私以勞天下

子夏曰　敢問何謂三無私

孔子曰　天無私覆

地無私載　日月無私照

奉斯三者以勞天下

此之謂三無私

其在詩曰 帝命不違

至于湯齊

湯降不遲 聖敬日齊

昭假遲遲 上帝是祗

帝命式于九圍

是湯之德也

天有四時 春秋冬夏

耆欲將至　有開必先

清明在躬　氣志如神

非教也

庶物露生　無

風霆　風霆流形

地載神氣　神氣

風雨霜露　無非教也

天降時雨山
川出雲
其在詩曰
嵩高維嶽峻極于天
惟嶽降神生甫及申
惟申及甫惟周之翰四國
于蕃四方于宣此
文武之德也

敢不承乎

然而起　負牆而立　曰　弟子

大王之德也　子夏蹶

文德　協此四國

已　三代之德也　弛其

詩云　明明天子　令聞不

三代之王也　必先其令聞

禮記卷之二十五

坊記

子言之　君子之道　辟則坊與（辟讀爲譬）

坊民之所不足者也　大爲之坊

民猶踰之　故君子禮以坊德

刑以坊淫　命以坊欲

子云　小人貧斯約　富斯驕

約斯盜　驕斯亂

禮者　因人之情而爲之節文

以爲民坊者也　故聖人之制富貴也

使民富不足以驕

貧不至於約　貴不慊於上

故亂益亡

子云　貧而好樂　富而好禮

子云 夫禮者所以章疑別微以爲民坊

猶有畔者

百乘 以此坊民 諸侯

都城不過百雉 家富不過

毒 故制國不過千乘

詩云 民之貪亂 寧爲荼

衆而以寧者 天下其幾矣

不稱楚越之王喪

民有君臣之別也　春秋

家無二主　尊無二上　示

子云　天無二日　土無二王

則民有所讓

衣服有別　朝廷有位

者也　故貴賤有等

禮　君不稱天　大夫不稱君
恐民之惑也　詩云
相彼盍旦　尚猶患之　子
云　君不與同姓同車　與異姓
同車不同服　示民
不嫌也　以此坊民　民猶
得同姓以弑其君

坐下　民猶犯貴　朝廷之位

民猶犯齒　衽席之上　讓而

子云　觴酒豆肉　讓而受惡

寧使人浮於食

故君子與其使食浮於人也

辭富不辭貧　則亂益亡

子云　君子辭貴不辭賤

故稱人之君曰君　自

先人而後已　則民作讓

子云　君子貴人而賤已

至于已斯亡

方　受爵不讓

詩云　民之無良　相怨一

讓而就賤　民猶犯君

死而號無告

寡人　以此坊民　民猶偝

詩云　先君之思　以畜

而後存者　則民可以託

則民不偝　先亡者

子云　利祿先死者而後生者

稱其君曰寡君

子云 有國家者 貴人而賤祿

則民興讓 尚技而賤車

則民興藝 故君子約言

小人先言

子云 上酌民言 則下天上

施 上不酌民言則犯也

下不天上施則亂也

故君子信讓以涖百姓

則民之報禮重

詩云

先民有言

詢

于蒭蕘

子云

善則稱人

過則稱已

則民不爭

善則稱人

過則稱已

則怨益亡

子云 善則稱君 過則稱己

之

是鎬京 惟龜正之 武王成

詩云 考卜惟王 度

過則稱己 則民讓善

履無咎言 子云 善則稱人

詩云 爾卜爾筮

則民作忠　君陳曰

爾有嘉謀嘉猷　入告爾君

于內　女乃順之于外

曰此謀此猷　惟我君之德

於乎是惟良顯哉　子云　善則稱親

過則稱己　則民作孝

大誓曰　予克紂　非予武

曰　三年其惟不言　言乃讙（讙與歡同）

於父之道　可謂孝矣　高宗

論語云　三年無改

子云　君子弛其親之過而敬其美

惟予小子無良

克予　非朕文考有罪

惟朕文考無罪　紂

不令兄弟　交相爲瘉

此令兄弟　綽綽有裕

子因睦以合族　詩云

於父母之黨　可謂孝矣　故君

孝子不匱　子云　睦

勞而不怨　可謂孝矣　詩云

子云　從命不忿　微諫不倦

忝厥祖

書云　厥辟不辟

子云　父子不同位　以厚敬也

君子不敬　何以辨

也　子云　小人皆能養其親

君子以廣孝

車　不可以衣其衣

子云　於父之執　可以乘其

子云
父母在不稱老
言孝
不言慈
閨門之內
戲而不歎
君子以此坊民
民猶有薄於孝
而厚於慈
子云
長民者
朝廷敬老
則民作孝
子云
祭祀之有尸
也
宗廟之有主也
示民有

主人親饋則客祭 主人不親饋則客不沒禮 故食禮

以菲廢禮 不以美

子云 敬則用祭器 故君子不

以此坊民 民猶忘其親

事 教民追孝也

事也 修宗廟 敬祀

祭

故君子苟無禮

雖美不食焉

易曰

東鄰殺牛

不如西鄰之禴祭

實受其福

詩曰

既醉以酒

既飽以德

以此示民

民猶爭利而忘義

宗族 以敎民睦也 故堂上

有上下也 因其酒肉 聚其

尸飲三 衆賓飲一 示民

澄酒在下 示民不淫也

醴酒在室 醍酒在堂

以爲尸 過之者趨走 以敎敬也

子云 七日戒 三日齊 承一人焉

殯於客位　祖於庭

小斂於戶內　大斂於阼

以遠　浴於中霤　飯於牖下

子云　賓禮每進以讓　喪禮每加

語卒獲

詩云　禮儀卒度　笑

觀乎室　堂下觀乎上

敎民追孝也　未沒

子云　升自客階　受弔於賓位

諸侯猶有薨而不葬者

也　吾從周　以此坊民

不偕也　子云　死　民之卒事

於壙　周人弔於家　示民

葬於墓　所以示遠也　殷人弔

喪不稱君　示民不爭也

故魯春秋記晉喪曰

殺其君之子奚齊

及其君卓　以此坊民

子猶有弒其父者

子云　孝以事君　弟以事長

示民不貳也　故君子有君不謀仕

唯卜之日稱二君

喪父三年

喪君三年

示民不疑也

父母在

不敢有其身

不敢私其財

示民有上下也

故天子四海

之內無客禮

莫敢爲

主焉

故君適其臣

先事而後祿也　先財而後禮

子云　禮之先幣帛也　欲民之

民猶忘其親而貳其君

示民不敢專也　以此坊民

父母在　饋獻不及車馬

民不敢有其室也

升自阼階　卽位於堂　示

子曰　君子不盡利以遺民

猶貴祿而賤行

以此坊民　民

易曰　不耕穫　不菑畬凶

者弗能見　則不視其饋

而行情　則民爭　故君子於有饋

則民利　無辭

詩云 彼有遺秉

此有不斂穧 伊寡婦之利

故君子仕則不稼 田則不漁

食時不力珍 大夫不坐羊

士不坐犬 詩云

采葑采菲 無以下體

德音莫違 及爾同死

以此坊民　民猶忘義而爭利以亡

其身

子云　夫禮　坊民所淫　章民之別

使民無嫌　以爲民紀者

也　故男女無媒不交　無幣

不相見　恐男女之無別也

詩云　伐柯如之何

以厚别也　故買妾不知其姓

子云　取妻不取同姓

獻其身

以此坊民　民猶有自

畝　取妻如之何　必告父母

匪媒不得　蓺麻如之何　横從其

匪斧不克　取妻如之何

則卜之以此坊民

魯春秋猶去夫人之姓曰吳

其死曰孟子卒

子云　禮非祭　男女不交爵

以此坊民　陽侯猶殺繆

侯而竊其夫人　故大饗廢夫人

之禮

下漁色　故君子遠色以爲

子云　好德如好色　諸侯不

民猶以色厚於德

則不入其門　以此坊民

交　主人不在　不有大故

弗友也君子以辟遠也　故朋友之

子云　寡婦之子不有見焉　則

此坊民　民猶淫泆而亂於族

婦人疾問之　不問其疾　以

與同席而坐　寡婦不夜哭

嫁而反　男子不

則進左手　姑姊妹女子子已

受不親　御婦人

民紀　故男女授

子云 昏禮 壻親迎 見

於舅姑 舅姑承子以授壻

恐事之違也 以此坊民

婦猶有不至者

色於人　不失口於人　是故

子曰　君子不失足於人　不失

不矜而莊　不厲而威　不言而信

子言之　歸乎君子隱而顯

表記

禮記卷之二十六

朝極辨 不繼之以倦

子曰 祭極敬 不繼之以樂

相瀆也

子曰 禓襲之不相因也 欲民之毋

有擇言在躬

甫刑曰 敬忌 而罔

君子貌足畏也 色足憚也 言足信也

一日使其躬儳焉如不終日

安肆日偷

君子不以

子曰

君子莊敬日強

篤以不揜

恭以遠恥

子曰

君子慎以辟禍

子曰

無辭不相接也

無禮不相

子曰

狎侮死焉而不畏也

月以見君

恐民之不敬也

子曰

齊戒以事鬼神

擇日

見也 欲民之毋相褻也

易曰 初筮告

再三瀆 瀆則不告

子言之 仁者 天下之表也

義者 天下之制也 報者 報注謂禮也

天下之利也

子曰 以德報怨

后非民 無以辟四方

民非后 無能胥以寧

無德不報 大甲曰

詩曰 無言不讐

以怨報怨 則民有所懲

子曰 以德報德 則民有所勸

子曰　仁有三　與仁同功而異情

而置法以民

是故君子議道自已

仁者　天下一人而已矣

子曰　無欲而好仁者　無畏而惡不

民也

則寬身之仁也　以怨報德　則刑戮之

薄於義　親而不尊

仁者人也　道者義也　厚於仁者

仁者右也　道者左也

知者利仁　畏罪者强仁

仁者安仁

與仁同過　然後其仁可知也

與仁同功　其仁未可知也

中心憯怛　愛人之仁

子言之　仁有數　義有長短小大

考道以爲無失

至道以王　義道以霸

道有至義有考

厚於義者薄於仁　尊而不親

我今不閱　皇

數世之仁也　國風曰

武王烝哉

詒厥孫謀　以燕翼子

武王豈不仕

也　詩云　豐水有芑

也　率法而強之　資仁者

人　則賢者可知已矣

義度人　則難爲人　以人望

夫勉於仁者不亦難乎　是故君子以

莫能勝也　行者莫能致也　取數多者仁也

子曰　仁之爲器重　其爲道遠　舉者

卹我後　終身之仁也

子曰 詩之好仁如此

高山仰止 景行行止

愛莫助之 小雅曰

我儀圖之 惟仲山甫舉之

德輶如毛 民鮮克舉之

一人而已矣 大雅曰

子曰 中心安仁者 天下

子曰　恭近禮

子曰　仁之難成久矣　人人失其所好　故仁者之過易辭也

鄉道而行　中道而廢　忘身之老也　不知年數之不足也　俛焉日有孳孳　斃而后已

儉近仁 信近情 敬讓以行此

雖有過 其不甚矣 夫恭

寡過 情可信 儉易

容也 以此失之者 不亦鮮乎

詩云 溫溫恭人

惟德之基

子曰 仁之難成久矣 唯君

子能之

是故君子不以其所能者病人

不以人之所不能者愧人

是故聖人之制行也

不制以已 使民有所勸勉愧恥以行其言

禮以節之 信以結之 容貌以文之 衣服以移之 朋友以極之 欲民之有

壹也 小雅曰 不愧於人 不畏于天 是故君子服其服 則文以君子之容 有其容 則文以君子之辭 遂其辭 則實以君子之德 是故君子恥服其服而無其容 恥有其容而無其辭 恥有

在梁　不濡其翼　彼記之子　不稱其服

詩云　維鵜

甲冑則有不可辱之色

端冕則有敬色

是故君子衰絰則有哀色

其辭而無其德　恥有其德而無其行

不敢有君民之心

子曰 下之事上也 雖有庇民之大德

故諸侯勤以輔事於天子

親耕粢盛秬鬯以事上帝

于天下 天子

子言之 君子之所謂義者 貴賤皆有事

得之自是　不得自是

小心而畏義　求以事君

讓於賢　卑已而尊人

尊其身　儉於位　而寡於欲

不自尚其事　不自

仁　信讓以求役禮

仁之厚也　是故君子恭儉以求役

小心翼翼　昭事上帝

詩云　惟此文王

有君民之大德　有事君之小心

其舜禹文王周公之謂與

求福不回

莫葛藟　施於條枚　凱弟君子

以聽天命　詩云　莫

不自尙其功　以求處情

是故君子不自大其事

恥名之浮於行也

子曰　先王謚以尊名　節以壹惠

二

不回　以受方國

聿懷多福　厥德

故自謂便人

唯欲行之浮於名也

后稷天下之爲烈也

豈一手一足哉

子曰

是故君子雖自卑而民敬尊之

彰人之善而美人之功

以求下賢

過行弗率

以求處厚

使民有父之尊　有母之親

威莊而安　孝慈而敬

之　樂而毋荒　有禮而親

凱以强教之　弟以説安

凱弟君子　民之父母

子言之　君子之所謂仁者其難乎　詩云

火尊而不親

土之於民也親而不尊

尊而不親

水之於民也親而不尊

則憐之

母親而不尊

父

母之親子也

賢則親之

無能

親賢而下無能

此乎

今父之親子也

如此而後可以爲民父母矣

非至德其孰能如

天尊而不親 命之

於民也親而不尊 鬼尊而不親

子曰 夏道尊命 事鬼敬

神而遠之 近人而忠焉

先祿而後威 先賞而後罰

親而不尊 其民

之敝惷而愚喬而野朴而不文殷人尊神率民以事神先鬼而後禮先罰而後賞尊而不親其民之敝蕩而不靜勝而無恥周人尊禮尚施事鬼敬神

不大望於民　民未厭其親　殷人未瀆禮

子曰　夏道未瀆辭　不求備

利而巧　文而不慙　賊而蔽

親而不尊　其民之敝

其賞罰用爵列

而遠之　近人而忠焉

至矣　虞夏

子曰　虞夏之質　殷周之文

殷周之道　不勝其敝

子曰　虞夏之道　寡怨於民

矣

未瀆神　而賞爵刑罰窮

而求備於民　周人强民

子民如父母

生無私　死不厚其子

帝弗可及也已矣　君天下

子言之曰　後世雖有作者　虞

周之質　不勝其文

之文　不勝其質　殷

有憯怛之愛

有忠利之教

親而尊

安而敬

威而愛

富而有禮

惠而能散

其君子尊仁畏義

恥費輕實

忠而不犯

義而順

文而靜

寬而有辨

甫刑曰

故其受祿不誣 其受罪

責於其臣 臣有死於其言

拜自獻其身以成其信 是故君有

子言之 事君先資其言

非虞帝其孰能如此乎

德威惟威 德明惟明

益寡

子曰 事君大言入則望大利

小言入則望小利 故君

子不以小言受大祿

不以大言受小祿 易曰

不家食吉

子曰 事君不下達 不尙辭

非其人弗自　小雅曰

靖共爾位　正直是

與　神之聽之　式穀以女

子曰　事君遠而諫　則讇

也　近而不諫　則尸利也

子曰　邇臣守和　宰正百

子曰　事君難進而易退

謂矣　中心藏之　何日忘之

詩云　心乎愛矣　瑕不

子曰　事君欲諫不欲陳

官　大臣慮四方

則位有序　易進而難退

則亂也　故君子三揖而進

一辭而退　以遠亂也

子曰　事君三違而不出竟

則利祿也　人雖曰不要

吾弗信也

子曰　事君慎始而敬終

子曰　事君可貴可賤

可富可貧　可生

可殺　而不可使爲亂

子曰　事君軍旅不辟難（辟讀曰避）

朝廷不辭賤　處

其位而不履其事　則亂也

命於君 故君命順則臣有順命

子曰 唯天子受命於天 士受

不事王侯 高尚其事

終事而退 臣之厚也 易曰

而從之 否則孰慮而從之

故君使其臣 得志則慎慮

則行有枝葉

天下無道

故天下有道

子曰

君子不以辭盡人

我以爲君

鵲之姜姜

鶉之賁賁

人之無良

詩曰

君命逆則臣有逆命

小人甘以壞　小雅曰

小人之接如醴　君子淡以成

問其所舍　故君子之接如水

則不問其所欲　有客不能館　則不

於有病者之側　不能饋焉

不能賻焉　則不問其所費

則辭有枝葉　是故君子於有喪者之側

盜言孔甘　亂是用餤

子曰　君子不以口譽人　則民作忠　故君子問人之寒則衣之　問人之飢則食之　稱人之善則爵之

國風曰

信誓旦旦　不思其反

國風曰　言笑晏晏

寧有已怨

怨菑及其身　是故君子與其有諾責也

子曰　口惠而實不至

心之憂矣　於我歸說說讀曰稅

子言之 昔三代明王 皆

辭欲巧

與 子曰 情欲信

而貌親 在小人則穿窬之盜也

子曰 君子不以色親人 情疏

焉哉 反是不思 亦已

事天地之神明

無非卜筮之用

不敢以其私褻事上帝

是以不犯日月

不違卜筮

卜筮不相襲也

大事有時日

小事無時日

有筮

外事用剛日

內事用柔日

詩曰

后

其欲儉

其祿及子孫

子曰

后稷之祀易富也

其辭恭

乎鬼神

無怨乎百姓

齊盛

是以無害

不違龜筮

于曰

牲牷禮樂

室
天子不卜處大廟
不以筮
卜宅寢
道以筮
諸侯非其國
諸侯有守筮
天子
子曰
大人之器威敬
天子無筮
稷兆祀
庶無罪悔
以迄於今

於上

是以上不瀆於民　下不褻

不違龜筮　以敬其君長

是以不廢日月

子曰　君子敬則用祭器

則爵不瀆而民作愿

惡惡如巷伯

子曰

好賢如緇衣

則刑不煩矣

子言之曰

爲上易事也

爲下易知也

緇衣

禮記卷之二十七

子以愛之　則民

以刑　則民有遯心　故君民者

則民有格心　教之以政　齊之

子曰　夫民教之以德　齊之以禮

儀刑文王　萬國作孚

刑不試而民咸服　大雅曰

親之　信以結之　則民不倍　恭以涖之

則民有孫心　甫刑曰

苗民匪用命

制以刑　惟作五虐之刑曰法

是以民有惡德而遂絕其世也

子曰　下之事上也　不從其所令

從其所行　上好是物
下必有甚者矣　故上之所好惡
不可不慎也　是民之表也
子曰　禹立三年
百姓以仁遂焉　豈必
盡仁　詩云　赫赫師
尹　民具爾瞻

子愛百姓

尊仁以

先人

故長民者章志貞教

子曰

上好仁

則下之爲仁爭

之孚

下土之式

兆民賴之

大雅曰

成王

甫刑曰

一人有慶

可言也不可行　君子弗言也

故大人不倡游言

王言如綸　其出如綍

子曰　王言如絲　其出如綸

有梏德行　四國順之

民致行已以說其上矣　詩云

可行也不可言 君子弗行也

則民言不危行而行不危言矣

詩云 淑慎爾止

不諐于儀

子曰 君子道人以言而禁人以行

故言必慮其所終

而行必稽其所敝

從容有常　以齊其民　則民德壹

子曰　長民者衣服不貳

穆穆文王　於緝熙敬止

威儀　大雅曰

詩云　慎爾出話　敬爾

則民謹於言而慎於行

而臣不惑於其君矣　尹吉曰吉當作告

而志也　則君不疑於其臣

子曰　爲上可望而知也　爲下可述

出言有章　行歸于周　萬民所望

狐裘黃黃　其容不改

詩云　彼都人士

好是正直

詩云 靖共爾位

則民情不貳

子曰 有國者 章義癉惡以示民厚

其儀不忒

詩云 淑人君子

惟尹躬及湯 咸有德

子曰　上人疑　則百姓惑

下難知　則君長

勞　故君民者　章好以示民俗

愼惡以御民之淫

則民不惑矣

臣儀行　不重辭　不援其所不及

不煩其所不知　則君不勞矣

詩云 上帝板板

下民卒癉 小雅曰

匪其止共 維王之邛

子曰 政之不行也 教之不成也 爵

祿不足勸也 刑罰不足恥也

故上不可以褻刑而輕爵

康誥曰敬明乃罰

甫刑曰播刑之不迪

子曰大臣不親百姓不寧

則忠敬不足而富貴已過也

大臣不治而邇臣比矣

故大臣不可不敬也

是民之表也
邇臣不可不
愼也
是民之道也
君毋
以小謀大
毋以遠言近
毋以內圖外
則大臣不怨
邇臣不疾
而遠臣不蔽矣
葉公之顧命曰
毋以小謀敗大作

彼求我則　如不我得

頫　詩云

而信其所賤　民是以親失而教是以

子曰　大人不親其所賢

毋以嬖御士疾莊士大夫卿士

毋以嬖御人疾莊后

在其所褻也

夫水近於人而溺人

大人溺於民

皆

子曰

小人溺於水

君子溺於口

不克由聖

若已弗克見

既見聖

亦

君陳曰

未見聖

執我仇仇

亦不我力

太甲曰

毋越厥命以自覆也

故君子不可以不慎也

可敬不可慢

易以溺人

夫民閉於人而有鄙心

易出難悔

易以溺人

易以溺人

口費而煩

德易狎而難親也

以逭

尹吉曰吉當作告

惟尹躬天

可違也

自作孽

不可

大甲曰

天作孽

惟衣裳在笥

惟干戈省厥躬

惟口起羞

惟甲胄起兵

兌命曰

若虞機張

往省括于度則釋

君好之 民必欲之 心以體全

則容敬 心好之 身必安之

心莊則體舒 心肅

子曰 民以君爲心 君以民爲體

相亦惟終

見于西邑夏天當作先 自周有終

夏日暑雨　小民惟曰怨資　冬祈寒

卒勞百姓　君雅曰

能秉國成　不自爲正

都邑以成　庶民以生　誰

其言明且清　國家以寧

亦以民亡　詩云　昔吾有先正

亦以體傷　君以民存

小民亦惟曰怨

子曰　下之事上也　身不正

言不信　則義不壹　行無類也

子曰　言有物而行有格也

是以生則不可奪志

死則不可奪名　故君子多

聞　質而守之　多志

質而親之　精知　畧而行之　君陳曰　出入自爾師虞　庶言同　詩云　淑人君子　其儀一也

子曰　唯君子能好其正　小人毒其正　故君子之朋友有鄉（鄉讀曰鄉）其惡有方

是故邇者不惑而遠者不疑也　詩云

君子好仇（仇詩作逑）

子曰　輕絕貧賤而重絕富貴

則好賢不堅而惡

惡不著也　人雖

曰不利　吾不信也　詩云

朋友攸攝　攝以威儀

人苟或言之　必聞其聲　苟或

苟有衣　必見其敝

子曰　苟有車　必見其軾

示我周行

不自留焉　詩云　人之好我

子曰　私惠不歸德　君子

行之必見其成

葛覃曰

服之無射（射詩作斁）

子曰　言從而行之　則言不可飾也　行從而言之　則行不可飾也　故君子寡言而行以成其信　則民不得大其美而小其惡

詩云白圭之玷尚可磨也斯言之玷不可爲也小雅曰允也君子展也大成君奭曰在昔上帝周田觀文王之德周田觀書經作割申勸文書經作寧其集大命于厥躬

子曰 南人有言曰 人而無恒

不可以爲卜筮 古

之遺言與 龜筮猶不能知也

而況於人乎 詩云 我龜既厭

不我告猶 兌命曰

爵無及惡德

民立而正事 純而祭祀

是爲不敬 事煩則亂

事神則難 易曰

不恒其德 或承之羞

恒其德偵 婦人吉

夫子凶

奔喪

奔喪之禮 始聞親喪

哭盡哀而止　哭辟市朝

過國至竟

若未得行　則成服而后行

父母之喪　見星而行　見星而舍

日行百里　不以夜行　唯

問故　又哭盡哀　遂行

以哭答使者盡哀

望其國竟
哭
至於家
入門左
升自
西階
殯東西面坐
哭盡哀
括髮袒
降堂東即位
西鄉哭成踊

哭止　闔門　相者告就次

皆出門　出門

皆如初　衆主人兄弟

後至者　則拜之成踊　送賓

送賓反位　有賓

絞帶　反位　拜賓成踊

襲絰于序東

之拜賓送賓

奔喪者自

奔喪者非主人

則主人爲

三日成服

拜賓送賓皆如初

猶括髮袒成踊

括髮袒成踊

於三哭

於又哭

有賓則主人拜賓送賓

三哭

皆免袒

與主人哭成踊

於又哭

即位袒

免麻于序東

入門左

中庭北面哭盡哀

齊衰以下

襲免絰于序東

西鄉哭成踊

括髮袒

降堂東卽位

奔母之喪

西面哭

盡哀

皆如朝夕哭位

無變也

丈夫婦人之待之也

即位　與主人拾踊

哭盡哀　東髽

殯東西面坐

婦人奔喪　升自東階

髮

父之禮　於又哭　不括

拜賓送賓　皆如奔

即主人位 絰絞帶

成踊 盡哀 括髮 東

婦人墓右

主人之待之也 即位於墓左

墓 北面坐 哭盡哀

奔喪者不及殯 先之

拜賓成踊 賓出 主人拜

成踊 東即位

北面 哭盡哀 括髮袒

遂冠 歸 入門左

畢

反位 成踊 相者告事

哭成踊 拜賓

送有賓後至者則拜之成踊
送賓如初衆主人兄弟
皆出門出門哭止
相者告就次於
又哭括髮成踊於三
哭猶括髮成踊
三日成服於五哭相者

哭盡哀

免麻于東方

先之墓

西面

齊衰以下不及殯

他如奔父之禮

其餘免以終事

爲母所以異於父者

壹括髮

告事畢

免袒成踊

歸入門左北面哭盡哀

告事畢遂冠

後至者拜之如初相者

主人拜賓送賓賓有

入哭成踊襲有賓則

卽位與主

東卽位 拜賓成踊

賓出 主人拜送

於又哭 免袒成踊

於三哭 猶免袒成踊

三日成服

於五哭 相者告事畢

反位

若有賓後至者

賓出

主人拜送于門外

即位

拜賓

反位成踊

成踊

襲経絞帶

乃爲位

括髮袒

問故

又哭盡哀

聞喪不得奔喪

哭盡哀

若除喪而后歸　則之墓　哭成

於五哭　拜賓送賓如初

成踊　三日成服

於三哭　猶括髮袒

於又哭　括髮袒成踊

拜之成踊　送賓如初

自齊衰以下　所以異者免麻

無變於服　與之哭　不踊

於家不哭　主人之待之也

又哭盡哀　遂除

拜賓成踊　送賓　反位

踊　東括髮袒經

相者告就次 三日

哭成踊 送賓 反位

襲 拜賓 反位

卽位 袒成踊

哭盡哀而東免絰

皆卽位

凡爲位 非親喪 齊衰以下

齊衰望鄉而哭

則成服而往

若所爲位家遠

成服拜賓

哭止相者告事畢

衆主人兄弟皆出門

五哭卒主人出送賓

所識於野張帷

或曰

朋友於寢門外

寢

師於廟門外

哭父之黨於廟

毋妻之黨於

即位而哭

至門而哭

緦麻

大功

望門而哭

小功

不敢拜賓

拜賓

諸臣在他國爲位而哭

大夫哭諸侯

不敢

卿大夫五

士三

哭天子九

諸侯七

母之黨於廟

凡爲位不奠

凡喪　父在　父爲主　父沒

人北面而踊

皆爲之成踊　從主

所識者弔　先哭于家而後之墓

爲位而哭　凡爲位者壹袒

與諸侯爲兄弟　亦

拜賓則尚左手

后聞喪

免袒成踊

聞遠兄弟之喪

既除喪而

親者主之

親同

長者主之

不同

兄弟同居

各主其喪

問喪

襲而后拜之

成踊而后襲

於士

凡奔喪

有大夫至祖

拜之

及婦人降而無服者

麻

無服而爲位者

唯嫂叔

親始死　雞斯　徒跣

扱上衽　交手哭

惻怛之心　痛疾之意　傷腎乾肝

焦肺　水漿不入口

三日不舉火　故鄰里爲

之糜粥以飲食之　夫悲哀

在中　故形變於外也　痛疾在心

故袒而踊之　所

痛疾之意　悲哀志懣氣盛

哭踊無數　惻怛之心

柩　動尸舉柩

三日而斂　在牀曰尸　在棺曰

身不安美也　故口不甘味

送形而往　迎精而反也

故曰　辟踴哭泣　哀以送之

也

殷田田　如壞牆然　悲哀痛疾之至

故發胸擊心爵踊　殷

婦人不宜袒

以動體安心下氣也

亡矣喪矣不可復見已矣

上堂又弗見也入室又弗見也

求而無所得之也入門而弗見也

往送也如慕其反也如疑

皇皇然若有求而弗得也故其

追而弗及也其反哭也

其往送也望望然汲汲然如有

之在外也　寢苫枕塊

入處室　居於倚廬　哀親

復反也　成壙而歸　不敢

祭之宗廟以鬼饗之　徼幸

心絶志悲而已矣

盡哀而止矣　心悵焉愴焉惚焉愾焉

故哭泣辟踊

故匍匐而哭之　若將復生

曰　孝子親死　悲哀志懣

或問曰　死三日而后斂者何也

人情之實也

思慕之心　孝子之志也

泣無時　服勤三年

哀親之在土也　故哭

然 安可得奪而斂之也 故曰

三日而后斂者 以俟

其生也 三日而不生

亦不生矣 孝子之心 亦益衰矣

家室之計 衣服之具

亦可以成矣 親戚之遠者 亦可以至矣

是故聖人爲之斷決 以三

也　身有錮疾　不可以備禮也

傴者不袒　跛者不踊　非不悲

代之也　然則禿者不免

之體也　故爲之免以

何也　曰　冠　至尊也　不居肉袒

或問曰　冠者不肉袒

曰爲之禮制也

故曰喪禮唯哀為主矣

女子哭泣悲哀擊胸傷心男子哭泣悲哀稽顙觸地無容悲哀哀之至也

或問曰免者以何為也曰不冠者之所服也

禮曰童子

不緦　唯當室緦

緦者其免

也　當室則免而杖矣

或問曰　杖者何也　曰　竹桐一也

故爲父苴杖

苴杖　竹也

爲母削杖

削杖

桐也

或問曰

杖者以何爲

也

曰

孝子喪親

哭泣無數

服勤三年

身病體羸

以杖扶病也

則父在不敢杖矣

尊者在故

也

堂上不杖

辟尊者之處

也

堂上不趨

示不遽也

此孝子之志也

人情之實也

禮義之經也

非從天降也

非從地出也

人情而已矣

公子之妻　為公子之外兄弟

有從無服而有服

為妻之父母

有從重而輕

公子之妻為其皇姑

傳曰　有從輕而重

服問

禮記卷之二十八

則不爲繼母之黨服

爲其母之黨服

母死 則爲其母之黨服

傳曰 母出 則爲繼母之黨服

公子爲其妻之父母

有從有服而無服

三年之喪　既練矣　有期之喪

既葬矣　則帶其故葛帶

絰期之絰　服其功衰

有大功之喪亦如之

小功無變也

麻之有本者　變三年之葛

因其初葛帶

如免

則經其緦小功之經

小功不易喪之練冠

既經則去之

每可以經必經

既免去經

既練

遇麻斷本者於免經之

是非重麻

終殤之月筭而反三年之葛

殤長中變三年之葛

爲稅

不變大功之葛

以有本

小功之葛

小功之麻

緦之麻

不變

君所主 夫人妻 大子適婦 大子卽世子

服

君也 世子不爲天子

君爲天子三年 夫人如外宗之爲

下殤則否

爲其無卒哭之稅

大夫之適子爲君夫人大子如士服

君之母非夫人則羣臣無服唯近臣及僕驂乘從服唯君所服服也

公爲卿大夫錫衰以居

君子不奪人之喪　亦不可奪喪也

齊衰脫稅同　傳曰

於君無免經　唯公門有稅

凡見人無免經繉如字也　雖朝

其妻　往則服之　出則否

大夫相爲亦然　爲

出亦如之　當事則弁經

惡貌也 所以首其內而見諸外也

斬衰何以服苴 苴

閒傳

上附下附 列也

喪多而服五

傳曰 罪多而刑五

齊衰之哭

若往而反

斬衰之哭

若往而不反

者也

此哀之發於容體

小功緦麻容貌可也

齊衰貌若枲

大功貌若止

斬衰貌若苴

此哀之發於言語者也

小功緦麻議而不及樂

大功言而不議

斬衰唯而不對

齊衰對而不言

此哀之發於聲音者也

小功緦麻

哀容可也

大功之哭

三曲而偯

斬衰三日不食　齊衰二日不食　大功三不食　小功緦麻再不食　士與斂焉則壹不食　故父母之喪　既殯食粥　朝一溢米　莫一溢米　齊衰之喪

疏食水飲
不食菜果
大功之喪
不食醯醬
小功緦麻
不飲醴酒
此哀之發於飲食者也
父母之喪
既虞卒哭
疏食水飲
不食菜果
期而小祥
食菜果
又期

齊衰之喪　居堊室

不說經帶說同脫

父母之喪　居倚廬　寢苫枕塊

始食肉者先食乾肉

始飲酒者先飲醴酒

中月而禫　禫而飲醴酒

而大祥　食醯醬

居堊室 寢有席

期而小祥

翦屏 芐翦不納

父母之喪 既虞卒哭 柱楣

牀可也 此哀之發於居處者也

寢有席 小功緦麻

芐翦不納 大功之喪

又期而大祥居復寢

中月而禫禫而

牀

斬衰三升齊衰四升五

升六升

大功七升八升九升

小功十升十一升十二升

哭 受以成布六升

斬衰三升 既虞卒

此哀之發於衣服者也

有事其縷 無事其布 曰緦

麻十五升去其半

緦

要絰不除

男子除乎首

練冠縓緣

期而小祥

去麻服葛

葛帶三重

七升

冠八升

四升

受以成布

冠七升

爲母疏衰

素縞麻衣

又期而大祥

易服者易輕者

除服者先重者

男子重首

婦人重帶

男子何爲除乎首也

婦人何爲除乎帶也

婦人除乎帶

既練

遭大功之喪

重者特

遭齊衰之喪

輕者包

斬衰之喪

既虞卒哭

易服者何為易輕者也

無所不佩

中月而禫

禫而纖

麻葛重
齊衰之喪
既虞卒哭
遭大功之喪
麻葛兼服之
斬衰之葛
與齊衰之麻同
齊衰之葛
與大功之麻同
大功之葛
與小功之麻同
小功之葛
與緦
麻同

之麻同　麻同則兼服之

兼服之　服重者則易輕者也

三年問

三年之喪何也　曰　稱情而立文

因以飾羣　別親

疏貴賤之節　而弗可損益也

故曰無易之道也

創鉅者其日久　痛甚者其愈

遲　三年者稱情而立文

所以爲至痛極也

斬衰　苴杖　居倚廬

食粥　寢苫　枕塊

所以爲至痛飾也　三年之喪

今是大鳥獸

有知之屬
莫不知愛其類

凡生天地之間者
有血氣之屬必有知

復生有節也哉

是斷之者
豈不送死有已

思慕未忘
然而服以

二十五月而畢
哀痛未盡

則失喪其羣匹 越月踰時焉

則必反巡過其故鄉 翔回

焉 鳴號焉 蹢躅焉 踟躕焉 然後

乃能去之 小者至於燕雀

猶有啁噍之頃焉然後乃能去之

故有血氣之屬者 莫知於人

故人於其親也

至死不窮

將由夫患邪淫之人與　則彼朝死

而夕忘之　然而從之

則是曾鳥獸之不若也

夫焉能相與羣居而不亂乎

將由夫脩飾之君子與　則三

年之喪二十五月而畢　若駟

至親以期斷

是何也

然則何以至期也

曰

則釋之矣

壹使足以成文理

故先王焉爲之立中制節

則是無窮也

之過隙

然而遂之

曰 天地則已易矣 四時則已變矣
其在天地之中者 莫不
更始焉 以是象之也
然則何以三年也 曰 加隆焉
爾也 焉使倍之 故再期也
由九月以下何也 曰 焉
使弗及也

故三年以爲隆　緦小功以爲殺

期九月以爲間

上取象於天　下取法於地

中取則於人　人之所以羣

居和壹之理盡矣　故三年之

喪　人道之至文者也

夫是之謂至隆　是百王之所同　古今

古者深衣　蓋有制度以應規矩繩權

深衣

夫三年之喪　天下之達喪也

於父母之懷

孔子曰　子生三年然後免

之所壹也　未有知其所由來者也

下毋厭髀　上毋厭脅

長短　反詘之及肘　帶

袼之高下　可以運肘　袂之

下

續衽鉤邊　要縫半

見膚　長毋被土

衡　短毋

下齊如權衡以應平

負繩及踝以應直

曲袷如矩以應方

袂圜以應規

制十有二幅以應十有二月

當無骨者

而平心也

五法已施

以安志

下齊如權衡者

之動

直以方也

故易曰

坤六二

以直其政

方其義也

負繩抱方者

故規者行舉手以爲容

弗費　善衣之次也

可以治軍旅　完且

故可以爲文　可以爲武　可以擯相

平　故先王貴之

繩取其直　權衡取其

其無私　故聖人服之　故規矩取

投壺之禮

主人奉矢

司射奉

投壺

廣各寸半

衣純以素

純袂緣純邊

具父母

衣純以青

如孤子

具父母大父母

衣純以繢

中

使人執壺

主人請曰

某有枉矢哨壺

請以樂賓

賓曰

子有旨酒嘉肴

某

旣賜矣

又重以樂

敢辭

主人曰

枉矢哨壺

不足辭也

敢固以請

賓曰某既賜矣又重以樂敢固辭主人曰枉矢哨壺不足辭也敢固以請賓曰某固辭不得命敢不敬從賓再拜受主人般還曰

辟
主人阼階上拜送
賓般還曰辟
已拜受矢
進即兩楹間
退反位
揖賓就筵
司射進
度壺
間以二

馬　一馬從二馬　三馬

正爵既行　請為勝者立

比投不釋　勝飲不勝者

請賓曰　順投為入

設中　東面　執八筭興

矢半　反位

有入者 則司射坐而釋一筭

左右告矢具 請拾投

若一 太師曰諾

命弦者曰 請奏貍首 間

請主人亦如之

既立 請慶多馬

遂以奇筭告

二筭爲純　一純以取　一筭爲奇

左右卒投　請數

卒投　司射執筭曰

主黨於左

焉　賓黨於右

跪曰敬養

賜灌

媵者

諾

當飲者皆跪奉觴曰

命酌曰

請行觴

酌者曰

曰奇

鈞則曰左右鈞

曰某賢於某若干純

奇則

馬

正爵既行　請徹

賓主皆曰諾

三馬既備　請慶多馬

以慶　慶禮曰

馬各直其筭　一馬從二馬

正爵既行　請立馬

矢之躍而出也　壺去席二矢半

壺中實小豆焉　為其

口徑二寸半　容斗五升

壺頸脩七寸　腹脩五寸

籌長尺二寸

堂上七扶　庭中九扶

籌多少視其坐　籌　室中五扶

毋憮毋敖

毋

薛令弟子辭曰

偝立踰言有常爵

毋敖

毋偝立

毋踰言

魯令弟子辭曰

毋憮

毋去其皮

矢以柘若棘

偝立

毋踰言

若是者浮

司射庭長及冠士立者

皆屬賓黨

樂人及使者童子

皆屬主黨

鼓○□○○□□○□○○□半○□○□○

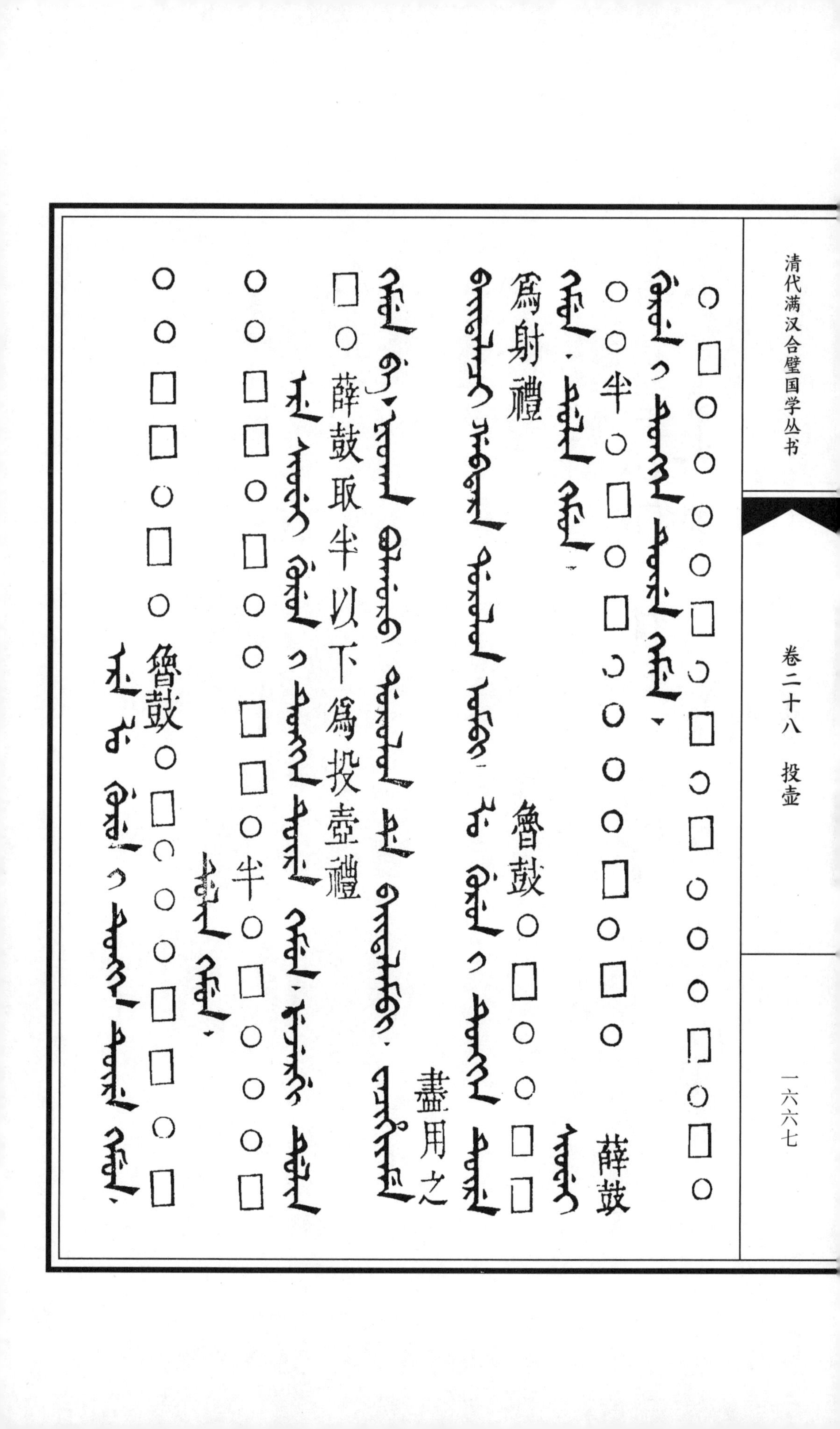

○□○○○○□○□○□○○○□○□○

○○半○□○□○○○○□○□○薛鼓

爲射禮

魯鼓○□○○□□

盡用之

□○薛鼓取半以下爲投壺禮

○○□□○□○○□□○半○□○○○□

○○□□○□○魯鼓○□○○○□□○□

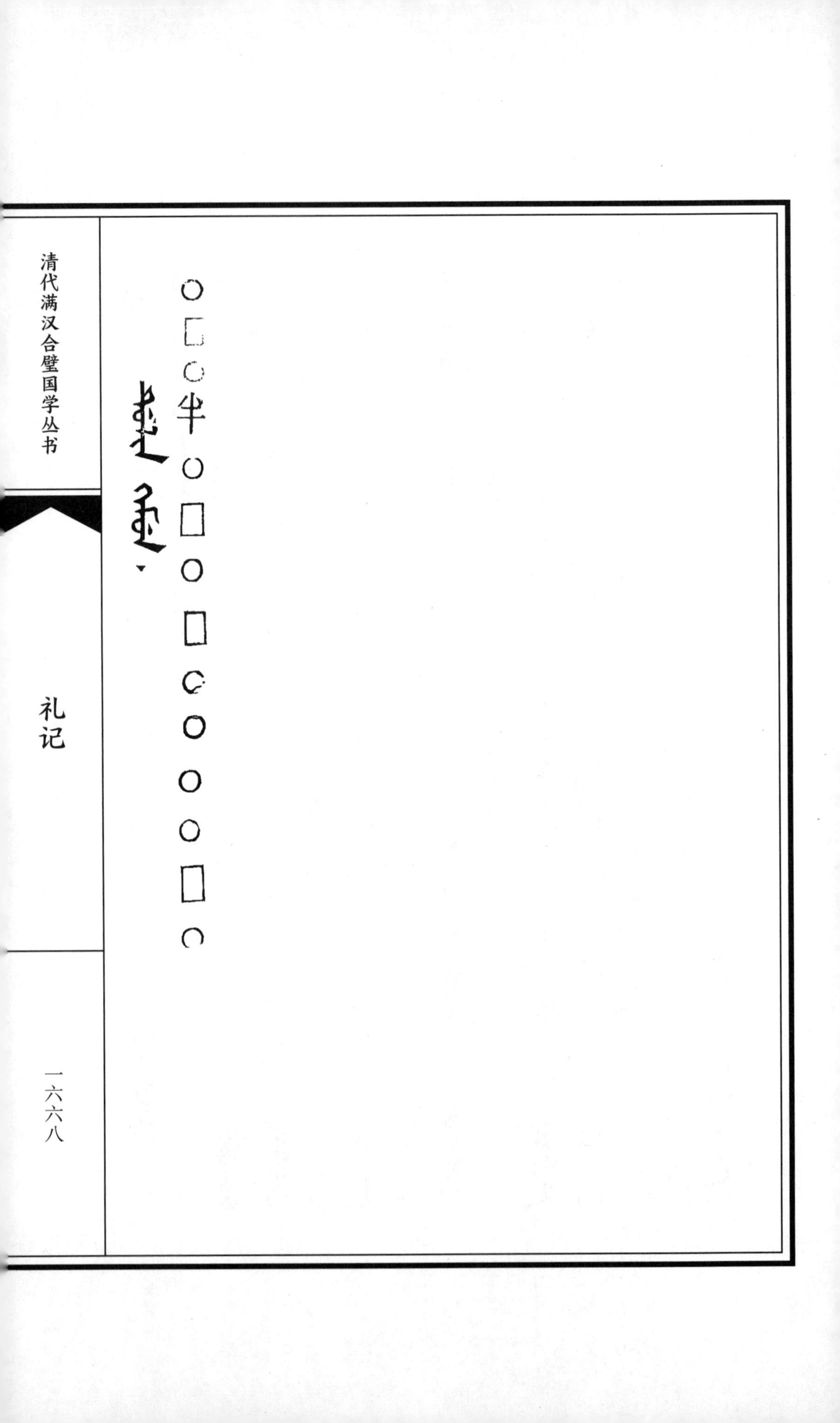

○□○牛○□○□○○○○□○

君子之學也博　其服也

冠章甫之冠　丘聞之也

衣逢掖之衣　長居宋

其儒服與　孔子對曰丘少居魯

魯哀公問於孔子曰　夫子之服

儒行

禮記卷之二十九

夙夜强學以待問

儒有席上之珍以待聘

哀公命席　孔子侍曰

悉數之乃留　更僕未可終也

對曰遽數之　不能終其物

哀公曰　敢問儒行　孔子

鄉　丘不知儒服

懷忠信以待舉 力行以待取 其自立有如此者

儒有衣冠中 動作慎 其大讓如慢 小讓如偽 大則如威 小則如愧 其難進而易退也 粥粥若無能也

养其身以有爲也

愛其死以有待也

冬夏不爭陰陽之和

行必中正

道塗不爭險易之利

坐起恭敬

言必先信

其

儒有居處齊難

其容貌有如此者

其備豫有如此者

儒有不寶金玉，而忠信以爲寶；不祈土地，立義以爲土地；不祈多積，多文以爲富；難得而易祿也，易祿而難畜也；非時不見，不亦難得乎

非義不合　不亦難畜乎

先勞而後祿　不亦易祿乎

其近人有如此者

儒有委之以貨財　淹之以樂好

見利不虧其義　劫之以衆

沮之以兵　見死不更其守

可近而不可迫也　可殺而不可辱

儒有可親而不可劫也

不習其謀　其特立有如此者

流言不極　不斷其威

往者不悔　來者不豫　過言不再

引重鼎　不程其力

鷙蟲攫搏　不程勇者

也
其居處不淫　其飲
食不溽　其過失可微辨而不
可面數也
其剛毅有如此者
儒有忠信以爲甲胄
禮義以爲干櫓　戴仁而行
抱義而處　雖有暴政

不更其所　其自立有如此者

儒有一畝之宮　環堵之室

篳門圭窬　蓬戶甕牖

易衣而出　井日而食

上答之　不敢以疑

上不答　不敢以諂

其仕有如此者

儒有今人與居
古人與稽
今世行之
後世以爲楷
適弗逢世
上弗援
下弗推
讒諂之民
有比黨而危之者身可危也
而志不可奪也
雖危起居
竟信其志
猶將不忘百姓之病也
其憂思有

裕有如此者

毁方而瓦合　其寬

優游之法　慕賢而容衆

禮之以和爲貴　忠信之美

幽居而不淫　上通而不困

儒有博學而不窮　篤行而不倦

如此者

其舉賢援能有如此者

利國家　不求富貴

其報　君得其志　苟

推賢而進達之　不望

外舉不辟怨　程功積事

儒有內稱不辟親

儒有聞善以相告也

見善以相示也　爵位相先也

患難相死也　久相待

也　遠相致也　其任舉有

如此者

儒有澡身而浴德

陳言而伏　靜而正之　上弗知

下不仕諸侯

儒有上不臣天子

其特立獨行有如此者

同弗與　異弗非也

爲多　世治不輕　世亂不沮

不臨深而爲高　不加少而

也　麤而翹之　又不急爲也

愼靜而尚寬　强毅以與人

博學以知服　近

文章　砥厲廉隅　雖

分國如錙銖　不臣不仕

其規爲有如此者

儒有合志同方　營道同術

並立則樂　相下不厭

之能也

禮節者仁之貌也

寬裕者仁之作也

孫接者仁

溫良者仁之本也

敬愼者仁之地也

其交友有如此者

同而進

不同而退

其行本方立義

久不相見

聞流言不信

不累長上　不閔有司

不充詘於富貴　不慁君王

儒有不隕穫於貧賤

其尊讓有如此者

兼此而有之　猶且不敢言仁也

和也　分散者仁之施也　儒皆

言談者仁之文也　歌樂者仁之

冠義

以儒爲戲

行加義

終沒吾世

不敢

聞此言也

言加信

孔子至舍

哀公館之

常以儒相詬病

故曰儒

今衆人之命儒也妄

凡人之所以爲人者禮義也　禮義之始　在於正容體　齊顏色　順辭令　容體正　顏色齊　辭令順　而后禮義備　以正君臣　親父子　和長幼　君臣正　父子親

長幼和

而后禮義立

故冠而后服備

服備而后容體正

顏色齊

辭令順

故曰

冠者禮之始

也

是故古者聖王重冠

三加彌尊　加有成也

代也　醮於客位

故冠於阼　以著

重禮　所以爲國本也

事　所以重禮

所以敬冠事　敬冠

古者冠禮　筮日　筮賓

已冠而字之 成人之道也

見於母 母拜之 見於兄弟

兄弟拜之 成人而與爲禮也

玄冠玄端 奠摯於君

遂以摯見於鄉大夫鄉先生

以成人見也

成人之者將責成人禮焉也責成人禮焉者將責爲人子爲人弟爲人臣爲人少者之禮行焉將責四者之行於人其禮可不重與故孝弟忠順之行立而后可以爲人

可以爲人　而后可以治人

也　故聖王重禮

故曰　冠者禮之始也　嘉事

之重者也　是故古者重冠

重冠　故行

之於廟　行之於廟者　所以尊重

事　尊重事而不敢擅重事

後世也 故君子重之

上以事宗廟 而下以繼

昏禮者 將合二姓之好

昏義

所以自卑而尊先祖也

不敢擅重事

是以昏禮
納采
問名
納吉
納徵
請期
皆主人筵几於廟
而拜迎於門外
入揖讓而
升
聽命於廟
所以敬慎重正昏禮也

父親醮子而命之迎　男先於女也
子承命以迎　主人筵
几於廟而拜迎於門外
壻執鴈入
揖讓升堂　再拜奠鴈
蓋親受之於父母也
降出　御婦車

禮之大體　而所以成男女

敬愼重正而后親之

以親之也

合巹而酳　所以合體同尊卑

壻揖婦以入　共牢而食

先俟于門外　婦至

而壻授綏　御輪三周

之别而立夫婦之義也

男女有别而后夫婦有義

夫婦有義而后父子有親

父子有親而后君臣有

正　故曰

昏禮者禮之本也

夫禮始於冠　本於

贊醴婦

婦執笲棗栗段修以見

贊見婦於舅姑

夙興　婦沐浴以俟見　質明

此禮之大體也

尊於朝聘　和於鄉射

昏　重於喪祭

婦祭脯醢　祭醴
成婦禮也　舅姑入室
婦以特豚饋　明婦
順也　厥明　舅姑共饗婦以
一獻之禮　奠酬
舅姑先降自西階　婦降自阼
階　以著代也

是故婦順備而后內和理

之事
以審守委積蓋藏

而后當於夫
以成絲麻布帛

舅姑
和於室人

焉也
婦順者
順於

又申之以著代
所以重責婦順

成婦禮
明婦順

内和理而后家可長久也

故聖王重之

是以古者婦人先嫁三月

祖廟未毁敎于公宫

祖廟既毁敎

九嬪　二十七世婦　八十一御妻

古者天子后立六宮　三夫人

成婦順也

魚　芼之以蘋藻　所以

教成　祭之　牲用

教以婦德婦言　婦容　婦功

于宗室

故外和而國治

外治　以明章天下之男教

夫　八十一元士　以聽天下之

天子立六官　三公　九卿　二十七大

故天下內和而家理

以明章婦順

以聽天下之內治

此之謂盛德

外內和順

國家理治

天子聽外治

教順成俗

后聽女職

道

后治陰德

后聽女順

天子理陽

故曰

天子聽男教

則后素服而修六宮之職

蕩天下之陽事　月食

則天子素服而修六官之職

於天　月爲之食　是故日食

不修　陰事不得　適見

適見於天　日爲之食　婦順

是故男敎不修　陽事不得

服父之義也　爲后服資衰

之與母也　故爲天王服斬衰

也　故曰　天子之與后　猶父

父道也　后修女順　母道

后成者也　天子修男敎

與后　猶日之與月　陰之與陽　相須而

蕩天下之陰事　故天子之

資當爲齊

服母之義也

鄉飲酒義

鄉飲酒之義　主人拜迎賓於庠門之外　入　三揖而后至階　三讓而后升　所以致尊讓也　盥洗　揚觶　所以致絜也

拜至 拜洗 拜受 拜送 拜旣 所以致敬也 尊讓絜敬也者 君子之所以相接也 君子尊讓 則不爭 絜敬則不慢 不慢不爭 則遠 於鬬辨矣 不鬬辨 則無暴

主人共之也　洗當東榮

貴其質也　羞出自東房

賓主共之也　尊有玄酒

君子尊於房戶之間

故聖人制之以道　鄉人士

禍也

亂之禍矣　斯君子之所以免於人

四面之坐 象四

三也 象月之三日而成魄也

三賓 象三光也 讓之

象陰陽也

賓主 象天地也 介僎

絜而以事賓也

主人之所以自

此天地之仁氣也

主人者尊賓

此天地之盛德氣也

之氣

始於東北而盛於東南

此天地之義氣也

天地溫厚

西北

此天地之尊嚴氣也

天地嚴凝之氣

始於西南而盛於

時也

輔主人也　仁義接

故坐於東南　而坐僎於東北以

接人以仁　以德厚者也

故坐於西北　主人者

賓者接人以義者也

而坐介於西南以輔賓

故坐賓於西北

聖人務焉

將以得身也　是故

故曰　古之學術道者

德　德也者得於身也

曰禮　禮以體長幼曰

聖　聖立而將之以敬

賓主有事　俎豆有數曰

祭薦祭酒　敬禮也

嚌肺　嘗禮也　啐酒

成禮也　於席末　言是席之

正　非專爲飲食也　爲行禮也

此所以貴禮而賤財也

卒觶致實於西階上

言是席之上　非專爲飲食

明尊長也　六十者三豆

者立侍以聽政役　所以

鄉飲酒之禮　六十者坐　五十

而不爭矣　則民作敬讓

也　先禮而後財

也　此先禮而後財之義

成教而后國可安也

長養老

而后成教

弟

民入孝弟

出尊

老

而后乃能入孝

所以明養老也

民知尊長養

九十者六豆

七十者四豆

八十者五豆

至於門外　主人拜賓及介

介而衆賓自從之

道之易易也　主人親速賓及

孔子曰　吾觀於鄉　而知王

酒之禮　而孝弟之行立矣

之也　合之鄉射　敎之鄉飲

君子之所謂孝者孝當作教　非家至而日見

而衆賓自入

貴賤之義別矣

三揖至於階

三讓以賓升

拜至獻酬辭讓之節繁

及介省矣

至於衆

賓升受坐祭立飲

不酢而降

隆殺之義辨矣

工入 升歌三終 主人獻之 笙入三終 主人獻之 間歌三終 合樂三終 工告樂備 遂出 一人揚觶 乃立司正焉 知其能和樂而不流也

莫不廢夕　賓出　主人

飲酒之節朝不廢朝

降說屨　升坐　修爵無數

其能弟長而無遺矣

終於沃洗者焉　知

介酬衆賓　少長以齒

賓酬主人　主人酬介

天下安　故曰　吾觀於

以正身安國矣　彼國安而

安燕而不亂　此五行者　足

和樂而不流　弟長而無遺

貴賤明　隆殺辨

燕而不亂也

拜送　節文終遂焉　知其能安

之以三光 政敎之本也

地 紀之以日月 參

古之制禮也 經之以天

立三賓以象三光

立主以象地 設介僎以象日月

鄉飲酒之義 立賓以象天

鄉 而知王道之易易也

春之爲言蠢也　產萬物者

賓必南鄉　東方者春

酒　教民不忘本也

海也　尊有玄

其水在洗東　祖天地之左

東方也　洗之在阼

亭狗於東方　祖陽氣之發於

聖也

南方者夏

夏之爲言假也

養之長之假之

仁也

西方者秋

秋之爲言愁也愁揫通

愁之以時察守

義者也

北方者冬

冬之爲言中也

中者

藏也

是以天子之立也

産萬物者也　月者三日則成魄

産萬物者也　主人者造之

東方者春　春之爲言蠢也

主人必居東方

介必東鄉　介賓主也

偕藏也

左聖　鄉仁　右義

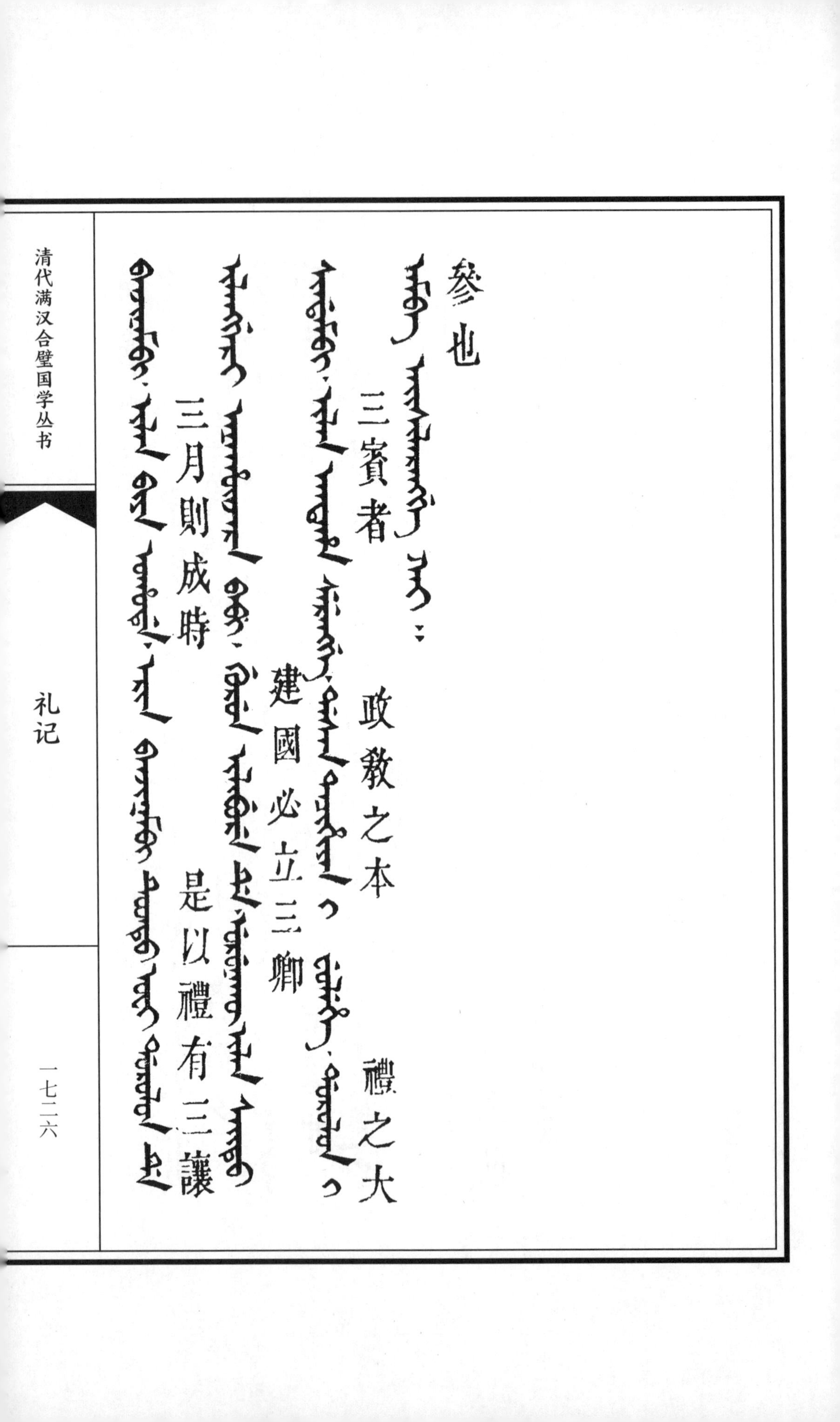

參也

三賓者

政教之本

禮之大

建國必立三卿

三月則成時

是以禮有三讓

鄉飲酒之禮者　所以明長幼之序也

所以明君臣之義也

行鄉飲酒之禮　故燕禮者

卿大夫士之射也　必先

古者諸侯之射也　必先行燕禮

射義

禮記卷之三十

其節

天子以騶虞爲節

此可以觀德行矣

弓矢審固

然後可以言中

然後持弓矢審固

持

內志正

外體直

故射者

進退周還必中禮

失職也

是故

采蘩者樂不

時也

采蘋者樂循法也

者樂官備也

貍首者樂會

士以采蘩爲節

騶虞

卿大夫以采蘋爲節

諸侯以貍首爲節

功成則國安 故曰
德行立 則無暴亂之禍矣
則功成而德行立
故明乎其節之志以不失其事
循法爲節 士以不失職爲節
會天子爲節 卿大夫以
天子以備官爲節 諸侯以時

焉

莫若射

故聖王務

而可數爲以立德行者

因而飾之以禮樂也

故事之盡禮樂

射者男子之事也

是故古者天子以射選諸侯卿大夫士

射者所以觀盛德也

是故古者天子之制 諸侯歲獻

貢士於天子 天子試之於

射宮 其容體比於禮 其節

比於樂 而中多者 得與於祭

其容體不比於禮 其節不比

於樂 而中少者 不得與於祭

數與於祭而君有慶 數不與於

四正具舉　大夫君子

故詩曰　曾孫侯氏

禮樂而以流亡者　未之有也

志於射以習禮樂　夫君臣習

射者射爲諸侯也　是以君臣盡

數有讓而削地　故曰

祭而君有讓　數有慶而益地

凡以庶士

小大莫處

御於君所

以燕以射

則燕則譽

言君臣相與盡志於射以習禮樂

則安則譽也

是以天子制之而諸侯務焉

此天子之所以養諸侯而兵不用

諸侯自為正之具也

又使公罔之裘序點揚觶而語

餘皆入 蓋去者半 入者半

與爲人後者不入 其

賁軍之將 亡國之大夫

使子路執弓矢出延射曰

射至於司馬

孔子射於矍相之圃 蓋觀者如堵牆

公罔之裘揚觶而語曰幼壯孝弟者耋好禮不從流俗修身以俟死者不在此位也蓋去者半處者半序點又揚觶而語曰好學不倦好禮不變旄期稱道不亂者不在此位也

蓋勵有存者

射之爲言者繹也　或曰舍也　繹者各繹己之志也　故心平體正　持弓矢審固　持弓矢審固　則射中矣　故曰　爲人父者以爲父鵠　爲人子者以爲子鵠　爲人君者以爲

君鵠
爲人臣者以爲臣鵠
故射者各射已之鵠
故天
子之大射
謂之射侯
射侯者射
爲諸侯也
射中
則得
爲諸侯
射不中
則不得爲諸侯
天子將祭
必先習射於澤

故男子生　桑弧蓬矢六

有慶　益以地　進爵絀地是也

不得與於祭者有讓　削以地　得與於祭者

於祭　不中者不得與於祭

后射於射宮　射中者得與

澤者所以擇士也　已射於澤而

已正而后發

射者仁之道也

射求正諸已

然後敢用穀也

飯食之謂也

先有志於其所有事

者

男子之所有事也

故必

以射天地四方

天地四方

其雅賢者乎　若夫不肖之人

循聲而發　發而不失正鵠者

孔子曰　射者何以射　何以聽

飲　其爭也君子

必也射乎　揖讓而升　下而

已而已矣　孔子曰　君子無所爭

發而不中　則不怨勝己者　反求諸

則彼將安能以中

詩云

發彼有的　以祈爾爵

祈　求也

求中以辭爵也

酒者　所以養老也

所以養病也

求中以辭爵者

辭養也

燕義

古者周天子之官有庶子官

庶子官

職諸侯卿大夫士之庶子

之卒（卒讀曰倅）

掌其戒令與

其教治

别其等

正其位

國有大事

則率國子而致於大子

唯所用之

若有甲兵之事

則授之以車甲

諸侯燕禮之義

君立阼階之東南

以考其藝而進退之

春合諸學

秋合諸射

使之修德學道

之政事

國子存游卒

司馬弗正

凡國

合其卒伍

置其有司

以軍法治之

設賓主飲酒之禮也使宰

西面特立莫敢適之義也

君獨升立席上

君席阼階之上居主位也

大夫皆少進定位也

南鄉爾卿爾與邇同

君舉旅於賓

及君所賜爵

君降一等而揖之

禮之也

之義也

賓入中庭

而以大夫爲賓

爲疑也

明嫌

不以公卿爲賓

夫爲獻主

臣莫敢與君亢禮也

皆降再拜稽首　升成拜

明臣禮也

君荅拜之　禮無不荅

明君上之禮也

臣下竭力盡能以立功於國

君必報之以爵祿

故臣下皆務竭力盡能以立功

是以國安而君寧

禮無不答
言上之不虛取於下也
上必明
正道以道民
民道
之而有功
然後取其什一
故上用足而下不匱也
是以上下和親而不相怨也
和寧
禮之用也
此君臣上

下之大義也

故曰燕禮

者

所以明君臣之義也

席

小卿次上卿

大夫次小卿

士庶

子以次就位於下

獻君

君舉旅行酬而后獻卿大夫

聘禮 上公七介 侯伯五介

聘義

所以明貴賤也

等差

俎豆牲體薦羞 皆有

酬而后獻庶子

獻士 士舉旅行

大夫舉旅行酬而后

三讓而后升

三揖而后至階

廟門

三讓而后入

三讓而后傳命

敬之至也

君子於其所尊弗敢質

傳命

介紹而

所以明貴賤也

子男三介

接以敬讓則不相侵陵

者君子之所以相接也故諸侯相

所以致敬也敬讓也

北面拜貺拜君命之辱

君親拜迎于大門之內而廟受

竟（竟與境同）大夫郊勞

所以致尊讓也君使士迎于

所以明賓客君臣之義也

賄贈　饗食燕

致饔餼　還圭璋

賓私面私覿

禮賓

士爲紹擯　君親

卿爲上擯　大夫爲承擯

內不相陵 此天子之所以養諸侯

諸侯相厲以禮 則外不相侵

主君弗親饗食也 所愧厲之也

禮 使者聘而誤

聘 三年大聘 相厲以

故天子制諸侯 比年小

則民作讓矣

諸侯相厲以輕財重禮

此輕財而重禮之義也

已聘而還圭璋

以圭璋聘

重禮也

兵不用而諸侯自爲正之具也

主國待客

出入三積

餼客於舍

五牢之具陳於內

米三十車

禾三十車

芻薪倍禾

皆陳於外

乘禽日五雙

群介皆有餼牢

壹食再饗

燕

與時賜無數

所以厚重禮也

古之用財者不能均如此

然而用財如此其厚者

言盡之於禮也

盡之於禮

則內君臣不相陵

而外不相侵

故天子制之而諸侯務焉爾

聘射之禮至大禮也質明而始行事日幾中而後禮成非强有力者弗能行也故强有力者將以行禮也酒清人渴而不敢飲也肉乾人饑而不敢食也日莫人倦齊莊正齊而不敢懈惰以成禮節

所貴於立義者 貴其有行也

貴其能以立義也

之謂勇敢 故所貴於勇敢者

之有行 有行之謂有義 有義

此衆人之所難而君子行之 故謂

以親父子 以和長幼

以正君臣

所貴於有行者
貴其行禮也

故所貴於勇敢者
貴其

敢行禮義也
故勇敢強

有力者
天下無事

則用之於禮義
天下有事

則用之於戰勝
用之於戰勝則無

敵
用之於禮義則順治

亂人也　如此　則民順治而國安也

亂人　刑罰行於國　所誅者

戰勝而用之於爭鬭　則謂之

勇敢强有力　而不用之於禮義

勇敢强有力如此也　此之謂盛德　故聖王之貴

外無敵　內順治

子貢問於孔子曰 敢問君子貴玉而賤碈者何也

為玉之寡而碈之多與 孔子曰

非為碈之多 故賤之也 玉之寡

故貴之也 夫昔者君子比德於玉焉

温潤而澤 仁也

縝密以栗　知也　廉而不
劌　義也　垂之如隊
禮也　叩之其聲清越以長
其終詘然　樂也　瑕不
揜瑜　瑜不揜瑕　忠也
孚尹旁達　信也　氣如白虹
天也　精神見于山川

地也

圭璋特達

德也

天下莫不貴者

道也

詩云

言念

君子

温其如玉

故君子貴之也

喪服四制

凡禮之大體

體天地

法四時

則陰陽 順人情

故謂之禮 訾之者 是不知禮之所由生

也 夫禮 吉凶異道 不得

相干 取之陰陽也 喪有四制

變而從宜 取之四時也

有恩有禮有節有權 取之

人情也 恩者仁也 禮者義也

父以事君而敬同　貴貴尊尊

之治義斷恩　資於事

門內之治恩揜義　門外

以恩制者也

其恩厚者其服重　故爲父斬衰三年

仁義禮知　人道具矣

節者禮也　權者知也

義之大者也　故爲君亦斬

衰三年　以義制

者也

三日不食　三月不沐　期而練

毀不滅性　不以死傷

生也　喪不過三年　苴衰不補

墳墓不培　祥之日鼓素琴

告民有終也

以節制者也

資於事父以事母而愛同

天無二日

士無二王

國無二君

家無二尊

以一治之也

故父

在爲母齊衰期者

見無二尊也

行者　扶而起　言而后事

百官備　百物具　不言而事

婦人童子不杖　不能病也

或曰輔病

七日授士杖　或曰擔主

五日授大夫杖

杖者何也　爵也　三日授子杖

期悲哀
三年憂

始死
三日不怠
三月不解

凡此八者
以權制者也

跛者不踊
老病不止酒肉

秃者不髽
傴者不袒

后行者
面垢而已

行者
杖而起
身自執事而

善之也

高宗諒闇

三年不言

之所常行也

書曰

此喪之中庸也

王者

賢者不得過

不肖者不得不及

此喪之所以三年

恩之殺也

聖人因殺以制節

王者莫不行此禮 何以

獨善之也 曰 高

宗者武丁 武丁者 殷

之賢王也 繼世即位而慈良於喪

當此之時 殷衰而復興

禮廢而復起

故善之 善之 故載之書中而

齊衰之喪　對而不言

禮　斬衰之喪　唯而不對

謂臣下也

此之謂也　然而曰言不文者

高宗諒闇　三年不言

三年之喪　君不言　書曰

高之　故謂之高宗

而祥　比終兹三節者

而練冠　三年

三月而沐　期十三月

菅屨　三日而食粥

父母之喪　衰冠　繩纓

議而不及樂

大功之喪　言而不議　緦小功之喪

仁者可以觀其愛焉　知者可以觀其理焉　強者可以觀其志焉　禮以治之　義以正之　孝子弟貞婦　皆可得而察焉